中外哲學典籍大全

總主編　李鐵映　王偉光

中國哲學典籍卷

宋元明清哲學類

錢時著作三種（下）

融堂書解

融堂四書管見

蜀阜存稿

〔宋〕錢時　著

張高博　點校

中国社会科学出版社

融堂四書管見卷十一

宋 錢時 撰

古文孝經

先儒謂孔氏之家取先世孝經定本，與尚書、論語同藏屋壁。遭秦滅學，天下之書掃地無遺。漢興，河間顏芝之子出十八章，是爲今文。及魯恭王壞孔子宅，而古文始出，凡二十二章。時今文之學已盛，反遭排詆〔一〕，不得列於學官。獨孔安國及後漢馬融爲之傳。諸儒黨同疾異，信僞疑真。孤學沈厭，人無知者。隋開皇中，秘學生王逸於陳人處得之，河間劉炫爲作稽疑一篇。時人多譏笑者。唐明皇開元中，詔議孔、鄭二

〔一〕「詆」字明抄本作「报」，清抄本作「抵」。下文「而忍排詆之乎」之「詆」與此同。

家，劉知幾以爲宜行孔廢鄭，争難蜂起，卒行鄭學。自〔一〕明皇自注，遂用十八章爲定。愚觀孔安國尚書序，至「其餘錯亂磨滅不可復知」之語，未嘗不悵然太息。使其可知，則百篇之義當不止於五十有九矣。此書二十二章，與之同出，幸且無恙，而忍排詆之乎？今文與古異者雖亦無幾，而辭乖義舛，謬爲標目，鄙淺特〔二〕甚，大失先聖從容問答之旨，安可苟狥也？本朝列聖以孝治天下，篤生賢哲，大道昌明，獨於古文一書知所崇尚，後生晚學敢不懋哉。

仲尼女夷〔三〕切閒音閑居，曾子侍坐。子曰：「參所林切！先王有至德要因妙切道，以順天下，民用和睦，上下無怨，女音汝，下同知之乎？」仲尼，孔子字也。閒居，燕居也。曾子，名參，字子輿。至德者，德之至。要道者，道之要也。上下，概言尊卑長幼。

夫子將語曾子以孝，故先提〔四〕「至德要道」，稱贊而問之。德者，得其本心之謂；道者，無所不通之名。非德之外又有道也。得此爲德，行此爲道，非二物也。書曰：「惟皇上帝降衷于下民。若有恒〔五〕性，克綏

〔一〕「自」字明抄本、清抄本皆作「及」。
〔二〕「特」字清抄本作「太」。
〔三〕「夷」字明抄本作、清抄本皆作「持」。
〔四〕「提」字清抄本作「言」。
〔五〕「恒」字明抄本作「常」，避南宋真宗趙恒諱故。

厥猷惟后。」人人皆同此性，皆具此道德。惟無以若之，而反害之，是以意我藩籬，血氣用事，乖爭陵犯，相捱以逞，而怨仇交作矣。先王盛世，非外立一法，强民使從己也，亦曰有至德要道，以順乎天下，不拂亂其所固有而已。性本和也，本睦也，尊卑長幼本相愛悦也。同然之感，如響報聲，民心翕從。行乎大順，盎然天地間皆春風和氣矣，何怨之有哉？

曾子避席曰：「參不敏，何足以知之？」子曰：「夫音扶孝，德之本，教之所由生。古者席地而坐。師有問，避席起答，禮也。不敏，言遲鈍也。何足以知，言不明所問至德要道之旨也。

此則論至德要道之在孝矣。得乎本心，無不是德，何以曰至？順此而行，無不是道，何以曰要？蓋孩提之童，知愛其親，良知良能，匪慮匪學，未聞外此而他有所謂德者。是德之本也，故曰至德，極至之謂也。教所以闡明斯道，爲風化之大原。未聞有外[二]於此而他有所謂教者。是教之所由生也，故曰要道，樞機之謂也。此二語，一書之綱，節節發揮，無非此旨。

「復如字坐！吾語牛據切女。身體髮膚，受之父母，不敢毀傷，孝之始也；立身行道，揚名於後世，以顯父母，孝之終也。曾子起對，故使復坐而語之。體，四肢也。膚，肌膚也。毀，虧壞也。

此方語曾子所以爲孝者如此也。三復「不敢毀傷」一語，爲之感愴。不顧父母遺體，逞情欲，鬭血氣，輕

[二]「聞有外」明抄本、清抄本皆作「有不出」。

生而弗之恤者，只爲敢後，遂無所不至。凛然兢懼，常懷不敢之心，則凡起居飲食，交事應物，隱若手提鋩刃，將加乎父母之身也，安敢縱乎？一髮膚之微，毁傷之且不敢，况敢冒危犯險，以投憲綱，沈迷湛溺，以自夭閼其生乎？此爲人子者第一先務，故曰「孝之始」。雖然，是特形體耳。父母全而生之，子全而歸之，非特形體之謂也。本性本善，本心本良，渾然天成，本無虧缺。保養不失，毋忝所生，方是立身。順此而行，須臾靡懈，方是行道。立身行道，而名或不揚於後世，猶是工夫有欠。抑猶未也。實乎而名揚，身没而不泯，父母由我有光榮焉，始了爲人子者之事，故曰「孝之終」。

「夫音扶孝，始於事親，中於事君，終於立身。大雅云：『無念爾祖，聿尹吉切修厥德。』」

大雅，詩文王篇。聿，發語辭。

此又申明立身之旨也。夫所謂孝者，始於事親而已。豈但左右無違而謂之事親乎？中焉事君，能盡其忠，即所以孝於親也。然而立身上或有未慊，則所謂全而歸之者不無可議，故必終於立身而後可也。立身如何？修德是已。修德則不昧其本性之善，不失其本心之良，清明融怡，俯仰無愧，直至於此，方爲盡孝道焉。故文王篇謂：無念爾祖可乎？亦聿修厥〔一〕德耳。〔二〕

〔一〕「厥」字明抄本、清抄本皆作「其」。
〔二〕此下明抄本有「念祖在於修德，此立身之實證也」十三字。

右第一章。

子曰：「愛親者，不敢惡[二]於人；敬親者，不敢慢於人。愛敬盡津忍切於事親，而德教加於百姓，刑于四海，蓋天子之孝。甫刑云：『一人有慶，兆民賴之。』」上章已止，故再書「子曰」以明更端。親，謂父母也。德教，即上章所謂「德之本，教之所由生」。刑，乃「刑于寡妻」之刑，言爲之法則也。天子，言爲天之子。甫刑，吕刑也，吕侯之後改封於甫，故因以云。慶，吉慶也。賴，依賴也。

此下五章，則開陳自天子以至於[三]庶人，其孝如此。前章所謂「先王有至德要道，以順天下」，豈徒爲之立説，區區空言以詔天下乎？伊尹曰：「立愛惟親，立敬惟長，始于邦家，終于四海。」實德實行，施由親始，不可誣也。故此論天子之孝，申明而發揮之。孩提之童知愛其親，是愛親之心天下人人之所同也。及其長也，知敬其兄，是敬親之心亦天下人人之所同也。一念愛敬，則凡有親者，皆可愛可敬矣，何者而敢惡乎？何者而敢輕慢之乎？古之人所以俯臨民上，若赤子之保，如大祭之承者，非外施此於天下也，即我愛親敬親之心，自然有所不敢也。是故愛敬之實，的的盡於事親，略無欠缺不滿之處，則此德之教加於百姓，舉凡四海，是則是效，而莫不一於愛敬矣。莫不一於愛敬，而四海之孝皆天子之孝矣。此一人有

[二]「惡」下明抄本、清抄本皆有小注「烏路切」。
[三]「於」字明抄本、清抄本皆無。

慶，兆民之所以賴也。愛敬不盡，不祥莫大焉，何慶之有，何賴之有？

右第二章。

「在上不驕，高而不危；制節謹度，滿而不溢。高而不危，所以長守貴；滿而不溢，所以長守富。富貴不離力智切其身，然後能保其社稷，而和其民人。蓋諸侯之孝。詩云：『戰戰兢兢，如臨深淵，如履薄冰。』」制節，制財用之節。謹度，不越法度。溢者，滿而泛溢也。社，土神。稷，穀神，諸侯有國則祭之。民，庶民。人者，有位之人。書曰：「在知人，在安民。」諸侯，列國之君。詩，小雅小旻篇。戰戰，恐懼。兢兢，戒謹。臨深，恐墜；履冰，恐陷也。

魯君自謂「寡人生於深宮之內，長於婦人之手，未嘗知憂，未嘗知哀[一]，未嘗知勞，未嘗知懼」。嗚呼，此驕奢之病根也。有國之主，狃於富貴，以驕奢爲當然。殊不知驕未有不危，奢未有不溢。危且溢，傾敗隨至。富貴非我有矣，可長守乎？夫子此章拳拳「富貴不離其身」，正切人情所欲而言，警動極有力，非徒守富貴、爲身計也。富貴者，先君受之天子，以遺其後嗣，以保社稷，和民人，繼繼相傳而不絕者，豈一己私物，可取爲恣情縱欲之具也？天子之命，於汝而墜，先君之世，於汝而斬，富貴不守，社稷爲墟，

〔一〕「未嘗知憂，未嘗知哀」，明抄本、清抄本皆作「未嘗知哀，未嘗知憂」。

謂之孝，可乎？分茅胙土，俾有社稷，其實正在〔二〕和民人耳。一「和」字，其責甚重。纔不和，便失分任司牧之意，便失代天理物之意。和民人，就保社稷上看；保社稷，就長守富貴上看；長守富貴，就不驕不奢上看；不驕奢，當就戰戰兢兢上看。戰戰兢兢，凜乎如深淵之臨，〔三〕薄冰之履，安敢放逸？不放逸，自然恭，安得驕？自然儉，安得奢？不驕不奢，不危不溢，則道心無累，天德内融，變化云爲，無非大順，而民人上下莫不一於和矣。此雖論諸侯之孝，與君天下初無異道，故周公首戒成王無逸欲、知稼穡之艱難。

右第三章。

「非先王之法服，不敢服；非先王之法言，不敢道；非先王之德行下孟切，不敢行。是故非法不言，非道不行；口無擇言，身無擇行下孟切，下同；言滿天下無口過，行滿天下無怨惡烏路切。三者備矣，然後能守其宗廟。蓋卿大夫之孝。詩云：『夙夜匪懈佳賣切，以事一人。』」法服者，先王所制禮服也。法言者，法度之言。德行者，有德之行也。無擇，所言所行皆是一無可揀擇也。三者，服、言、行也。宗廟，卿大夫立三廟以奉祖先。卿，六卿。大夫，二十七大夫。詩，大雅烝民

〔二〕「在」下明抄本、清抄本皆有「欲」字。
〔三〕「薄」上明抄本、清抄本皆有「如」字。

篇。夙，早。懈，息。一人，謂〔一〕天子也。

「不敢」二字，人心之大閑，反躬修省，此其律也。經曰「不敢康」，曰「不敢荒寧」，曰「不敢自暇自逸」，曰「不敢盤于遊田」。而此書亦每每嚴斯戒。自古亂臣賊子造一切滔天罪狀，都只就「敢」上做出。苟敢矣，復何所忌憚也哉？服者，身之表。未有君子而小人之服者，亦未有小人而君子之服者。先王垂範，莫不有制，蓋甚嚴也。一違其制，即僭奢無章矣。言曰法言，行曰德行，先王豈外人心以爲教哉？不失其本心，則言無非法，行無非德。言而非先王之法，即無稽矣，邪説誣民，妄僞馳騁矣。行而非先王之德，即僞行矣，爲比德，爲惡德，爲凶德，無所不至矣。於斯三者，凛然懷不敢之心，自然不蹈其非。是故非法則不言，非道則不行也。前曰「德行」，此言「非道不行」，以明德與行非二致，是故之下獨舉言行而不及服，蓋非法服不敢服即止矣，他無所用其力也。若夫德行，則於反躬修省尚多工夫。非法不言，而或有可擇之言，未可也。直是口無擇言，而至於言滿天下，略無口過，方盡善也。非道不行，而或有可擇之行，未可也。直是身無擇行，而至於行滿天下，無怨無惡，方盡善也。曰服、曰言、曰行，如上所陳，無一不備，然後始能守其宗廟，爲卿大夫之孝。愚端誦此章，至於「言滿天下無口過，行滿天下無怨惡」，未嘗不爲之感歎。夫立乎人之本朝，佐天子理四海，一言之失，一行之虧，關國體之安危，係民生之休戚，

〔一〕「謂」字明抄本、清抄本皆無。

於我乎在，豈細事也？必「夙夜匪懈，以事一人」而後可也。用力微懈，即怠即放，種種皆差。

右第四章。

「資於事父以事母而愛同，資於事父以事君而敬同。故母取其愛，而君取其敬，兼之者父也。故以孝事君則忠，以敬事長[二]則順，忠順不失，以事其上，然後能保其爵祿而守其祭祀。蓋士之孝。詩云：『夙興夜寐，無忝吐簟切爾所生。』」資，取也，言孝則兼愛、敬。長，謂官之長也。事其上，兼言君、長。詩，小雅小宛篇。忝，辱也。所生，謂父母也。

非謂於母但愛而不敬也。母子恩勝，故取其愛。亦非於君但敬而不愛也。君臣分嚴，故取其敬。若父則兼愛敬而適均，此皆人道之大凡，因其至情[三]開陳之，爲下文作準的，以示訓也。爲士者不專主敬，而以孝親之心事君，則無不忠矣；以敬君之心事長，則無不順矣。忠順兩盡，略無缺失，以事其君長，然後始能保爵祿而守祭祀，爲士之孝也。此其工夫全在無忝所生上。父母全而生之，渾然天成，至粹至美，本無不敬，本無不愛，本無不忠，本無不順。直是夙興夜寐，戰戰兢兢，無須臾微懈，方是無忝。平居暇日，暗室屋漏，工夫不繼，有歉於心，到事父事母、事君事長時，乃始曰是宜敬也，是宜愛也，是宜忠、宜順也，

[二]「長」下明抄本、清抄本皆有小注「丁丈反」。

[三]「情」下明抄本有「而」字。

則十二時内有忝所生多矣。謂之孝，可乎？末舉詩云，最宜深玩。此旨當卿大夫通看。臣之事君，初無異道。士卑，故又言事長。

右第五章。

子曰：「用天之道，因地之利，謹身節用，以養羊尚切父母。此庶人之孝。」小止而再言，故又記「子曰」。因天之道，不失其耕種之時也。因地之利，不失其地之所宜種也。謹身，不敢妄作。節用，不敢妄費。

治古之世，所以比屋可封，人人有士君子之行者，豈農夫小民皆修德學道之士也哉？因天而不失其時，因地而不失其利，又不妄作近刑戮，不妄費致凍餒，是雖利用出入，由之而不知。至若所以因，所以謹，所以節，則未嘗非道也。如是以養其父母，亦可無憾矣。後世號爲士者，往往不屑於力農，或反遊蕩，日浮侈縱而不知檢。身既污辱，家亦破亡，非特無以養父母，且危父母矣，視庶〔二〕人之所謂孝何如也？

右第六章。

故自天子至於庶人，孝無終始，而患不及者，未之有也。無終始，言於孝道不能有終始也。患，

〔二〕「庶」字明抄本無。

禍也。

總承五章之後，復言[二]終始之義，警策尤更深切[三]。如上所陳，而不一一各盡其道，固不可。或者有始而不能有終，則亦未有不及於禍者。且愛敬者，德教之原也；德教者，治安之本也。本原一失，喪亂之端，四海將不可保，而禍及身矣，豈但無以刑四海而已哉。曰「諸侯」、曰「卿大夫」、曰「士」「庶人」，莫不皆爾。聖訓歷歷，昭如日星，即事證言，合若符契。未之有，謂必至無。幸也，可不懼諸，可不鑒諸？

右第七章。

曾子曰：「甚哉，孝之大也！」子曰：「夫音扶孝，天之經，地之義，民之行下孟切。天地之經，而民是則之。因天之明，因地之義，以順天下。是以其教不肅而成，其政不嚴而治。

經，常也。義，宜也。則，法也。明者，昭然顯著也。

曾子聞自天子至庶人其孝如此，而無終始則有禍忽，發「甚哉」之歎，稱孝道之大。夫子知其已明斯旨，於是又推三才之一致，而申明先王之德教如此焉。夫人但知善父母爲孝，安知天之所謂經者即此孝乎？安知地之所謂義者即此孝乎？記曰：「天有四時，春秋冬夏，風雨霜露，無非教也。」知其爲教，則知其爲

[二]「復言」明抄本作「復發」，清抄本作「反復」。
[三]「深切」明抄本作「切深」。

經矣。「地載神氣，神氣風霆，風霆流形，庶物露生，無非教也。」知其爲教，則知其爲義矣。在天曰經，在地曰義，在民曰行。一也，無二致也。天地之經，而民是則之，此一「是」字正指天地之經而言。豈天地之經在彼，而民强則之於此哉。天即吾心也，地即吾心也。孩提知愛，不學而能，即所謂經也。意蔽情昏，始支始離，是故不可以不則焉。則之如何？以此經爲准的，使不失其〔二〕。「因天之明，因地之義，以順天下」，所以使之則也。始言「天經地義」，次言「天地之經」，後又變「經」言「明」，以見「義」即「經」，「經」即「明」，昭然灼然，非二道也。「因」字最宜細玩。聖人亦豈外立一教以强民哉？天地之經，人心所固有，因其固有而道之，所以順天下也。今文「天明」之上不曰「因」而曰「則」，「因地」之下不曰「義」而曰「利」，失其旨矣。惟因故順，惟順故其教不肅而成，其政不嚴而治。故凡後世愈肅而愈不成，愈嚴而愈不治者，不順故也，由外鑠我而不因其本心故也。至哉因乎，非聖人其孰明之？

「先王見教之可以化民也，是故先之以博愛，而民莫遺其親；陳之以德義，而民興行下孟切；先之以敬讓，而民不争；導之以禮樂，而民和睦；示之以好呼報切惡烏路切，而民知禁。詩云：『赫赫火白切師尹，民具爾瞻。』」先者，躬行於己以率先之。博愛，言無所不愛也。遺，忘也。陳，見於政事。導，迪之使行也。禮防人僞，樂養人心，故和睦。好，言所好在善。惡，言所惡在不善。

〔二〕「其」字明抄本作「耳」。

知禁，知所禁忌而不敢犯也。詩，小雅節南山篇。赫赫，顯明也。師尹，太師尹氏也。具，俱也。先王見不肅而成，不嚴而治，而教之可以化民如此，故但先之以博愛，而民自然莫遺其親；但陳之以德義，而民自然興行；但先之以敬讓，而民自然不争；但導之以禮樂，而民自然和睦；但示之以好惡，而民自然知禁。「以順天下」，此之謂也。太師尹氏赫赫於上，民且莫不於爾而觀瞻，况人主天下表儀，因其所固有而順導之，德之流行速於置郵而傳命，焉可誣也？焉可强也？此與首章「至德要道」，及次章「德教加於百姓」相發揮，正所謂天子之孝。「愛親者不敢惡於人」，故博愛施由親始，非無差等云也。無差等者，墨氏之説也，浮屠氏之教也。韓文公便指博愛爲仁，大差。

右第八章。

子曰：「昔者明王之以孝治天下也，不敢遺小國之臣，而况於公、侯、伯、子、男乎？故得萬國之懽心，以事其先王。治國者，不敢侮於鰥寡鰥，古頑切，而况於士民乎？故得百姓之懽心，以事其先君。治家者，不敢失於臣妾，而况於妻子乎？故得人之懽心，以事其親。夫[一]然，故生則親安之，祭則鬼享之享，許丈切，是以天下和平，災害不生，禍亂不

[一]「夫」下明抄本、清抄本有小注「音扶」。

作，故明王之以孝治天下也如此。詩云：『有覺德行下孟切，四國順之。』」明王，明德之王也。遺，忘也。公、侯、伯、子、男，五等諸侯也。治國，謂諸侯。老而無妻曰鰥，老而無夫曰寡。治家，謂卿大夫。臣，家臣。詩，大雅抑之篇。覺，悟也。四國，四方國也。

前言「德教加於百姓」，其旨詳矣。然天子之孝，又莫大於得萬國之懽心，以事其先王。而諸侯之孝，又莫大於得百姓之懽心，以事其先君。卿大夫之孝，又莫大於得人之懽心，以事其親。於此特變「先王」而稱「明王」，以發斯義。明者，本心洞然，略無微蔽。故其以孝治天下也，公平一視，略無偏黨之私焉。巍巍大君，下視小國之臣，最易忘也，而不敢遺，况建邦設都，爲五等之諸侯者乎？是以人心感悦，萬國攸同，莫不懽忻愛戴乎我，而我得以事其先王也。諸侯之於國，卿大夫之於家，事先君，事親，遞遞皆然。而其要旨只在不遺、不侮、不失上。然此章專論明王孝治天下，而併及治國治家者，何也？蓋天下一心，風化一原。明王在上，而卿大夫無以得人之懽心，諸侯無以得百姓之懽心，則是天下之大體有虧，而所謂孝治者猶未盡也。直是治國者無愧於事先君，治家者無愧於事親，方爲大同之化。夫然，故以之事生，則親亦懽心也，自然安；以之奉祭祀，則鬼亦懽心也，自然享。普天之下，陶陶然皆春風和氣，略無纖毫乖戾，灾害自無由生；略無纖毫違怨，禍亂自無由作。此明王孝治之極功也。故復總結之曰：故明王之孝治天下如此。雖然，徒謂之德行，而實未有覺，則亦不能動人矣。惟有覺之德行，常覺常明，同心同感，四國之所以順也。有覺正謂明王。

右第九章。

曾子曰：「敢問聖人之德，其無以加於孝乎？」子曰：「天地之性，人爲貴。人之行下孟切，莫大於孝。孝莫大於嚴父，嚴父莫大於配天，則周公其人也。昔者周公郊祀后稷以配天，宗祀文王於明堂以配上帝。是以四海之内，各以其職來助祭。夫音扶聖人之德，又何以加於孝乎？」嚴，尊敬也。郊，圓丘祀天。后稷，名棄，堯舉爲農卿〔一〕。舜曰：「汝后稷，播時百穀。」封於邰，爲周始祖。十五世至王季，生文王。祖有功而宗有德，故宗祀文王也。明堂，天子布政之宮，居國南，是陽明之地，故曰明堂。上帝即天，非有二也，以主宰言之，則謂之帝耳。故經言「昊天上帝」，説者頗多，曲爲分別，殊不觀「宗祀文王於明堂以配上帝」，正是嚴父配天之實證，豈二也哉。

曾子猶有「其乎」之問，是猶未真知孝之爲大也。夫子於是又推而言之。大傳曰：「易有太極，是生兩儀。」太極即性也。天地萬物皆於此乎出也。有天地而後萬物形〔二〕於其間，因指萬物曰天地之性，豈天地有此性而分以授萬物哉？萬物即天地也，無二性也，無先後之間、彼此之殊也，故曰「明目視之不可見，傾

〔一〕「卿」字明抄本作「師」。
〔二〕「形」字清抄本作「生」。

耳聽之不可聞」。明此不可見聞之旨，可與言性矣。惟人也，獨於其中，稟五行之秀，爲萬物之美〔一〕，而又莫貴焉。然所貴於人者，以其孩提知愛，知有親也。人而不孝，與草木無異，與禽獸無異，故人之行又莫大於孝焉。善事父母，皆孝也。然有父而後有母，易象乾、坤，服分齊、斬，固不同也。而孝又莫大於嚴父，尊嚴其父，至於配天，則至矣。故又莫大於配天焉。昔之人有行之者，其周公乎？非嚴父配天之事，皆不周公若也。蓋其禮自周公居攝而始備，是以四海之内，各以其職來助祭，所謂「得萬國之懽心，以事其先王」，此之謂也。然則聖人之德，又何以加於孝乎？嚴父而上，人人所同，若夫配天，則天子之事，舉其極盛者言之。下文乃發揮嚴父之旨，而申明聖人之教所以順天下者如此也。

「故親生之膝星七切下，以養羊尚切父母日嚴。聖人因嚴以教敬，因親以教愛。聖人之教，不肅而成，其政不嚴而治，其所因者本也。」孩提之愛，是親愛之心已生於在膝下之時。日嚴者，日長一日，漸知尊嚴父母也。本，謂本性。

方在膝下而親愛自生，及漸知養而尊嚴日至，此非慮而知也，非旋學於外而能也，本有之性則然也。聖人灼知此性人人所同，於是因其嚴而教之敬。敬則無須臾微懈，而所謂日嚴之心常不失矣。因其親而教之愛，愛則無意念微累，而所謂生於膝下之心常不替矣。故夫聖人之教，所以雖不肅而自成、雖不嚴而自治者，

〔一〕「美」字明抄本作「靈」。

豈有他哉？因嚴因親，皆其本有之性故也。

右第十章。

子曰：「父子之道，天性，君臣之義。父母生之，續莫大焉。君親臨之，厚莫重焉。」續，繼續不絶也。親有君之尊，故曰君親。臨，臨其上也。

此又承上文「所因者本」而發之。父子之道，乃其天性自然如此。孩提知愛其親，豈學而能、慮而知哉，所謂本也。凡處父子而失其道者，欲念昏之，情僞奪之，血氣亂之，非其本性然也。有能於此不使外物爲心害，則天性昭昭，而父子之道得矣，安有不孝者哉？且尊卑相承，又有君臣之義，家人所謂嚴君焉者，非可瀆也。況父母生之，不特今日得有此身而已，繼繼綿綿，終古不絶，其爲嗣續，莫此爲大。而又君親之尊臨覆在上，其爲恩義之厚，莫此爲重。然則爲人子者，烏可以不盡孝道也。夫子此章發明父母事體，最爲深切。觀其答「期可」之問，止曰「子生三年，然後免於父母之懷」，而不他及，則宰我之與曾子地步可知矣。

右第十一章。

子曰：「不愛其親而愛他人者，謂之悖德；不敬其親而敬他人者，謂之悖禮。以順則逆民無則焉。不在於善，皆在於凶德，雖得之，君子所不貴。君子則不然，言斯可道，行下孟切斯可樂音洛，德義可尊，作事可法，容止可觀，進退可度，以臨其民。是以其民畏而愛之，則而象之，故能成其德教而行政令。詩云：『淑人君子，其儀不忒他得切。』」悖，亂也。容止，儀容舉止。象，似也。詩，曹風鳲鳩篇。淑，善。忒，差也。

此亦專言德教在愛敬其親上。至稱君子而曰「進退可度」，則是概論凡有國有家者矣。夫愛親者，德也；不愛其親〔一〕反愛他人，是謂悖德。敬親者，禮也；不敬其親而反敬他人，是謂悖禮。先王德教，惟曰「以順天下」而已。今以其順，則既逆之民何所取法乎？世衰俗薄，家人父子戚然而相仇，往往疏者反親，淫朋比德反不翅若骨肉。詡詡取下，相媚悦以爲容，此曾禽犢之不若，豈足多罪。若方外異端之學，自謂有志於道者，而乃斷棄綱常，離絶倫類，然後方入其學〔二〕，不知所謂道何道也？其實則不在於善，皆在於凶德耳。雖得之，君子所不貴。「凶德」二字結正罪狀甚嚴，然則學不本於經世，斬然自立於名教之外者，可不懼哉。君子不然：言則便須可道，不可道，非嘉言也；行則便須可樂，不可樂，非善行也。可道可樂，言行之准的，最宜深味。東平王謂爲善最樂。夫爲善之人，身心舒泰，夙興夜寐，無非大順，是故樂莫樂於爲善。行身不義，舉錯乖方，爲公論所不容，爲大法所不宥，惴惴朝夕，如坐囹圄，樂乎？不樂乎？

〔一〕「親」下明抄本、清抄本皆有「而」字。
〔二〕「學」字明抄本、清抄本皆作「教」。

德義至於可尊，則實孚而望隆矣；作事至於可法，則時措而皆合矣；容止至於可觀，進退至於可度，則動作出處，舉無一之不中節矣。無斯須放逸，無毫釐差失，與前所謂「凶德」正相反矣。以是而臨乎民上，是以其民不特畏敬，且愛慕之，莫不相與則效，而求似其所爲焉。無他，順故也。此德教之所以能成，而政令之所以行也。淑人正在於善，而不在於凶德者。容止進退，是謂其儀。

右第十二章。

子曰：「孝子之事親，居則致其敬，養羊尚切則致其樂音洛，病則致其憂，喪則致其哀，祭則致其嚴。五者備矣，然後能事親。事親者，居上不驕，爲下不亂，在醜不争。居上而驕則亡，爲下而亂則刑，在醜而争則兵。此三者不除，雖日用三牲之養，猶爲不孝也。」居，平居無事時也。致，極也，盡也。養，飲食之奉。樂，悦其志也。亂，謂凡逆亂不順之事。醜，[一]同類，己之等夷也。兵者，兵刃相加也。三牲，牛羊豕，謂大牢也。

此下數章多敷明首章之旨，而此章則所謂「始於事親」者也。五個「致」字，當就本心上看。發於本心，如四時錯行，日月代明，自然莫不中節。有纖毫意念，即蔽即虧，即支即離，安能無所不盡其至也？子游

[一]「醜」下明抄本、清抄本皆有「謂」字。

固習聞致哀之語，但纔説致乎哀而止，便有病。五者皆備，是養生喪死種種略無缺失，然後方謂之能事親。雖然，又不可不知所戒也。居人上當戒於驕，驕則亡矣。爲人下當戒於亂，亂則刑矣。在等夷儕伍之中，當戒於争，争則將以兵刃相加[一]矣。此三者不去，皆喪身危父母之道。雖日用大牢具奉口體，猶爲不孝，甚言三者之不可有也。

右第十三章。

子曰：「五刑之屬三千，而罪莫大於不孝。要一遥切君者無上，非聖人者無法，非孝者無親，此大亂之道也。」三千，即「墨罰之屬千，劓罰之屬千，剕罰之屬五百，宫罰之屬三百，大辟之屬二百」也。要者，有所挾而求。上，君上也。非者，不然之也。

此承上章，而極言不孝之罪如此其大也。夫君者，尊無二上，豈可要乎？而敢要之，是無君矣。聖人者，大法之所自出，豈可非乎？而敢非之，是無法矣。孝者，人子事親之實德，又可非乎？而敢非之，是無親矣。無上、無法、無親，皆三綱五常之所爲不立，而人紀之所由以壞者，是致大亂之道也。一個「孝」字，纔謂之不然，便是「無親」，與「無上」、「無法」同名「大亂」，况真不孝乎？此正形容不孝之罪所以莫大者如此。

[一] 「加」字明抄本、清抄本皆作「殺傷」。

右第十四章。

子曰：「教民親愛，莫善於孝。教民禮順，莫善於弟大計切。移風易俗，莫善於樂。安上治民，莫善於禮。禮者敬而已矣，故敬其父則子悦，敬其兄則弟悦，敬其君則臣悦，敬一人而千萬人悦。所敬者寡，而悦者衆，此之謂要道。」

此則敷明要道矣。首章專主於孝，而此兼言孝、弟、禮、樂，併及父子、兄弟、君臣，以廣要道之旨，發揮旁通，周遍普洽，無往而非孝也。樂之感人，最深且速，感淫哇之音即邪心生，感中正之音即善心生。故移風易俗，莫善於樂。易曰：「上天下澤，履。君子以辨上下，定民志。」凡文爲制度之節，皆天則之自然。居上而無禮則危，居下而無禮則亂矣。故安上治民，莫善於禮。夫子并舉四條，乃獨於禮下申明其説，見得要道在於行教，而教道之行却全在禮。然禮豈徒玉帛之云哉，所以行吾敬也。孩提知愛，誰無敬父之心？長而知敬，誰無敬兄之心？主憂臣辱，主辱臣死，元首在上，資[一]爾股肱，誰無敬君之心？蓋未有敬其父而子不悦者，非特其子悦之，凡爲人子者皆悦矣；未有敬其兄而弟不悦者，非特其弟悦之，凡爲人弟者皆悦矣；未有敬其君而臣不悦者，非特其臣悦之，凡爲人臣者皆悦矣。此心同也，此理同也，

[一] 「資」字明抄本作「實」。

同然之感應〔一〕，如響報聲，不期而自應也。是故敬一人而千萬人悦，雖所敬者寡而悦者衆，夫是之謂要道也。

右第十五章。

子曰：「君子之教以孝也，非家至而日見之也。教以孝，所以敬天下之爲人父者。教以弟，所以敬天下之爲人兄者。教以臣，所以敬天下之爲人君者。詩云：『豈苦在切弟待禮切君子，民之父母。』非至德，其孰能順民如此其大者乎！」家至，一一皆至其家也。日見，逐日見其人也。詩，大雅洞酌篇。豈弟，樂易也。

此則敷明至德矣。首章先至德，次要道，推而達之也。此則先要道，後至德，遡而求之也。前章曰敬、曰悦，此章曰教、曰敬，教而敬，敬而悦，次第參考。而所謂「德之本，教之所由生」，其旨昭昭矣。夫君子之教人以孝，豈一一皆至其家，日日面見而諭之哉？教以孝，所以敬天下之爲人父，蓋未有敬其父而子不悦者，與前章正相應。斯感斯化，翕然大同，自有不約而孚，不言而喻耳。教以弟、教以臣皆然。此君子所以豈弟于上而民父母之。無他，人皆有此至德故也。君子以至德順民，所以感其同然之心，而莫不一於

〔一〕「應」字明抄本、清抄本皆無。

順也。苟非至德，則要之於此而違於彼，强之於東而叛於西矣，安能順民如此其大者乎？

右第十六章。

子曰：「昔者明王事父孝，故事天明；事母孝，故事地察；長丁丈切幼順，故上下治。天明地察，神明彰矣。明、察，皆謂曉達也。長幼者，言乎其家。上下者，言乎其國。神明，即天地之妙。

此又承至德、要道、順民如此其大，而極言無所不通之旨。人知父母吾父母耳，安知父母之即天地也？何者？己之心即父母之心，父母之心即天地之心。凡未明所以事天地，是未明所以爲父母也。未明所以爲父母，是未明所以爲己之心也。惟昔明王洞然無蔽，與未明者之事父母不同。其事父孝而事天者便明，通天於父也；其事母孝而事地者便察，通地於母也；一家之長幼順，若上若下便自然治，通國於家也。夫事父母而至於天地明察，則神明之妙昭然灼然，變化無方，不離日用矣。是豈高深幽遠，在吾心之外也哉？神而曰明，以表非隱，昏者自蔽，覺者自知。

「故雖天子，必有尊也，言有父也；必有先也，言有兄也。宗廟至敬，不忘親也；修身慎行，恐辱親也。宗廟致敬，鬼神著矣。天子祀明堂，釋奠先老，有尊也。食三老五更，有先也。

上節大旨在通乎天地，故結語他皆略之，惟曰「天地明察，神明彰矣」。此節大旨在通乎鬼神，故結語他皆略之，惟曰「宗廟致敬，鬼神著矣」。觀書者先明乎此，而後聖訓可通也。先儒謂天子至尊，繼世居長，宜若無所施其孝弟者。而必有所尊，以言其有父焉；必有所先，以言其有兄焉。致敬宗廟，事死如生，無須臾而忘其親。又恐身不修，行不謹，將傾將覆，以辱其所自出，而不敢不勉焉。此皆事親實用力之地也。夫事親而致敬於宗廟，豈徒犧牲粢盛，區區禮文之末哉？敬則此心清明，周旋俯仰無非妙用，而鬼神之德昭昭矣。

「孝弟之至，通於神明，光於四海，無所不通。詩云：『自西自東，自南自北，無思不服。』」至，極也。詩，大雅文王有聲篇。思，念也。

此乃總結上文兩節之旨。孟子曰：「堯舜之道，孝弟而已矣。」又曰：「堯舜與人同。」四海同也，萬古同也，天地同也，鬼神同也。此道本同，而有不通者，孝弟未至也。苟至矣，即通於神明矣。豈惟神明，吾本心之光含覆無外，而且無所不通矣。是故自西自東，自南自北，而翕然大同，無一念慮之不我服者，服其所同然故也。此章極論孝弟之至，無所不通，而首以明王爲言，明即至矣，至即通矣。嗚呼，旨哉！愚嘗因是觀曾子書，有〔一〕：「居處不莊，非孝也；朋友不信，非孝也；事君不忠，非孝也；莅官不敬，非孝也；戰陣無勇，非孝也。五行不遂，葘及於身，敢不敬乎？」又曰：「仁者，仁此者也。義者，宜此者

〔一〕「有」下明抄本、清抄本皆有「曰」字。

也。忠者，忠此者也。信者，信此者也。禮者，履此者也。行者，行此者也。彊者，彊此者也。樂自順此生，刑自反此作。」夫孝，天之大經也。夫孝，置之而塞於天地，行之而衡於四海，施諸後世而無朝夕，推而〔二〕放諸東海而準，推而放諸西海而準，推而放諸南海而準，推而放諸北海而準，然則曾子服行師訓，其庶矣乎！雖然，食息居處〔三〕，動静語嘿，無一時之非孝，無一刻之非孝，何置何行、何塞何衡之可言也？恐記者誤。

右第十七章。

子曰：「君子之事親孝，故忠可移於君。事兄弟，故順可移於長丁丈切。居家理，故治可移於官。是以行下孟切成於内，而名立於後世矣。」長，官之長也。理者，有倫而不亂。内，謂閨門之内也。此則所謂立身揚名，而與第五章士之孝相表裏也。前言明王，此言君子。前言君道，此言臣道。明王與君子固不侔，而君子之事則又大非常人比矣。常人之孝未必便可移於君，常人之弟未必便可移於長，常人之居家理未必便可移於官。無他，不明故也。君子之心，通達無蔽，孝親即忠君，弟兄即順長，理家即治官，惟無所不通，是以無所不可移。非真知此道本一無二，將見觸事墻面，東室而西礙矣，如之何其可移哉。

〔二〕「而」字明抄本、清抄本皆作「之」，後三句第二字皆同。
〔三〕「居處」明抄本作「起居」。

惟可移，方是行之成處，方是變通不窮、經世有用之學。是以行成於内，而名立於後世，自然不泯。謂之「行成於内」，則雖窮居約處，不見其〔一〕用，而名固未嘗不立也，雖不用猶用也。夫子答「奚不爲政」之問，正是此旨。

右第十八章。

子曰：「閨門之内，具禮矣乎！嚴父嚴兄，妻子臣妾，猶百姓徒役也。」宫中之門，其小者謂之閨。具禮，言治國平天下之禮皆具也。徒役，皂牧也。

此正發明上章所以可移者如此。「具禮」二字，最宜深玩。古先聖王立大經，明大法，所以維持三綱五常於不壞者，禮而已矣。詩云：「人而無禮，胡不遄死。」言有生之不如無生也。志曰：「人而無禮，則近於禽獸。」言人紀散亂，世道陵遲，尊卑長幼混然，與蠢蠢羽毛而争食者無以異也。唐明皇時，誣詆古文，謬謂「閨門」一章鄙俗不可行。嗚呼，豈唐之君臣所能知哉。嚴父之禮即「可移於君」者，嚴兄之禮即「可移於長」者，妻子臣妾之禮，猶百姓徒役然，即所謂「可移於官」者。

右第十九章。

〔一〕「其」字明抄本、清抄本皆作「于」。

曾子曰：「若夫音扶慈愛、恭敬、安親、揚名，參聞命矣。敢問從父之令，可謂孝乎？」子曰：「是何言與音余，下同！是何言與！言之不通也。昔者天子有争音諍，下同臣七人，雖無道，不失其天下；諸侯有争臣五人，雖無道，不失其國；大夫有争臣三人，雖無道，不失其家；士有争友，則身不離力智切於令名；父有争子，則身不陷於不義。安親，謂生則親安之。聞命，謂此數者已聞夫子之教。從父命，謂一於順從也。争，謂諫止其失也。

曾子苟通慈愛、恭敬、安親、揚名之旨，則無此問矣。夫子重提「是何言與」，而責其言之不通，所以警策之也。自古人主未有無道而不亡者。此言「雖無道，不失其天下」，非謂果以無道而不失也，蓋有人焉正救之，則過惡不形，端萌遂窒，一反其無道而爲有道之事，斯其所以不失耳。乃若繩愆糾謬，左右無人，拒諫飾非，剛愎自用，則喪無日矣。「雖無道」三字，所以甚言諫諍[一]之不可無也。雖無道而且不失，苟未至無道而忠讜日聞，則其爲益何如哉。有國有家，莫不皆然。以至争友、争子，皆人道所斷斷不可缺者。友不争而使令名之不保，固友之罪也。子不争而使陷身於不義，非父自陷，子實陷之，是奚可也。

「故當不義，則子不可以弗争於父，臣不可以弗争於君。故當不義，則争之，從父之令，

〔一〕「諍」字明抄本、清抄本皆作「争」。

焉於虔切得爲孝乎？」

觀此書所告，有曰「以孝事君則忠」，曰「事父孝，則忠可移於君」，所謂忠者，豈逢迎苟狥之謂乎？知逢迎苟狥之非忠，則知逢迎苟狥之非孝矣。曾子至此乃復以「從父之令」爲問，則不惟不通於孝，是固未通於忠也。夫子責其言之不通，而於章末特與君父并言，最爲明切。

右第二十章。

子曰：「君子事上，進思盡忠，退思補過，將順其美，匡救其惡，故上下能相親。詩云：『心乎愛矣，遐不謂矣。中心藏之，何日忘之。』」補過，補君之過也。烝民詩：「衮職有闕，維仲山甫補之。」將，助也。匡，正也。詩，小雅隰桑篇。心乎者，一心乎愛也。遐，遠也。謂，猶言也。

復承上章，專明人臣忠君之義，以形容爲人子者不當一於從令也。君子之事上，進侍左右，則思盡己之忠；退而家居，常思補君之過。若夫美德，固宜奉承。至於惡行，而亦奉承，可乎？隨即正救而止絶之矣。易曰：「上下交而其志通。」此上下之所以〔二〕交而志通也。此所以能相親者也。苟心知其非，謬以爲是，阿諛順旨，逢君於昏，則賊矣，豈相親之道也哉。爲人子者深味「能相親」之言，將順、正救并行而

〔二〕「以」字明抄本無。

不悖，庶乎其可矣。雖然，非中心親愛、念念不忘不能爾也。故援詩以證之。他日曾子答單居離之問，曰：「父母若行中道，則從；若不行中道，則諫。諫而不用，行之如由己出。從而不諫，非孝也。諫而不從，亦非孝也。孝子之諫，達善而不敢争辨；争辨者，作亂之所由興也。」正合夫子斯訓。

右第二十一章。

子曰：「孝子之喪親，哭不偯於豈切，禮無容，言不文，服美不安，聞樂不樂音洛，食旨不甘，此哀戚之情。三日而食，教民無以死傷生。毁不滅性，此聖人之政。喪不過三年，示民有終。爲之棺音官椁音郭衣衾而舉之，陳其簠音甫簋音軌而哀戚之，擗婢亦切踊音勇哭泣，哀以送之，卜其宅兆而安厝之，爲之宗廟以享之，春秋祭祀以時思之。生事愛敬，死事哀戚，生民之本盡矣，死生之義備矣，孝子之事親終矣。」喪親，居親之喪也。偯，哭餘聲。容，容儀也。文，文華也。美，好也，旨，美也。周尸爲棺，周棺爲椁。衣，斂衣。衾，被也。舉，謂舉尸而斂之也。陳，設也。圓曰簠，方曰簋，皆黍稷器，古以竹爲之，後世易之以木。擗，以手擊胸。踊，足躍于地。送，送葬也。卜，鑽龜而卜其凶吉也。宅，墓穴。兆，墓域也。厝，置也。春秋，包四時而言。生民之本，言民之生其本端〔一〕在孝也。

〔一〕「端」字明抄本、清抄本皆無。

喪則致其哀，嘗提其綱矣，然送終一節猶未詳也，末章發之。號痛氣竭，自然不偯。情緒荒迷，自然無容。觸事生哀，自然不文。方毀瘠，華服自然不安。方在疚，聞樂自然不樂。方茹苦，美味自然不甘。此哀戚之情發於本心，有不知其然而然者。宰我以期喪爲可已〔一〕。子曰：「食夫稻，衣夫錦，於汝安乎？」曰：「安。」「汝安則爲之。夫君子之居喪，食旨不甘，聞樂不樂，居處不安，故不爲也。今汝安，則爲之。」罪之深矣。禮，親始死，水漿不入口者三日，三日而食，是乃教民無以死者之故而傷其生。雖甚毀瘠，亦不至太迂〔二〕以滅其性也。本性本中，是謂天則，太過失性之正。「傷生」以身言，「滅性」以理言，此聖人之政體制如此。期而小祥，再期而大祥，祥一月而禫，又一月而吉。喪〔三〕不過乎三年者，又所以示民之居喪有終焉。「棺椁」以下，叙送終節奏之詳，舉而斂，斂而奠，已而有祖有遣。而送之以葬，葬而虞，虞而祔，終喪而四時有祭。夫人之生，尊卑長少群居乎天地之間，與禽獸異者，孝於父母而已。生而不孝，猶無生也。是孝者生民之本也。生事愛敬，如前所陳；死事哀戚，如此所叙，則生民之本庶乎其盡矣，養生喪死之義庶乎其備矣。養生喪死兩無遺憾，而孝子事親之禮庶乎其能終矣。

右第二十二章。

〔一〕「可已」明抄本無「已」字，清抄本作「已可」。
〔二〕「迂」字明抄本作「過」。
〔三〕「喪」字明抄本、清抄本皆作「祭」。

融堂四書管見卷十二

宋 錢時 撰

大學

古者八歲而入小學，教之以洒掃、應對、進退及禮樂射御書數之文。至十有五始入大學，此書所述是已。篇首總提，獨斷斷曰「在明明德」，曰「在新民」，曰「在止於至善」。辭專旨確，截然斬然，以明外此無他道也。自學校廢，教法不明，而學非其學，異端邪説横流奔放，盡〔二〕壞人心，無所不至。所幸遺經僅傳，尚可存〔三〕考，

〔二〕「盡」字明抄本作「蠹」。
〔三〕「存」字明抄本、清抄本皆作「尋」。

而支離傳注，又從而蝕之，豈不甚可歎哉。學者首明所先者何在，所格者何物，而不謬其所止焉，則大學之道庶乎其得矣。

大如字學之道，在明明德，在親先儒作新民，在止於至善。

明明德者，「自昭明德」之明也。本心本明，本無所蔽。物欲乘之，其明始昏。大學之道，所以去其蔽而明之也。新民者，「咸與維新」之新也。同有此心，同有此理，染於習俗，遂至淪污。大學之道，所以去其舊而新之也。雖然，曰明曰新，必有用力之地矣，故又曰「在止於至善」。善非外鑠也，我固有之也。不容於僞，不參於思[一]，先天地而固存，亘古今而莫變。君子存之，存此而已。先立乎其大者，立此而已。謂之至善，豈欺我哉？行不著，習不察，是以放而不知求。於此而得所止焉，則所謂明德，如水不波，自然而明，非止之外別有所謂明也。所謂新民，如物去垢，自然而新，非止之外別有所謂新也。統而論之，則三個「在」字提一書之綱。析而言之，則一個「止」字又三者之要。

知止而后有定，定而后能靜，靜而后能安，安而后能慮，慮而后能得。后，與後同。慮，即思也。

此一節是論「止於至善」工夫。止則至矣，然不知後安所用其力哉？是故必貴於知止也。知後方有端的

[一]「思」字明抄本作「惡」。

處，故曰有定。定者，不可轉移搖奪之謂。定後方能静，不定而求静，不能也，非定而又有静也，静是定之至處。静後方能安，不静而求安，不能也，非静而又有安也，安是静之熟處。曰定，曰静，曰安，一節深一節，此正指學者用工切實之旨，豈浮文虛論、尋流逐末者所可知哉？洪範「思曰睿」，孔子亦云「不思則罔」，然未至於安，斷亦不能思也。意念昏擾，憧憧往來，捷出横生，展轉只是意念。猶之風濤帖息，海静淵澄，思則得之，於是乎在。直至此地，始曰能得。得即得其所知者，所謂至善也。昔焉知之，方知此物。今焉得之，是得此物。非「知」是一物，「得」又是一物也。自「知」後多少工夫到「得」處。或者微有所見，方是知止之初，便謂事了，安能究竟？亦固有天資粹美，種種省力，與常人不同者。要之，學者且當以斯訓爲的。

物有本末，事有終始。知所先後，則近道矣。

此一節論至善是本始處。自吾心而達之萬物，皆物也，但有本末耳；自從事吾心而及於萬事，皆事也，但有終始耳。曰末、曰終，尚[一]在所後，本始之地，安可外求。知本始之在所先，則端緒不謬，而知止工夫庶乎可進矣，故曰「近道」。或者不知所先務，方逐逐乎事物之末，用力愈勞，去道愈遠。此絶學之所以不明也，可勝歎哉。然此特指初學者用力之地而言。本末無二理也，始終無二致也。一以貫之，非彼非

[一]「尚」字明抄本作「儻」。

此，何本何末，何始何終？

古之欲明明德於天下者，先治平聲，後倣〔一〕此其國。欲治其國者，先齊其家。欲齊其家者，先修其身。欲修其身者，先正其心。欲正其心者，先誠其意。欲誠其意者，先致其知。致知在格物。致者，至之也。格，正也，明辨之謂也。物，指固有之物，即志所謂「有物混成」是也。

此一節推原本始之在所先，曰明明德於天下，曰治國，曰齊家，曰修身，曰正心，曰誠意，曰致知，從博至約，一節深一節，凡六個「先」字，至於格物最先。最先，此所謂本始之地也。中庸曰：「不明乎善，不誠其身矣。」格物者，明善之謂也，所以致其知也，故曰「致知在格物」。是物也，混成無虧，範圍無外，是謂太極，是之謂一，至精至粹，至明至靈，至大至中，而謂之至善者也。先知先覺，正在乎是，非外物也，非尋流逐末，模擬揣量，事事而求，物物而索，而後謂之格也。凡蔽於意見，似是而非，役於聰明，認邪作正，而不能究其端的者，皆未可以言格也。方其未知，遠若天外，既格之矣，不離吾心，如旅還家，如夢自覺。嗚呼，至矣！章首言「明明德」者，統論大學之道在明人之明德也。此言「明明德於天下」者，專論明吾明德於天下，而天下之所以平者也。此外次第，説并見後。

〔一〕「倣」字明抄本作「準」。

物格而后知至。知至而后意誠。意誠而后心正。心正而后身修。身修而后家齊。家齊而后國治去聲，後倣此。國治而后天下平。

上節是言欲如此者當知所先，反而求之也。此節是言能如此者斯見於用，推而達之也。自「物格」至「天下平」凡七個「后」字，本末終始之序可厚誣哉？物格者，此理洞然，究見端的，無他蹊徑，無復疑似，故曰「知至」。知至則知止矣。所謂真知，非苟知也。知之既至，意自然誠。知不至而曰意誠，無是理也。意誠然後心正矣，心正然後身修矣。自此而下，次〔二〕第推行，皆分内事。

自天子以至於庶人，壹是皆以修身爲本。其本亂而末治者，否矣。其所厚者薄而其所薄者厚，未之有也。此謂知本，此謂知之至也。

上兩節專言治國平天下，於此復論自天子至於庶人，皆當以修身爲本也。從「格物」至「正心」，皆修身之事。壹者，志壹之壹，斷斷乎是，無他道也。以是爲本，乃知所先。端緒不明，先後倒置，則所謂辭〔三〕其本而薄其所厚者多矣。聖人於章末斷之曰「此謂知本」，又曰「此謂知之至」，其曉人之意深矣。

右第一章，總論大學之道。「誠意」以後，下文詳矣。探本窮源，正在「格物」二字。

〔二〕「次」字明抄本、清抄本皆作「第」。
〔三〕「辭」字明抄本、清抄本皆作「亂」。

學者於此反致疑焉。以愚見觀之，其説甚詳，其義甚明。首論知止，而先之以「止於至善」者，此也。終論知本，而繼之以「知之至」者，此也。首尾六節，無非反覆講明此事。不然，則所謂本者何在？所謂有定而至於能得者何物哉？或曰：知至固知止矣。然知至之下則説意誠心正，知止之下則説有定静安，不亦異乎？曰：不異。且未有意不誠而能定能静能安者，實履而後知之。

所謂誠其意者，毋自欺也。如惡去聲惡臭，如好去聲好色，此之謂自慊讀爲慊，若[一]劫切。故君子必慎其獨也。小人閒音閑居爲不善，無所不至，見君子而後厭讀爲黶然，揜其不善而著其善。人之視己，如見其肺肝然，則何益矣？此謂誠於中，形於外，故君子必慎其獨也。曾子曰：「十目所視，十手所指，其嚴乎！」富潤屋，德潤身。心廣體胖步丹切。故君子必誠其意。毋者，禁止之辭。慊者，「行有不慊於心」之慊。獨者，心之隱微，人所不見不聞，故曰獨也。閒居，猶言平時。厭然，閉藏貌。廣，寬裕也。胖，安舒也。其嚴乎，疑辭。

格物致知在誠意之先，首章經文論之詳矣。故此下只説誠意以後數節事。以「毋自欺」釋誠意，可謂明切。

[一]「若」字明抄本作「苦」。

誠者，物之終始，不誠無物。此是知後力行第一個字。然心之隱微，誠不誠誰得而知？直是無自欺，方是實履。以惡臭好色爲喻，言其好惡出於中心之誠然，故曰「自慊」。此二事，人情所同，求用力於學如此者，千萬人而不一遇也。是故君子必謹其獨。獨非必暗室屋漏之謂，雖大庭廣衆，而一念之動，我自知耳。於此致謹，正是做不自欺工夫。學者説聖説賢，而心之所存曾穿窬狗彘之不若，意在欺人，實乃自欺。雖然，人亦終不可得而欺也。子曰：「察其所安。」孟子曰：「莫良於眸子。」自然漏露，焉可厚誣？此正所謂「誠於中，形於外」。然則小人於見君子之頃，而欲掩其閒居之素，難哉！至此復申言「必謹其獨」四字，尤更切。至「十目」「十手」而下，是發明謹獨之義。常人只謂心之隱微，人不知不見，便走作了。若於此時凜乎其嚴，便如十目所視，十手所指，如何敢欺？非真到十目十手之地，而後方謂之嚴也。故曰「其嚴乎」。「潤屋」「潤身」而下，是推明「誠於中，形於外」之義。富則自然潤屋，德則自然潤身，猶之心既廣體自胖，如何可掩？故君子必誠其意也。一個「毋」字，三個「必」字，立詞甚嚴，學者所宜深體。

詩云：「瞻彼淇澳詩作奥，於六切，菉詩作綠竹猗猗於宜切，叶韻烏何切。有斐詩作匪君子，如切如磋，如琢如磨。瑟兮僩遐版切兮，赫兮喧詩作咺，况晚切兮，有斐君子，終不可喧兮詩作諼，况遠切。」如切如磋者，道學也。如琢如磨者，自修也。瑟兮僩兮者，恂相倫切慄也。赫兮喧兮者，威儀也。有斐君子，終不可喧兮者，道盛德至善，民之不能忘也。詩，衛風淇澳篇。淇澳者，淇水之涯也。緑，色也。猗猗，美盛之態。匪者，反辭，此作斐，文貌。治骨角者切而復磋，治玉石者琢而復磨。瑟，矜莊貌。僩，威嚴貌。赫，赫然可覩。喧，宣著也。諠，韻書通作諼，詐也。道，言也，下文同。磋者，以物瑳也，故曰道學。磨者，自磨之，故曰自修。恂慄，敬懼也。

此一節又推廣上文，言誠於中者不特形於外。盛德至善，感於人心，使之稱道而不能忘，皆吾此誠之所致。心之隱微，可自欺乎？道學、自修，是誠於中者。恂慄、威儀，是形於外者。猗猗、有斐，皆指其發見者而言。

詩云：「於戲音嗚呼，前王不忘！」君子賢其賢而親其親，小人樂音洛〔一〕其樂而利其利，此以没世不忘也。詩，周頌烈文篇。於戲，歎辭。前王，謂文武也。

此一節又推廣上文，言誠之感人，不特一時不能忘，雖没世之後猶有不可忘者。心之隱微，又可自欺乎？其賢其親，其樂其利，前王之所爲也。賢之親之，樂之利之，後世之所以不忘也。自其形於外而推之，民之不能忘，自民之不能忘又推之，至於没世不忘，所以極言誠之不可掩如此。嗚呼，至哉！是故君子之道，建諸天地而不悖，質諸鬼神而無疑，百世以俟聖人而不惑，其要只在謹獨。

〔一〕「洛」下明抄本、清抄本皆有「下同」二字。

康誥曰：「克明德。」大（讀作泰）甲曰：「顧諟天之明命。」帝典曰：「克明峻（書作俊）德。」皆自明也。康誥，周書。克，能也。大甲，商書。諟，説文：審也。顧諟，猶是言照管精微，不差失也。帝典即堯典。峻，大也。

此下三節乃釋篇首三句。自「知止」至「能得」，無非誠意工夫，故曰明德，曰新民，曰止於至善，皆叙之此章之内，最見大意。愚每讀書至此，未嘗不三歎三詠，曰：大哉誠乎，其大學之本乎！殆非錯簡也。天之明命，即天之予我昭然而不可誣者。顧諟，所以明之也。引用書語之下，斷之曰「皆自明」，極見得工夫由己處。吾之明德，豈他人所能明哉？

湯之盤銘曰：「苟日新，日日新，又日新。」康誥曰：「作新民。」詩曰：「周雖舊邦，其命維新。」是故君子無所不用其極。盤，沐浴之盤。銘者，名其器以自警也。苟，誠也。作者，鼓舞興起之也。詩，大雅文王篇。周自后稷封邰，世有國土，而受天之命實自文王始。邦雖舊，而命則新也。

此就「新」字推廣三節。盤銘之新，新德也。康誥之新，新民也。文王詩之新，新天命也。君子用心，無所不至，故曰「無所不用其極」。只爲天地間事皆吾分内事，有纖毫不至便是不誠。

詩云：「邦畿千里，惟民所止。」詩云：「緡（詩作綿）蠻黄鳥，止于丘隅。」子曰：「於止，知其所止，可以人而不如鳥乎？」詩云：「穆穆文王，於（音烏）緝熙敬止。」爲人君，止於仁；爲人臣，止於敬；爲人子，止於孝；爲人父，止於慈；與國人交，止於信。詩，商頌玄鳥篇。邦畿，王者之都。止，居止也。詩，小雅綿蠻篇。綿[一]蠻，鳥聲。隅，角也。詩，文王篇。緝，續也，緝熙，猶繼明也。敬止，即欽厥止。

此節推明「止」字尤詳。易曰：艮，止也，止其所也。何謂所？至善之謂也。不得其所而妄止焉，其弊可勝言哉？首章但云知止，於此又發「知其所止」之義，詞旨警策，讀之令人悚然，所以開悟後學者深矣。前兩詩之言特大率借喻，「緝熙敬止」方是事實上工夫。此理在人，本無欠闕。所以冥冥妄行，失其所固有者，只爲不知所止。誠止矣，在君曰仁，在臣曰敬，在子曰孝，在父曰慈，在國人交曰信，在在處處，無非至善。

子曰：「聽訟，吾猶人也。必也使無訟乎！」無情者不得盡其辭，大畏民志，此謂知本。猶人，不異於人也。無情之辭，虛辭也。大畏者，有以戒謹恐懼之也。

此章論誠意備矣。於此又言不特自誠而已，且能使人亦無不誠也。情僞相感，所以成訟。非戒謹恐懼，不敢自欺，能無訟乎？無情者不得盡其辭，大畏民志，則無不誠矣。非吾意之誠，何以致之？故又申之曰：「此謂知本。」是本也，即首章之所謂本。惟知本，是以誠。此語雖在「無訟」之後，實總結誠意一

〔一〕「綿」字明抄本作「緡」。

章之旨。

右第二章，論誠意。先儒謂此章多錯簡。愚據舊文玩味經旨，自然通貫，本無差舛，謹發此義，願與同志者明之。

所謂修身在正其心者，身有所忿弗粉切懥敕值切，則不得其正；有所恐懼，則不得其正；有所好去聲樂五教切，則不得其正；有所憂患，則不得其正。心不在焉，視而不見，聽而不聞，食而不知其味，此謂修身在正其心。忿懥，怒也。

喜怒哀樂，人皆有之。發而中節，未嘗不正。惟夫動於血氣，誘於物慾，撓奪于外，怵迫其中，能不爲之累者寡矣。是故身本正也，有所忿懥，有所恐懼，有所好樂，有所憂患，則不得其正。其本於吾心者，豈不甚可畏哉？「有所」字宜細看，正是偏倚處。雖然，非他有術以正之也，使不爲心害耳。爲害者去，則本心本自無恙。古人戰戰兢兢，如臨深淵，如履薄冰，顛沛造次不敢須臾微懈者，用力於此而已。心有所奪，隨奪而馳，則雖視而不見，聽而不聞，食而不知其味矣，欲身之修，可得乎？此心之所以不可不正也。故又斷之曰：「此謂修身在正其心。」

右第三章，論修身在正其心。自誠意而後凡五章，雖先後次第如此，其實文義却是從後面節節説來。如此章所論，只是説欲修身不可不正其心，非是説誠意後事也。若意誠則心無不正矣，安得復有許多節次〔一〕？後皆準此。

所謂齊其家在修其身者，人之其所親愛而辟讀爲僻，下同焉，之其所賤惡如字而辟焉，之其所畏敬而辟焉，之其所哀矜而辟焉，之其所敖去聲惰而辟焉。故好去聲而知其惡，惡去聲而知其美者，天下鮮矣。故諺音彦有之曰：「人莫知其子之惡，莫知其苗之碩。」此謂身不修不可以齊其家。人，謂衆人。之，猶於也。辟，偏也。諺，俗語也。碩，即碩果不食之碩。

敖惰固非性情之正。曰親愛，曰賤惡，曰畏敬，曰哀矜，皆發於四端，人之所不能無者。但溺於偏私，倚著一處，則所謂僻也。處身之道，公平無我，是非兼照，則衆心肅服，家自然齊。一有偏焉，人道乖矣，其禍可勝言哉。偏於所好，輒忘其惡。偏於所惡，輒忘其美。流俗暗淺，大抵如是，故曰「天下鮮矣」。不知子之惡，不知苗之碩，皆所以推明「辟」字。

右第四章，論齊家在修其身。却只説身之所以不修處。若説身之所以修，即是上章正心事矣。立辭嚴密，極宜細玩。且於齊家利害愈更深切。上章只説心之所以不正處，文意亦如此。上章四個「有所」字，此章六個「辟」字，其實皆心之病。但上四者止

〔一〕「次」字明抄本作「病」。

是自身裏事，此六者是施於人，即處家之道也，所以不同。所謂治國必先齊其家者，其家不可教而能教人者，無之。故君子不出家而成教於國。孝者，所以事君也；弟去聲者，所以事長丁丈切也；慈者，所以使衆也。康誥曰：「如保赤子。」心誠求之，雖不中去聲，不遠矣。未有學養子而後嫁者也。

其家不可教，其教不足以行於家也。教不足行於家而能教人，安有是理哉。君子不出家而成教於國，教行而人自化耳。孝、弟、慈，是教之大者。雖然，行於家者，不特能化人也。事父孝而忠可移於君，事兄弟而順可移於長，以至慈之足以使衆，往往同此一理。譬如保赤子，本不能言，心誠求之，自然中其所欲，初非學養子而後嫁也。謂之「所以」，猶云「即是此事」。以之事君，以之事長，以之使衆，豈待學而後能哉。

一家仁，一國興仁；一家讓，一國興讓；一人貪戾，一國作亂。其機如此。此謂一言僨音奮事，一人定國。機者，如弩之機也。僨，覆敗也。

此節又言善惡皆足以使人化也。君子之德風，小人之德草，草上之風必偃。不幸爲人上者爲貪刻，爲暴戾，則從風而靡，必有甚焉者矣。仁讓說「一家」，貪戾却只說「一人」。仁讓之化，止於仁讓，貪戾之禍，遂至作亂，可不謹歟？可不懼歟？一言僨事，一人定國，愈見其機之不可輕發處。

堯舜率天下以仁，而民從之；桀紂率天下以暴，而民從之；其所令反其所好〔一〕，而民不從。是故君子有諸己而后求諸人，無諸己而后非諸人。所藏乎身不恕，而能喻諸人者，未之有也。故治國在齊其家。喻，開曉之也。

此節又言爲人上者君〔二〕無其實，亦難强人之從也。堯舜實有此仁，故民亦從而仁。桀紂實有此暴，故民亦從而暴。令民者在此，而其〔三〕所好者在彼，如之何其可從哉。傳曰：「以身教者從，以言教者訟。」又曰：「夫子教我以正，而夫子未出於正。」皆此之謂也。是故己有其善，而後可求人之善；己無其惡，而後可非人之惡。所藏乎身不恕，而欲以空言呶呶於人，不可得矣。「恕」字是一章之綱領。已行得，人亦行得。家行得，國亦行得。此所以成教，所以興，所以從。若只是自家偏私之説，如何能喻。

詩云：「桃之夭夭平聲，其葉蓁蓁音臻。之子於歸，宜其家人。」宜其家人，而后可以教國人。詩云：「宜兄宜弟。」宜兄宜弟，而後可以教國人。詩云：「其儀不忒，正是四國。」其爲父子兄弟足法，而後民法之也。此謂治國在齊其家。詩，周南桃夭篇。夭夭，少好貌。蓁蓁，

〔一〕「好」下明抄本、清抄本皆有小注「去聲」。
〔二〕「君」字明抄本作「若」。
〔三〕「其」字明抄本作「吾」，清抄本作「無」。

美盛貌。之子，猶言是子。歸，嫁也。宜者，相宜之宜。又詩，小雅蓼蕭篇。又詩，曹風鳲鳩篇。忒，差也。

此下引用三詩，總結上文之意。詞旨條達，一唱三歎，讀之令人感動。宜者，義所當然，人心自然之則也。宜於家，宜於兄弟，所以可行。若不宜，則閨門之内齟齬萬狀，如之何而教國人哉？我之儀表不差，四國所以可正。經文直書其下曰「父子兄弟足法，而後民法之」。於本分上有纖毫欠闕，便不足法。舜爲法於天下，只是察於人倫。世衰道微，天屬爲仇。有若周人化商之書，可爲太息者多矣。聖賢於此所以深致意歟。

兩言「治國在齊其家」，尤更懇切。

右第五章，論治國在齊家。

所謂平天下在治其國者，上老老而民興孝，上長長皆丁丈切而民興弟，上恤孤而民不倍與背同，是以君子有絜胡結切矩之道也。所惡去聲，下同於上，毋以使下；所惡於下，毋以事上。所惡於前，毋以先去聲後；所惡於後，毋以從前。所惡於右，毋以交於左；所惡於左，毋以交於右。此之謂絜矩之道。老老者，老吾老也。長長者，長吾長也。幼而無父曰孤。絜，度也。矩，所以爲方者。

上章言孝、弟、慈，此章言老老、長長、恤孤，三者風化之首。天下之本在國，國之本在家，莫大乎是，所以申言之。上章言恕，此章言絜矩，亦一理也。興孝興弟，以致於不倍，豈强之使然哉？先得我心之同然，機應響答，自有不言而化者。此心此理，焉可厚誣？是以君子體此心，推此理，而有絜矩之道也。執矩而度，可使四下均平。舉斯加彼，所惡勿施，此恕之事，天下所以平也。上下、前後、左右無一不然，方盡得此道。

詩云：「樂音洛只音紙君子，民之父母。」民之所好去聲，下同好之，民之所惡去聲，下同惡之，此之謂民之父母。詩云：「節彼南山，維石巖巖。赫赫師尹，民具爾瞻。」有國者不可以不慎，辟讀爲僻則爲天下僇與戮同矣。詩云：「殷之未喪〔一〕師，克配上帝。儀詩作宜監於殷，峻詩作駿命不易去聲。」道得衆則得國，失衆則失國。詩，小雅南山有臺篇。只，語辭。又詩，小雅節南山篇。節，截然高大貌。師尹，周大師尹氏也。具，俱也。辟，偏也。僇，殺戮也。又詩，文王篇。師，衆也。配，合。監，視。峻，大也。不易，言難保也。

此節引用三詩，反覆推廣上文之意，言好惡順於民心，是絜矩之道也，則民視之如父母；好惡偏於己私，非絜矩之道也，則天下之所共僇。又推言天命之難諶，因民心而向背。人君之於此道，有以得衆則得國矣，所謂民之父母也；至於失衆則失國矣，所謂天下僇也。前章六個「辟」字，言家之所以不齊，於此直言

〔一〕「喪」下明抄本有小注「去聲」，清抄本誤移於「師」下。

「辟則爲天下僇」。自昔亡國敗家以至身之不可保者，其禍皆本於此。好惡之際，安得不謹其〔二〕所發哉。

是故君子先慎乎德。有德此有人，有人此有土，有土此有財，有財此有用。德者本也，財者末也。外本内末，争民施奪。是故財聚則民散，財散則民聚。是故言悖〔三〕而出者，亦悖而入。貨悖而入者，亦悖而出。康誥曰：「惟命不于常。」道善則得之，不善則失之矣。争民者，争鬬其民。施奪者，施之以奪攘之道也。悖，逆也。

此節因上文得衆失衆，又推原絜矩之道莫善於有德，莫不善於聚財也。德者，人心所同有，即其好惡之不可違者。志曰：「德之流行，速於置郵而傳命。」是故君子必先謹乎德。纔有德便有人，所以得衆也。纔有人便有土，所以得國也。有財、有用，特餘事耳。德爲本，財爲末，外其所本，内其所末，是鬬天下之民而施之以奪攘之道也。故曰：「財聚則民散，財散則民聚。」易曰：「何以聚人？曰財。」財者民生之所賴，人君欲專有之，幾何其不畔且離哉？况務爲聚財，未免悖入，以是得之，必以是失之。故又曰：「言悖而出者，亦悖而入；貨悖而入者，亦悖而出。」龍〔三〕斷之夫，推〔四〕筋剥骨，以自豐殖，謂可安坐而有

〔二〕「其」字明抄本、清抄本皆無。

〔三〕「悖」下明抄本、清抄本皆有小注「布内切，下同」。

〔三〕「龍」字明抄本、清抄本皆作「隴」。

〔四〕「推」字明抄本作「椎」。

也。然喪敗之禍，曾不旋踵。向之出乎爾者，今而後皆得反之。内財外德，其弊如此，絜矩之道所以不可不行也。上節曰「峻命不易」，道得衆則得國，失衆則失國。此節又曰「惟命不于常」，道善則得之，不善則失之。吁，可畏哉！命即天命，道即絜矩之道，有德則善，聚財則不善。

楚書曰：「楚國無以爲寶，惟善以爲寶。」舅犯曰：「亡人無以爲寶，仁親以爲寶。」秦誓曰：「若有一个古賀切，書作介臣，斷斷〔一〕兮無他技，其心休休焉，其如有容焉。人之有技，若已有之。人之彦聖，其心好之，不啻若自其口出。寔能容之，以能保我子孫黎民，尚亦有利哉。人之有技，媢疾以惡之；人之彦聖，而違之俾不通。寔不能容，以不能保我子孫黎民，亦曰殆哉！」惟仁人放流之，迸讀爲屏諸四夷，不與同中國。此謂惟仁人爲能愛人，能惡人。見賢而不能舉，舉而不能先，命鄭氏作慢也。見不善而不能退，退而不能遠去聲，過也。好人之所惡，惡人之所好，是謂拂人之性，菑古灾字，下同必逮夫音扶身。楚書，楚語也。舅犯，晋文公舅狐偃，字子犯。亡人，文公時爲公子，出亡在外也。仁親，有仁德而相親者，事見檀弓。秦誓，周書。斷斷者，專確之辭。休休，廣大樂易也。如有容者，汪汪停涵，若有所容，然而無涯涘之可測也。

〔一〕「斷」下明抄本、清抄本皆有小注「丁亂切」。

媢，忌也。違，拂戾也。殆，危也。迸，猶逐也。拂，逆也。

此節因上文善不善而推明絜矩之道，好惡之公，又在於用人也。惟善以爲寶，是寶善人。仁親以爲寶，是寶仁親之人。秦誓所謂「休休」「有容」者，好得其所好也，故曰利。媢疾不能容者，惡非其所惡也，故曰殆。仁人之心好惡出於至公，是以放流而屏絶之，直至不與同中國，舜之於四凶是也。若夫見賢而不能舉，舉而不能先，見不善不能退，退又不能遠，豈人之好惡也哉？斷之曰：好人之所惡，惡人之所好，是謂拂人之性，菑必逮夫身，與前「民之父母」正相反，所以總結上文之意。

君子有大道，必忠信以得之，驕泰以失之。生財有大道，生之者衆，食之者寡，爲之者疾，用之者舒，則財恒[一]足矣。君子者，成德之名。驕，自矜也。泰，自滿也。無遊民則生者衆，而坐食者自然寡矣。不奪農時，則爲者疾。量入爲出，則用者舒。恒，常也。

此節又言德財固有本末，然莫不皆有大道也。或曰：財亦可言大道乎？曰：起居飲食，日用應酬，萬變萬務，孰非大道？故曰：「誰能出不由户，何莫由斯道也？」但是者是道，非者非道耳。若止談玄説妙，虚無爲宗，則三綱可淪，九法可斁，而周公經國一書所以均節財用者，皆無道之具文矣，而可乎？將「君子」與「生財」對説，皆曰「有大道」，發明最爲深切。夫道，一而已矣。若分别作兩項便差。君子有大

[一]「恒」下明抄本、清抄本皆有小注「胡登切」。

道，非外襲而取之，我固有也。但忠信不虚僞，自然無恙，故大戴記「忠信大道」。驕泰即意動氣盈，失其本心矣。君子之所以先謹乎德者，此其用力之地也。生之者衆，食之者寡，爲之者疾，用之者舒，則財常足。古人生財，初無他術，所謂大道，如斯而已。後世生之者寡而食之者衆，爲之者舒而用之者疾，方病其不足也，而戛戛然思所以聚之，百方而誅求之，民如之何其不困，國如之何其不匱也哉！

仁者以財發身，不仁者以身發財。未有上好仁而下不好義者也。未有好義其事不終者也。未有府庫財非其財者也。發，猶起也

上節既言生財有大道，此節又就財上拈出仁不仁之兩端以發明之。仁者以財發身，非求發其身也，財散而身自尊也。不仁者以身發財，非不愛其身也，知有財而不知有身也。自古人君所以事不克終，而府庫非其有者，只爲人心乖亂，不知有義耳。上既好仁，則下自然好義。下好義，則事可久成，富可長守。是仁人不有其財，乃所以能有其財也。豈逆衆斂怨、戛戛自計者所可知哉。此正仁者以財發身之事。

孟獻子曰：「畜許六切，下同馬乘[一]不察於雞豚，伐冰之家不畜牛羊，百乘之家不畜聚斂之臣，與其有聚斂之臣，寧有盗臣。」此謂國不以利爲利，以義爲利也。長丁丈切國家而務財

[一]「乘」下明抄本、清抄本皆有小注「去聲」。

用者，必自小人矣。彼爲去聲善之，小人之使爲國家，菑害并至，雖有善者，亦無如之何矣。此謂國不以利爲利，以義爲利也。孟獻子，魯賢大夫仲孫蔑也。畜馬乘，士初試爲大夫者也。伐冰之家，卿大夫以上，喪祭用冰者也。百乘之家，有采地者也。自，由也。彼，指小人也。善之，謂長於其事。善者，謂善人也。

此則言不仁者以身發財之事也。不仁者以身狥財而不顧，豈可用乎？國有盜臣，不祥莫甚，而曰「與其有聚斂之臣，寧有盜臣」，所以極言其不可用也。何也？盜臣止於盜國，而聚斂則禍及民矣。獻子斯言，蓋謂國不當以利爲利，以義爲利也。大抵有國有家而務財用者，必自小人始。彼爲善於其事，是以世主甘心焉，心計之巧，筭析秋毫，「善之」之謂也。不幸而使小人專國家之權，元氣既傷，本根既撥，則菑害并至。雖有善者〔一〕，亦不能如之何矣。此正以身發財之效也。於是復申言「此謂國不以利爲利，以義爲利」，丁寧懇切，爲人上者宜動心焉。

右第六章，論平天下在治其國。

〔一〕「者」字明抄本、清抄本皆作「人」。

融堂四書管見卷十三

宋 錢時 撰

中庸

中者，不偏之名。庸者，平常之號。豈高深幽遠、荒忽誕漫而謂之道哉？虞書曰「典」者，此也。禹曰「彝倫」者，此也。乾坤曰「易簡」者，此也。斯道不明，世教日壞，爲楊爲墨，而民性亂於兼愛、爲我；爲儀爲衍，而民性亂於朝縱暮衡；爲申爲韓，而民性亂於刑名；爲鞅爲斯，而民性亂於功利；爲黄爲老，而民性亂於槌提絶滅。浮屠晚出，其禍尤大。三綱九法人道之所賴以立者，一切斷棄。鼓雄誕之説，以愚民幻衆，往往世俗安之若當然，而先王教法，生民日用之經，反視之以爲異矣。「中庸」二字，古所未命，吾夫子揭而名之，示萬世大道之標準。而一書三十三章，又幸成於子思之手，此正後學之所宜汲汲也。爲吾聖人之徒者，乃復支離傳注，轉相熒惑，然則中庸之德，民真鮮能矣夫。

天命之謂性，率性之謂道，修道之謂教。命，猶賦與也。率，順也。

天命者，天之與我之謂也。至善而無惡，至靈而不昧，所謂性也。順乎此性，斯之謂道，無所不在，無所不通，本何假於修哉。惟夫昏於意念，汩於情欲，動於血氣，蔽於物我，淪於習俗，而拂亂其所固有者焉，是故不可以不修也。修之如何？順其固有而已。成湯曰：「維[一]皇上帝降衷于下民。若有恒性，克綏厥猷惟后。」降衷即天命之性也。若即順也，猷即道也，非君師則不能綏之。性何由若？聖人之教，所以闡斯道，覺斯民，而使之修以順其性者也。是教也，大經大法之所由以立。外是而曰修道云者，君子不由也。

道也者，不可須臾離去聲，下同**也，可離非道也。是故君子戒慎乎其所不睹，恐懼乎其所不聞。莫見**音現**乎隱，莫顯乎微，故君子慎其獨也。**隱者，未露。微者，未著。皆謂念慮方萌之始。不睹不聞，自心自知，故曰獨也。三個「其」字皆指君子而言。

道者，率性之謂。纔不率性即爲非道，安可須臾離乎？此君子所以戒謹恐懼於[二]不睹不聞之時也。睹而後

〔一〕「維」字明抄本作「惟」。
〔二〕「於」下明抄本、清抄本皆有「其」字。

戒謹，聞而後恐懼，則已晚矣。此正是做不可須臾離工夫。一意之起，一念之動，便離了。方其不睹也，不聞也，自以爲隱也，而不知莫見於此焉；自以爲微也，而不知莫顯於此焉。隱即見，微即顯，非二事也，可不謹歟？故又申之曰謹其獨。獨即是心之隱微、不睹不聞處。舜之兢兢業業，文王之小心翼翼，吾夫子之顛沛造次必於是，皆謹獨之謂也。所以修也，所以爲教者也，所以率性而不離於道也。

喜怒哀樂音洛之未發謂之中，發而皆中去聲節謂之和。中也者，天下之大本也；和也者，天下之達道也。致中和，天地位焉，萬物育焉。致，猶極也。位者，各安其位，無愆伏薄蝕震蕩之變是也。育者，遂其生也。

喜怒哀樂之未發謂之中，寂然不動者也，故曰大本。發而皆中節謂之和，感而遂通天下之故者也，故曰達道。中則和矣，和則無非中矣，非中之外别有所謂和也。觀「大本」二字，豈是〔二〕尋流逐末者所可知哉？學者往往於喜怒哀樂未發之先，不知所以用力之地，而但求中節於既發之後，是猶無根之木，無源之水，望其流行而暢茂，無是理也。人性本善，本無非道，其走作處往往全在喜怒哀樂上。喜怒哀樂之發而偏焉，是以不能順耳。戒謹恐懼而謹其獨者，所以保是中，全是和，而順其固有之性者也。順固有之性，則無所不通矣，是達道也。天地廣大，我實範圍。萬物衆多，我實發育。天地萬物豈在吾性之外也哉？

〔二〕「是」字明抄本、清抄本皆無。

右第一章，一書之大旨也。首論性、道、教之次序，謹其獨以明斯道之所以修。次致中和，則極言斯道之功用。所謂中庸者如此。

仲尼曰：「君子中庸，小人反中庸。君子之中庸也，君子而時中；小人之中庸也，小人而無忌憚也。」此後節節援引夫子之語，故此章特書仲尼以表之。時中者，無時而不中也。中庸平常，初非奇異，百姓日用，匪高匪難。君子者順此者也，小人者反此者也。斯道也，無所不在，無所不通，必達乎權而後無須臾離耳。君子時中，所以中庸。而小人則以無忌憚爲中庸者也，猶言以妄爲常也。嗟夫，小人之爲不義，不〔一〕能自知其非，庶幾其或變焉。冥然妄行，自以爲是，是以終身而不悔也，可勝歎哉。異端邪說，是無忌憚之尤者。

右第二章。中庸二字，不必獨就中和上牽合說。曰性〔二〕，曰道，曰教，曰中，曰和，名字雖不同，皆所以爲中庸也。

子曰：「中庸其至矣乎！民鮮上聲，下同能久矣。」此章見論語，多「之爲德也」四字，無「能」

〔一〕「不」字永樂大典卷五五一作「苟」。
〔二〕「曰性」永樂大典卷五五一無。

字。至，極也，無以復加之謂也。

世道衰微，以無忌憚爲中庸者皆是，是以鮮能。能者鮮，愈見其爲至耳。三復「久矣」之歎，可以想見三代之民。

右第三章。與上章「反中庸」之意相承。

子曰：「道之不行也，我知之矣，知去聲者過之，愚者不及也；道之不明也，我知之矣，賢者過之，不肖者不及也。人莫不飲食也，鮮能知味也。」飲食，喻中庸。

知者所見則失之過，愚者又暗淺而無識，其爲不知一也，道如何行？賢者所行則失之過，不肖者又暴棄而不爲，其爲不行一也，道如何明？致知力行，未始偏廢，愚不肖固不足道，若大知則真知矣，大賢則中行矣，安得有過？然則此章所論，特世俗之所謂賢知，守其偏見，拘於俗學，自以爲是，而實亦未嘗知味也。故曰：「人莫不飲食，鮮能知味。」蓋言斯道人人共由，所謂「誰能出不由户」〔一〕，但日用而不知耳。一「知」字甚重，不知後安知道之不可須臾離哉？此致知在格物，大學所以先務也。

右第四章。承上章鮮能中庸之歎，而發「鮮能知味」之旨。果知味則中庸矣。或曰：

〔一〕「户」下永樂大典卷五五二二、明抄本、清抄本皆有「者」字。

道不明故不行。此章先以不行歸咎於知愚，而後以不明歸咎於賢不肖，何也？曰：不然。人之於道，必致其知而後能行，不知不可行也。故知之過，愚之不及，皆不知道者也。必見於行而後大明，不行無由明也。故賢之過，不肖之不及，皆不行道者也。行者行於一時，明可明於萬世，其實則原於知，知則行，行則明矣。

子曰：「道其不行矣夫音扶！」

知味者鮮，道之所以不行。夫子感時而歎也。

右第五章。承上章「不知味」而言。

子曰：「舜其大知也與平聲！舜好去聲，下同問而好察邇言，隱惡而揚善，執其兩端，用其中於民，其斯以爲舜乎！」察，明照也。邇言，左右及宮庭至近之言。兩端，即好問而又察邇言，隱惡而又揚善也。

舜大知，所以能用中，安有所謂知者之過哉？好問即所聞者廣，幽遠無不上達矣，而或邇言之不察，則未免浸潤膚受之蔽。隱惡即所包容含覆者大矣，而有善不能揚，則未免遺逸阨窮之弊。舜好問又察邇言，既隱惡又揚善，執其兩端，無或偏廢，於是乃權衡中道而用之於民焉，此舜之所以爲大知也。故曰：「其斯以爲舜乎！」見得「知」字甚重。

右第六章。上章言道之不行，病在不知，於此特引舜事，以明知故能行。

子曰：「人皆曰予知去聲，驅而納諸罟音古擭胡化切陷阱疾郢切[一]之中，而莫之知辟與避同也。人皆曰予知去聲，擇乎中庸而不能期居之切月守也。」罟，網也。擭，機檻也。陷阱，坑坎也。皆所以揜取禽獸者。擇，辨別之也。期月，周足一月也。守，即「仁能守之」之守。

人孰不自以爲知，驅而納諸罟擭陷阱則不知辟，尚得謂之知乎？顛倒冥迷，反道敗德，爲[二]血氣是用，爲物欲是從，所謂下愚不移者，皆罟擭陷阱之徒也。是固[三]不足道。至於擇乎中庸，若可喜矣，則又不能期月守也[四]所謂知者，乃知此道之不行有以也。

右第七章。承上章「大知」而言。

子曰：「回之爲人也，擇乎中庸，得一善，則拳拳服膺而弗失之矣。」回，顔淵名。拳拳，説文：「愛也，不忘也。」服，猶著也。膺，胸也。

顔子所謂擇乎中庸而能守者，擇善而固執之謂也。所以不遷怒，不貳過，而進於三月不違仁，與不能期月

〔一〕「疾郢切」明抄本、清抄本皆作「才性切」。
〔二〕「爲」字永樂大典卷五五四作「惟」，下句「爲」字同。
〔三〕「固」字永樂大典卷五五四、明抄本皆作「故」。
〔四〕「也」字永樂大典卷五五四、明抄本皆無。

而〔一〕守者異矣。

右第八章。承上章「不能守」而言。

子曰：「天下國家可均也，爵禄可辭也，白刃可蹈也，中庸不可能也。」均，平也不偏不倚，日用平常，自然是道，何能之有？一起能之之意，即支即離，去道遠矣。故曰：「中庸不可能。」自昔固有絶人之才，超世之識，天下種種難能之事無不能之，而欲庶幾於道而不可得，其病果安在哉？無他，能故也。凡倚聰明，逞智巧，皆道之祟也，真知其所以不可能即能矣。故又曰：「唯聖者能之。」

右第九章。

子路問强。子曰：「南方之强與平聲，下同？北方之强與？抑而强與？寬柔以教，不報無道，南方之强也，君子居之。衽金革，死而不厭，北方之强也，而强者居之。故君子和而不流，强哉矯！中立而不倚，强哉矯！國有道，不變塞焉，强哉矯！國無道，至死不變，强哉矯！」子路，仲由也。而，汝也。寬柔以教者，優裕以爲教也。不報無道者，横逆之來，受之而不

〔一〕「而」字明抄本、清抄本皆無。

報也。衽，衣系。金，兵戈〔二〕也。革，甲冑之屬也。矯，强貌。塞者，窮塞未通之時也。子路好勇而問强，其意可知矣。夫子未遽答也，逐一辨難而後條陳之，所以委曲成就之意深矣〔三〕。謂今所問是南方之强，是北方之强，抑汝之所謂强？若南方之强，則理義以自勝，君子之所居也，其事如此。北方之强，則血氣以爲勝，强者之所居也，其事如彼。於斯二者，將安從乎？强者非所尚也。抑爲君子之强而後爲强耳？於是推明四節以告之。和易流也，君子則不流；中易倚也，君子則不倚。樂則行之，而窮塞之所守者不變；憂則違之，雖至於死而所守者不變。四者之下，每以「强哉矯」稱之，猶云如此而後謂之强，正汝今日之所當勉者也。子路宜〔三〕於此惕然深省，而求其所以不流、不倚、不變者安在，則知平時行行之氣一無可恃，而中庸之不可能者可能矣。

右第十章。承上章「中庸不可能」而言。

子曰：「素隱行下孟切怪，後世有述焉，吾弗爲之矣。君子遵道而行，半塗而廢，吾弗能已矣。君子依乎中庸，遯世不見知而不悔，惟聖者能之。」素，猶白也。素隱，言無可卷懷而慢〔四〕

〔二〕「兵戈」永樂大典卷五五五、明抄本、清抄本皆作「戈兵」。
〔三〕「矣」字永樂大典卷五五五作「哉」。
〔三〕「宜」字永樂大典卷五五王無，明抄本作「以」，清抄本作「苟」。
〔四〕「慢」字永樂大典卷五五五、明抄本皆作「漫」。

隱也。述，稱述也。依，不離也。

素隱行怪，不能擇乎中庸者也，夫子所弗爲。半塗而廢，擇乎中庸而不能守者也，夫子所弗能。直是依乎中庸，遯世不見知而不悔，方是無須臾離。然夫子於此則又不敢自居也，故曰：「唯聖者能之。」

右第十一章。自「君子中庸」而下，節節辨明，至此收拾在「依乎中庸」一句上〔二〕，方結盡上十章之意。

君子之道費而隱。夫婦之愚，可以與去聲知焉，及其至也，雖聖人亦有所不知焉。夫婦之不肖，可以能行焉，及其至也，雖聖人亦有所不能焉。天地之大也，人猶有所憾。故君子語大，天下莫能載焉；語小，天下莫能破焉。詩云：「鳶余專切飛戾天，魚躍于淵。」言其上下察也。君子之道，造端乎夫婦；及其至也，察乎天地。費，日用也。詩，大雅旱麓篇。鳶，鴟類。戾，至也。察，明也。

君子之道，初無費隱之異，初無至不至之分。子曰：「哀樂相生。正明目而視之，不可得而見也。傾耳而聽之，不可得而聞也。」哀樂有形有聲，曷爲不可見聞？費而隱之謂也。自其費者言之，夫婦之愚可以知，

〔二〕「上」字永樂大典卷五五六無。

夫婦之不肖可以行。自其隱者言之，則雖聖人有不知，有不能。非不欲知也，可知則止，於知非至也。非不欲能也，可能則止，於能非至也。聖人所以不知不能者，豈在愚夫愚婦日用之外也哉。且非特聖人不能盡也，天地之大，人猶有所憾，是天地之大亦有所不能盡，所以極言斯道之妙也。故語大，天下莫能載；語小，天下莫能破。舉凡〔一〕天下之有形者無不載矣，所以莫能載者何物？舉天下之有形者皆可破矣，所以莫能破者何物？於鳶之飛、魚之躍而有會焉，則其說昭昭矣，故曰「上下察」。處處呈露，焉可誣也！君子之道，造端乎夫婦，及其至也，明乎天地，如斯而已。

右第十二章。上章既言「中庸不可能」，又言「唯聖者能之」。於此又極言其至雖聖人亦有所不能。嗚呼，微哉！凡章首無「子曰」二字〔二〕，皆子思之言。

子曰：「道不遠人。人之爲道而遠人，不可以爲道。詩云：『伐柯伐柯，其則不遠。』執柯以伐柯，睨研計切而視之，猶以爲遠。故君子以人治人，改而止。爲，即「爲之不厭」之爲。爲道，猶言爲仁也。詩，豳風伐柯篇。伐柯，木枝也。執柯，斧柄也。睨，邪視也。改，改過也。

上章極言斯道之大如此，恐人或遂求之高遠而失之，於是繼發「道不遠人」之旨。子曰：「仁者，人也。」

〔一〕「舉凡」明抄本、清抄本皆作「凡舉」。
〔二〕「二字」明抄本、清抄本皆作「者」。

明人之即道，豈外乎吾身而他求乎？學者求致其知，而方支離乎事物之末，正所謂爲道而遠人者。爲道而遠人，不可以爲道矣，猶言可離非道也。且如伐柯，其則可謂不遠，然而執斧以伐之，從旁邪視，猶以爲遠者，猶有假於外爾。故君子之學，惟以人所固有者還以治之。吾之一身，全體是道，只爲有過，始昏始虧。治之何如？改過而已。過改則本心本自無恙，何他求之有也？故曰「改而止」。言改過之外，無他道也。

「忠恕違道不遠，施諸己而不願，亦勿施於人。忠者不欺於心，恕者不偏於己。違，去也。

上節既言改過，此則又謂當自忠恕求之，道本不遠於人也，惟不反求諸己，是以自離於道。子曰：「參乎，吾道一以貫之。」曾子曰：「唯。」子出，門人問曰：「何謂也？」曾子曰：「夫子之道，忠恕而已矣。」忠恕即道也。於此用力則去道不遠，指初學者求道之方而言也，非謂別是一物也。苟忠恕矣，何違之可言哉？施諸己而不願，亦勿施於人，即所以用力於忠恕者。

「君子之道四，丘未能一焉：所求乎子，以事父未能也；所求乎臣，以事君未能也；所求乎弟，以事兄未能也；所求乎朋友，先施之未能也。庸德之行，庸言之謹，有所不足，不敢不勉，有餘不敢盡。言顧行，行顧言，君子胡不慥慥七到切爾。」庸，常也。慥慥，篤實貌，說文：言行相顧也。

此則又就人倫上發揮。忠恕皆施於人之最大者。此正聖人之能事，而夫子曰未能，雖是謙辭，其實真有不能盡者。若己能即止矣，豈爲之不厭之學也哉？然其大要全在言行上。此德，常德也，人皆有之，不能行耳。此言，常言也，人皆言之，不能謹耳。故德曰行，言曰謹。至於有所不足則不敢不勉，不足而不勉，必不及非常也。有餘則不敢盡，有餘而盡，必有過非常也。直是言行相顧，不使有一毫之可愧，而道之不遠人者，庶乎其不須臾離也。然則君子胡可不慥慥務篤實乎。

右第十三章。

君子素其位而行，不願乎其外。素富貴，行乎富貴；素貧賤，行乎貧賤；素夷狄，行乎夷狄；素患難去聲，行乎患難；君子無入而不自得焉。在上位不陵下，在下位不援平聲上，正己而不求於人則無怨。上不怨天，下不尤人。故君子居易〔一〕以俟命，小人行險以僥幸。子曰：「射有似乎君子，失諸正音征鵠工毒切，反求諸其身。」素，故素也。位者，其所居之地也。陵，陵慢也。援，攀援也。易，平易也。徼，求也。幸，冀其非所當得也。畫布曰正，棲皮曰鵠，皆侯之中射之的也。

〔一〕「易」下明抄本、清抄本皆有小注「去聲」。

此章當看一「行」字，正是君子無入而不自得處，所以不願乎其外者也。若但碌碌，苟安素分，亦何足道。直是隨所遇而行焉，方是自得。孟子謂「令聞廣譽施於身，不願人之膏粱文繡」，所以不願，豈偶然哉？故曰「素富貴，行乎富貴；素貧賤，行乎貧賤」，以至患難、夷狄，處處皆然，無入而不自得也。纔不自得，便是不行。然其要只在正己。亦不陵下，亦不援上，但正己而不求於人，則自然無怨。無怨於天，無尤於人，故自得也。正己如何？居易而已。洪範曰：「無黨無偏，王道平平，無反無側，王道正直。」本易也，本無險阻艱難也。所謂行者，行此者也。有纖毫意念，便不是居易。俟命，猶言一任乎天，非謂有所期待也。小人反是，長戚戚耳，如何自得？故又引正鵠之喻，以明正己之意。

右第十四章。

君子之道，辟與譬同如行遠必自邇，辟如登高必自卑。詩曰：「妻子好去聲合，如鼓瑟琴；兄弟既翕，和樂音洛且耽詩作湛。宜爾室家，樂爾妻帑。」子曰：「父母其順矣乎！」詩，小雅棠棣篇。翕者，翕然無異情也。耽者，和樂之至也。帑，謂子也。

天地位，萬物育，只是一個順而已。妻子如此，兄弟又如此，以至室家妻帑皆如此。一家之中都是和氣，於父母分上方始是順。下面有纖毫不盡分處，上面和氣便有所傷。只爲一家之心無非父母之心，能以父母之心爲心，則骨肉之際安可纖毫不盡分乎？琴瑟和方可鼓，纔一弦不和，便不成聲。妻子好合，雖云和樂，而兄弟之情未能翕然，則一家和氣有虧多矣。兄弟既翕，不特和樂，而且又至於耽焉。此則極言人道必如此而後爲順也。始於家邦，終於四海，全在這上，故曰「自卑」「自邇」。

右第十五章。自「君子之道費而隱」發揮至此，辭旨方足。

子曰：「鬼神之爲德，其盛矣乎！視之而弗見，聽之而弗聞，體物而不可遺。使天下之人齊側皆切明盛服，以承祭祀，洋洋乎如在其上，如在其左右。詩曰：『神之格思，不可度待洛切思，矧可射音亦，詩作斁思。』夫微之顯，誠之不可揜如此夫！」體物，言變化萬物而爲之體。不可遺，言無物不具此妙也。齊者，齊戒也。明，猶潔也。洋洋，盛貌。詩，大雅抑篇。格，至也。度，猶測也。射，厭也。思，語辭。此者，指鬼神而言也。

武王曰：「惟人萬物之靈。」夫子曰：「心之精神是謂聖。」本心本聖，本心本靈。生而爲人，死爲鬼神，一也。無形之可見者，無聲之可聞也，而日月以此運行，風霆以此鼓舞。凡形色於兩間者，莫不以此發育，物物皆體，物物皆妙，而不可遺焉。使天下之人莫不齊明盛服以承祭祀，洋洋乎如在其上，如在其左右，神之至也，不可測也，況可得而厭斁也。非盛德能爾乎？理雖微而實顯，吾心之誠，不聞不睹，而其不可揜之妙亦如是矣。本一故也。

右第十六章。此後專提誠字發明中庸，而首以鬼神之德形容誠之不可揜。

子曰：「舜其大孝也與平聲！德爲聖人，尊爲天子，富有四海之内。宗廟饗之，子孫保之。故大德必得其位，必得其禄，必得其名，必得其壽。故天之生物，必因其材而篤焉。故栽者培之，傾者覆之。詩曰：『嘉詩作假，音暇樂音洛君子，憲憲詩作顯令德。宜民宜人，受禄于天。保佑命之，自天申之。』故大德者必受命。」子孫，謂虞思、陳胡公之屬。舜年百有十歲，是得壽也。材，質也。篤，厚也。栽，植也。詩，大雅假樂篇。假，即嘉也。言嘉樂君子之如此也。顯，著也。

夫子論舜大孝，不指言克諧之事，而以德爲聖人、尊爲天子、富有四海、宗廟饗〔一〕、子孫保五事稱之。嗚呼，此孝之所以大歟！曰位，曰禄，曰名，曰孝〔二〕，非大德不足以得之也。天道福善禍淫，栽則培，傾則覆，焉可誣哉。假樂之詠可見矣，故大德者必受命。此舜之大孝所以通於神明者也。

右第十七章。承上章言舜之大孝，以發明所謂誠之不可揜者。

子曰：「無憂者其惟文王乎！以王季爲父，以武王爲子，父作之，子述之。武王纘大王大音泰，下同、王季、文王之緒，壹戎衣而有天下，身不失天下之顯名。尊爲天子，富有四海

〔一〕「宗廟享」下清抄本有「之」字，下句「子孫保」下同。
〔二〕「孝」字明抄本、清抄本皆作「壽」。

之内。宗廟饗之，子孫保之。武王末受命，周公成文武之德，追王去聲大王、王季，上祀先公以天子之禮。斯禮也，達乎諸侯、大夫及士、庶人。父爲大夫，子爲士，葬以大夫，祭以士。父爲士，子爲大夫，葬以士，祭以大夫。期居之切之喪，達乎大夫；三年之喪，達乎天子；父母之喪，無貴賤一也。」

纘，繼也。大王，王季之父也。緒，業也。戎衣，甲胄之屬。一〔一〕戎衣，言一著戎衣而遂克商也。末，猶晚年也。追王者，追尊之以王號也。文王已受命稱王，故止追王大王、王季。先公，組紺以上至后稷也，祀以天子之禮者。葬用死者之爵，祭用生者之禄。此禮達乎諸侯、大夫及士、庶人。一也，猶言父雖庶人而子爲天子，亦以天子之禮祭之。喪服自期以下，諸侯絶，大夫降，而父母之喪則上下皆同也。

父作子述，文王處人道之常，何所憂乎？若舜則不能無憂。王季肇基，父作也。武王纘前王之緒，周公成前王之德，子述也。

右第十八章。此文王誠之不可揜者。

子曰：「武王、周公，其達孝矣乎！夫音扶孝者，善繼人之志，善述人之事者也。春秋

〔一〕「一」字明抄本作「壹」。

修其祖廟，陳其宗器，設其裳衣，薦其時食。宗廟之禮，所以序昭如字穆也。序爵，所以辨貴賤也。序事，所以辨賢也。旅酬下爲去聲上，所以逮賤也。燕毛，所以序齒也。踐其位，行其禮，奏其樂，敬其所尊，愛其所親，事死如事生，事亡如事存，孝之至也。達，通變之謂也。祖廟，天子七，諸侯五，大夫三，適士二，官師一。宗器，先世所藏之重器，若赤刀、大訓、天球、河圖之類也。裳衣，先祖之遺衣服，祭則設之以授尸也。時食，四時之食，各有其物也。宗廟之次，左爲昭，右爲穆，而子孫亦以爲序也。序爵者，公侯卿大夫各以爵爲差。事者，宗祝有司之職事，高下各以其所能任也。旅，衆也。酬，導飲也。旅酬於下，下亦得獻於上也。逮，及也。燕毛，祭畢而燕，乃序齒尊老，毛髮白位於上。踐，猶履也。其，指先王也。所尊、所親，先王之祖考、子孫、臣庶也。始死曰死，既葬而反曰亡。

達孝當就繼志述事上看。志不易繼也，事不易述也。若以無改父道爲孝，則武王不宜伐商。若以友于兄弟爲孝，則周公不當誅管、蔡。未可與權者，未足與議也。故以達孝稱之，是其伐也，其誅也，乃其所以善繼志述事者也。使武王忍於商而不伐，周公忍於管、蔡而不誅，雖欲踐位行禮，如下文所述，可得乎？所以盛言祖廟之修、宗廟之禮而申言孝之至，在繼志述事之後也。

「郊社之禮，所以事上帝也。宗廟之禮，所以祀乎其先也。明乎郊社之禮、禘嘗之義，治國其如示諸掌乎！」

上節既言宗廟之禮，於此又兼言郊社之禮〔一〕。孝經稱周公郊祀后稷以配天，宗祀文王於明堂以配上帝。蓋其禮至周公而備，所以極繼志述事之形容也。明乎郊社之禮、禘嘗之義，非特文物度數之末而已。所謂「微之顯，誠之不可揜」者，果可以外求乎？明乎此，則推之天下國家無他道也，與論語「指其掌」正同。一章之旨，歸宿在此。

右第十九章。此武王、周公誠之不可揜者。三章皆承鬼神之德，而發明聖人所以感通鬼神一貫之妙，天下國家由是而達之爾。故此章終之以治國，下章繼之以問政。

哀公問政。子曰：「文武之政，布在方策。其人存則其政舉，其人亡則其政息。人道敏政，地道敏樹。夫音扶政也者，蒲盧也。故爲政在人，取人以身，修身以道，修道以仁。仁者，人也，親親爲大。義者，宜也，尊賢爲大。親親之殺去聲，尊賢之等，禮所生也。在下位不獲乎上，民不可得而治矣。先儒謂此句在下，誤重在此故君子不可以不修身。思修身，不可以不事親。思事親，不可以不知人。思知人，不可以不知天。」哀公，魯君，名蔣。方，版

〔一〕「兼言郊社之禮」明抄本、清抄本皆作「兼郊社之禮言之」。

也。策，簡也。息，止也。敏，速也。蒲盧，蒲葦也。殺，隆殺之殺。等，等級〔二〕也。

政，其具也；人者，有其具者也。文武之政未嘗泯没，人存則舉，人亡則息耳。人道之敏於政，猶地道之敏於樹。草木不自樹也，一元之氣運而不息，其生也勃然。政猶蒲盧，草之尤易生者也。爲政在人，焉可誣哉？然盡一「人」字，則〔三〕甚不易也。取人者，求人之所以爲人者也。人之爲人，非可外求，反諸身而已。身何以修？曰道而已。道何以修？曰仁而已。本心洞然，常覺常明，略無纖毫微累，人之所以爲人者以此。情昏意蔽，冥冥罔覺，則其與禽獸相近者幾希，於人何有？故曰：「仁者，人也。」立人之道曰仁與義，二者未嘗偏廢，故又曰：「義者，宜也。」仁莫大於親親，義莫大於尊賢，親親而得隆殺之宜，尊賢而有等級〔三〕之辨，此禮之所由生也，政安有不舉者乎？故君子不可以不修身，思修身不可以事親，思事親不可以不知人，思知人不可以不知天，孟子謂「知性則知天」是也。非人之外別〔四〕有所謂天也。我固有之，有此者也。格物者，格此者也。先覺者，覺此者也。下文所謂明善者，明此者也。知所以爲天，則知所以爲人矣。知所以爲人，則知所以事親，而身亦〔五〕修矣。聖人論爲政在人，推而至於仁，又推而至於

〔二〕「級」字明抄本作「衰」。
〔三〕「則」下清抄本有「又」字。
〔三〕「級」字明抄本作「衰」。
〔四〕「别」字明抄本、清抄本皆作「他」。
〔五〕「亦」字明抄本無。

知天，方盡得一人字。若文武則眞其人也。嗚呼政哉，豈偶然也哉。

天下之達道五，所以行之者三。君臣也，父子也，夫婦也，昆弟也，朋友之交也，五者天下之達道也。知去聲、仁、勇，三者天下之達德也。所以行之者一也。或生而知之，或學而知之，或困而知之，及其知之一也。或安而行之，或利而行之，或勉强上聲而行之，及其成功一也。

此節承上文「知天」而推明修身之旨也。五者天下達道，而所以行之者三。三者何？知、仁、勇是也。三者天下之達德，而所以行之者一。一者何？天是也。我固有之，非外鑠也。父子之有親者，此也。君臣之有義者，此也。夫婦之有別者，此也。長幼之有序者，此也。朋友之有信者，此也。名曰達道，非我所私有也。知此則謂之知，全此則謂之仁，勉勉乎此、自强而不息則謂之勇。名曰達德，非我所獨得也。無間於知愚，無間於貴賤，無間於古今，此心同也，此理同也。但囿於形體，蔽於意念，是以日用而不知耳。不能知，安能行？然知有三等焉：有生而知者，有學而知者，有困而後學乃始知者。三者雖不同，及到知處則一而已。既知之，而行亦有三等焉：有安而行者，有利而行者，有勉强而行者。三者雖不同，及到成功處則一而已矣。知即是知，行即是仁，其所以能行即是勇。知而不行，猶不知也。行而不至於成功，猶不行也。嗚呼，堯舜性之，不可及已〔一〕。人皆可以爲堯舜，豈欺我哉？

〔一〕「已」字明抄本、清抄本皆作「也」。

子曰：「好[一]學近乎知去聲，力行近乎仁，知恥近乎勇。知斯三者，則知所以修身。知所以修身，則知所以治人。知所以治人，則知所以治天下國家矣。」

此節又承上文推明知、仁、勇用力之地也。知不自明也，由學而明。好學雖未便知，然近乎知矣。仁不自至也，行之則至。力行雖未便能盡仁，然近乎仁矣。勇不自勇也，知恥則果決。凡甘心於穿窬狗彘之行而不知反者，只是不知恥。知恥雖未便謂之勇，然近於勇矣。「近」字與「違道不遠」語意正相似。三者同用，闕一不可。知斯三者，方知所以修身。知所以修身，則所以治人、所以治天下國家亦若是而已。我之心即人之心，安有身不修而別有所謂治人之道也哉？

凡爲天下國家有九經，曰：修身也，尊賢也，親親也，敬大臣也，體群臣也，子庶民也，來百工也，柔遠人也，懷諸侯也。修身則道立，尊賢則不惑，親親則諸父昆弟不怨，敬大臣則不眩，體群臣則士之報禮重，子庶民則百姓勸，來百工則財用足，柔遠人則四方歸之，懷諸侯則天下畏之。齊側皆切明盛服，非禮不動，所以修身也。去上聲讒遠色，賤貨而貴德，所以勸賢也。尊其位，重其禄，同其好去聲惡去聲，所以勸親親也。官盛任使，所以

[一]「好」下明抄本、清抄本皆有小注「去聲」。

勸大臣也。忠信重禄，所以勸士也。時使薄斂，所以勸百姓也。日省月試，既許氣切稟力錦切稱事，所以勸百工也。送往迎來，嘉善而矜不能，所以柔遠人也。繼絶世，舉廢國，治亂持危，朝聘以時，厚往而薄來，所以懷諸侯也。凡爲天下國家有九經，所以行之者一也。經，常也，治天下國家之常道也。體者，以身體之。子者，視之如子也。柔者，和柔之也。眩，亂也。報，報上也。勸，勉也。忠信，待之以誠。重禄，養之者厚也。既，讀曰餼。餼稟，稍食也。稱事，量其事功而上下其食也。往則爲之授節以送之，來則豐其委積以迎之也。善者嘉之，[一]不能者矜之，備見忠厚[二]樂易之意。不矜即慢忽，失其心矣。朝謂諸侯朝於天子。聘謂諸侯使大夫來獻。厚往薄來，謂燕賜厚而納貢薄也。

此節又承上文「治天下國家」而發明九經之旨，終其所以治之之説也。天下國家之本在身，故九者以修身爲首，即所謂知修身則知所以治天下國家者也。「修身也」而下，言其目也。「修身則道立」而下，言其效也。「齊明盛服」而下，言其事也。齊明盛服，非禮不動，道自然立。去讒遠色，賤貨而[三]貴德，心無所蔽，自然不惑。尊位重禄，同其好惡，親親之義篤矣，安得怨？官盛任使，大臣無不以之怨[四]，而朝廷之

[一]「之」下明抄本、清抄本皆有「而」字。
[二]「忠厚」明抄本作「忠剛」。
[三]「而」字明抄本無。
[四]「怨」字清抄本作「勸」。

權一矣，安得眩？忠信重禄，以體群臣，則手足腹心相視一體，故報禮重。時使薄斂，則養生喪死可以無憾，故百姓勸。一人之身，百工之所爲備。無以來之，則財用不足矣。日省月試，既禀稱事，所以來也。遠人不服，修文德以來之。無以柔之，則四方不歸矣。送往迎來，嘉善而〔二〕矜不能，所以柔也。建國親侯，所以比天下。諸侯不懷，則天下不畏矣。絶廢亂危之有所賴，朝聘往來之有其節，所以懷也。雖然，其事則九也，所以行之者非九也。天下國家如此其大，如此其廣且衆，所以感之而應、唱之而和者，孰使之然哉？一而已。上言達德所以行者一，而先之曰知天。此言九經所以行者一，而繼之曰明善。明善即知天也，所謂一也。不知不明，安知一之爲何物哉？

凡事豫則立，不豫則廢。言前定則不跲其刼切，事前定則不困，行去聲前定則不疚，道前定則不窮。在下位不獲乎上，民不可得而治矣。獲乎上有道：不信乎朋友，不獲乎上矣。信乎朋友有道：不順乎親，不信乎朋友矣。順乎親有道：反諸身不誠，不順乎親矣。誠身有道：不明乎善，不誠乎身矣。凡事者，申〔三〕言以發下文之義。豫者，先事而爲之，即所謂前定也。跲，躓也，猶言蹉跌也。疚，病也。

〔二〕「而」字明抄本無。
〔三〕「申」字明抄本作「概」。

此節推原其所謂一也。曰言、曰事、曰行，不前定皆有病，況道乎？道無窮也，端緒不明，大本不立，人自窮之耳。是故貴於前定也。且以在下位者言之，未有不獲乎上而能治民者。朋友而信，是獲上之道前定也。不順乎親則朋友不信，事親而順，是信朋友之道前定也。不誠乎身則親不順，反身而誠，是順親之道前定也。不明乎善則身不誠，固有之善洞然無蔽，是誠身之道前定也。是善也，大學所謂「止於至善」者也。人自二三〔二〕。人至〔三〕十百千萬，此無十百千萬。所謂一也，天也，故曰「物格而後知至，知至而後意誠」。意誠者，所以誠此者也。不明乎善而曰誠者，未之有也。此正曾子、子思相傳之旨。茫茫千載，不著不察，惜哉！

誠者，天之道也。誠之者，人之道也。誠者，不勉而中去聲，下同，不思而得，從七容切容中道，聖人也。誠之者，擇善而固執之者也。

此節又承「明善」「誠身」而分別二者言之。誠者，自然無妄，不勉而中，不思而得，從容中道。生知安行之事，純乎天也，故曰天之道。誠之者，必勉必思，而後至焉。學知困知之事，其用工則由乎人也，故曰人之道。道一而已，初無天人之間，擇善固執，方是做明善、誠身工夫。苟明矣，無待於擇矣；誠矣，

〔二〕「人自二三」下明抄本有「此無二三」四字。
〔三〕「至」字明抄本作「自」。

無待於固矣，何天道、人道之可言哉？

博學之，審問之，慎思之，明辨之，篤行之。有弗學，學之弗能弗措也。有弗問，問之弗知弗措也。有弗思，思之弗得弗措也。有弗辨，辨之弗明弗措也。有弗行，行之弗篤弗措也。人一能之，己百之；人十能之，己千之。果能此道矣，雖愚必明，雖柔必强。

此節則擇善固執之事也。博學審問，是講求於人；慎思明辨，是精研於己，皆所以擇善也。雖然，不學不問，固無以思辨爲也。學之徒博，問之徒審，而不能反求諸己，謹思而明辨之，則毫釐之差，千里之謬，善如之何而可擇哉。異端邪説固不必論。蓋有終身學問汩没乎章句文義之末，而於此事終不明白者，職此之由也。是故學不可以不問，問不可以不思，思不可以不辨，四者次序，工夫相承。性至於明而止耳。若篤行則既明後事，所以固執之也。雖然，豈悠悠泛泛苟焉之謂乎？不學則已，學則的然立志，必期於能，不能不止也。不問則已，問則的然究心，必期於知，不知不止也。不思則已，思必期於得。不辨則已，辨必期於明。不行則已，行必期於篤。不得、不明、不篤，不止也，直是用功常百倍於〔一〕人焉。凡學問思辨而不明，氣餒志腐而行之無力者，非果能故也。斷斷乎果能此道，則蔽解惑去，雖愚必明矣，况非愚者乎？矢去川决，雖柔必强矣，况非柔者乎？明即所擇者善，强即所執者固。擇善固執而身修矣。

〔一〕「於」下明抄本有「他」字。

不失斯所以爲人，而文武之政可舉矣。若乃悠悠泛泛，不自鞭勉，雖剛明之資，亦末如之何也。三復「果能」二字，令人悚然。

右第二十章。第十六章自鬼神之德發明誠字，繼之以舜之大孝，又繼之以武王、周公之達孝，然後繼之以夫子之論政，廣大周流，無非此誠之運，而其大本則不外乎善。此人與天地鬼神一而不二者也。嗚呼，至哉！孩提之童，知愛其親，善端方萌，真實無僞，其證莫明於此，其事莫大於此，故論仁必説親親，論知天必説事親，論明善必説順親，以至達道九經，往往而是。此大孝、達孝之所以通乎神明，而此章之所以承乎其後者歟。

自誠明，謂之性。自明誠，謂之教。誠則明矣，明則誠矣。自，由也。

誠，無妄也，固有之善，自然無蔽，生而知之者也，故曰性。其次必須知至，方能意誠，學而知之者也，故曰教。誠則自明矣，明則進於誠矣。質雖不同，及其知之，一也。曰性曰教，正合首章之旨。

右第二十一章。承上章「誠者」「誠之者」而發此義。

唯天下至誠，爲能盡其性。能盡其性，則能盡人之性。能盡人之性，則能盡物之性。能盡物之性，則可以贊天地之化育。可以贊天地之化育，則可以與天地參矣。贊，猶助也。參者，與之參合而無間也。

言「誠」足矣，又曰「至誠」，非於誠上更有加也，所以極言之也。天命之性，人人所同，虚靈湛然，本無欠闕。情僞相感，意蔽欲昏，是以冥冥妄行，不能全其所固有爾。至誠無妄，純德孔明，自然無所虧損，故曰能盡其性。盡者，洞徹底藴，略無纖毫欠闕，非謂有加於其所固有也。譬之日月，而或蝕焉，有一分之未復，即有一分之未盡。復之如故，全體全明，所謂能盡，如斯而已。賢者覺其本性，雖已明徹，然未到知天命，未到從心所欲不踰矩之地也，猶是工夫有欠，皆未可謂之能盡也。必聖人而後可也。我之性即人之性，即物之性。能盡其性，則能盡人之性矣。能盡人之性，則能盡物之性矣。有生之類，同具此理。鳶飛魚躍，昭然灼然，不加揣量，不勞擬議，豈待逐一思索而後得哉？本心不明，處處窒礙，人物與我，了不相通。或者方嚣嚣〔二〕然馳騖於外，曰將盡物之性，而後可以盡吾之性也，不既倒置〔三〕乎？天地萬物，皆我性也，能盡其性，能盡人物之性，則發育自我，而天地在範圍中矣。此致中和之極功也。曰贊曰參，殊不爲過。「盡」字上六個「能」字，「贊」字下兩個「可以」字，宜細玩。

右第二十二章。又言誠者之事。

〔二〕「嚣嚣」明抄本作「焦焦」。
〔三〕「置」下明抄本、清抄本皆有「矣」字。

其次致曲。曲能有誠，誠則形，形則著，著則明，明則動，動則變，變則化，唯天下至誠爲能化。其次，謂至誠之次。致者，所以用工也。曲，委曲也。前「明則誠」，明其本心也。此「著則明」，誠之不可揜也。

誠者，自然而然，無待於致曲。致曲者，用功[一]委曲，擇善而固執之者也。學之博，問之審，思之慎，辨之明，行之篤，以至不能不止，百倍其功，致曲之謂也。如此乃能有誠。誠則形矣，形則著矣，著則明矣。微之顯，誠之不可揜，自然發越，焉可强哉？孟子曰：「至誠而不動者，未之有也。不誠，未有能動者也。」人心到此，自然感動。感動者，轉移變化之機。變而至於能化，則功用與至誠等矣。所謂「及其成功，一也」。故繼之曰：「唯天下至誠爲能化。」

右第二十三章。又言誠之者之事。

至誠之道，可以前知。國家將興，必有禎祥。國家將亡，必有妖孽。見音現乎著龜，動乎四體。禍福將至，善必先知之，不善必先知之。故至誠如神。禎祥者，福之兆。妖孽者，禍之萌。著所以筮，龜所以卜。四體，先儒謂執玉高卑、其容俯仰之類。神，鬼神也。

[一]「功」字明抄本、清抄本皆作「工」。

天下之至靈者莫如心。惟弗用靈，是以愚爾。今人稍稍虛静，是非利害便能了了，况至誠乎。然所謂前知者，不過於朕兆之萌，見微而知著。國家興亡，必有禎祥妖孽見乎蓍龜四體之間，故其禍福將至，善與不善，必先知之。既曰必有，又曰必先知，惟其有，是以知，非别有一種靈怪，如後世妖妄之説也。鬼神之德只是至誠，聖人亦只是至誠，故曰「至誠如神」，而易亦曰「知幾其神」。

右第二十四章。又言誠者之事。至誠前知，是明之極處。

誠者自成也，而道自道也。誠者物之終始，不誠無物。是故君子誠之爲貴。誠者非自成己而已也，所以成物也。成己仁也，成物知去聲也。性之德也，合外内之道也，故時措之宜也。物，對自而言，事物之物也。與下文成己、成物正相應。

孟子曰：「哭死而哀，非爲生者也。」誠者己分當然之事，豈爲人而誠哉？有一毫爲人之心，即非誠矣。故誠乃自成，而其道乃自道也，非有假於外也，我固有之也。雖然，舉天下事事物物所以能有終有始者，誠而已。一念不誠，隨即間斷，何有於物？只每日交際應酬之間便可見。故君子必貴於誠之也。然則誠固自成也，非自成己而已也。感動變化，於是乎在，是成己者即所以成物也。修身而家齊，而國治，而天下平，非兩事也。於是就成己、成物上發明仁知，最宜深玩。仁者，不失其本心之謂。苟誠矣，則純明融一，無所蔽虧，而己成矣，故曰仁。成己固所以成物也，然非通乎人情，達乎世變，周乎物理，權乎事宜，妙用不窮，泛應曲當，則物亦未易成也，故曰知。子曰：「知及之，仁能守之。」知則進於仁矣，仁則無不知矣。苟謂之仁而知未足以成物，則是仁上猶有欠也。仁纔成己，知便成物，性之德則然，通物與己，一而不二，合外内之道也，故時措之而無不宜也。時措不宜，何以爲道？此異端之學所以謬於經世，而爲萬世大法之罪人歟。

右第二十五章。又言誠之者之事。

故至誠無息。不息則久，久則徵，徵則悠遠，悠遠則博厚，博厚則高明。博厚，所以載物也。高明，所以覆物也。悠久，所以成物也。博厚配地，高明配天，悠久無疆。如此者，不見音現而章，不動而變，無爲而成。天地之道，可一言而盡也：其爲物不貳，則其生物不測。天地之道：博也，厚也，高也，明也，悠也，久也。今夫音扶，下同天，斯昭昭之多，及其無窮也，日月星辰繫焉，萬物覆焉。今夫地，一撮土之多，及其廣厚，載華嶽而不重，振河海而不洩，萬物載焉。今夫山，一卷平聲石之多，及其廣大，草木生之，禽獸居之，寶藏去聲興焉。今夫水，一勺市若切之多，及其不測，黿鼉蛟龍魚鱉生焉，貨財殖焉。詩曰：「維天之命，於音烏穆不已。」蓋曰天之所以爲天也。「於乎音烏呼〔一〕不顯，文王

〔一〕「音烏呼」明抄本、清抄本皆作「上音烏，下音呼」。

之德之純。」蓋曰文王之所以爲文也，純亦不已。徵，驗也。悠，亦遠也。悠久即悠遠也。見，猶示也。不測者，莫知其所以然也。昭昭，明也。以「一撮」之旨類推之，則亦當是言其小耳。振，撼也。卷，區也。詩，周頌維天之命篇。於，歎辭。穆，深遠也。不顯，猶言不見也。純，無間斷也。

心之隱微，有罅隙滲漏便間斷。至誠則純明融一，自然無息。不息則自然可久，久則自然發露，故有徵。徵非若爝火之光，暫作而遽輟也。有徵而且悠遠也，非有徵之能悠遠也，不息之運也。到此則自然博矣厚矣。博厚則自然高矣明矣。本無形之可度也，以其無不載，不謂之博厚不可也，故配地。本無象之可睹也，以其無不覆，不謂之高明不可也，故配天。然而化育之功參乎天地，又非悠久不可也。所謂悠久，無疆界之限焉。夫如是者，豈有纖毫作用於其間哉？如萬象參錯於澄潭明鑑之上。人見其章也，而實不見也；人見其變態萬狀也，而實不動也；人見其無所不成也，而實未嘗有所爲也。舜受堯禪，庶務衆職從頭整頓，若不勝其煩矣，而曰「無爲」。禹乘四載，八年於外，三過其門而不入，若不勝其多事矣，而曰「行其所無事」。文王受命，伐犬戎，伐密須，敗耆國，伐邘伐崇，而又作邑遷都，若不勝其擾〔一〕矣，而曰「不識不知」。嗚呼，此豈囿形泥象者所可知哉！雖然，天地之道可一言而盡，亦曰「其爲物不貳」而已。是物也，天之爲天者，此也；地之爲地者，此也；人之爲人者，此也；萬物之爲萬物，此也。自清濁未

〔一〕「擾」下明抄本重「擾」字。

分以至無窮，迎之不見其首，隨之不見其後，無聲之可聞也，無形之可見也，即所以不見而章，不動而變，無爲而成者也，是謂太極，是之謂一。夫是以生物而不測，若可測即貳矣，天自天，地自地，了無干涉，而不足以爲道矣。以是而論，則博厚不必曰地，高明不必曰天。天地之道，博也，厚也，高也，明也，悠也，久也，一也，本無貳也。仰觀於天，此昭昭之多爾，及其無窮，而萬物無不覆焉。俯察於地，一撮土之多爾，及其廣厚，而萬物無不載焉。人知其無窮也，不知其不貳者所以無窮也。人知其廣厚也，不知其不貳者所以廣厚也。天地雖大，在此[一]不貳中，特蕞爾之形象，以至卷石勺水所以生物不測者，莫不皆然。故於章末始發明之曰：「維天之命，於穆不已」，天之所以爲天也；「於乎不顯，文王之德之純」，文王之所以爲文也。兩個「所以」字指得極清切。天之命不已，文王之德亦不已。此聖人與天地之所以一而不貳者也。然則配天地而無疆，非至誠無息，孰能與於此哉？

右第二十六章。又言誠者之事。始論聖人如此，中論天地如此，終論天與聖人所以配合者如此。

大哉聖人之道！洋洋乎，發育萬物，峻極于天。優優大哉！禮儀三百，威儀三千，待其

[一]「此」下明抄本有「物」字。

人而後行。故曰苟不至德，至道不凝焉。故君子尊德性而道問學，致廣大而盡精微，極高明而道中庸。温故而知新，敦厚以崇禮。是故居上不驕，爲下不倍與背同，國有道其言足以興，國無道其默足以容。詩曰：「既明且哲，以保其身。」其此之謂與平聲？峻，高大也。優優，有餘之意。禮儀，經禮也。威儀，曲禮也。其人者，指上文聖人而言。凝，聚也，不失之名也。道，由也。興者，興邦之興。詩，大雅烝民之篇。

聖人於乾屢贊「大哉」，惟堯則之亦贊「大哉」。論聖人之道而以「大哉」稱之，極矣。洋洋乎，發育萬物，峻極于天，則天地萬物皆此道之變化矣。猶未盡也，復申之以「優優大哉」。其大無外，又不止於發育峻極矣。經禮、曲禮，皆道之用，必得斯人者而後行。苟非其人，不虛行也。是故苟不至德，至道不凝。道非外物，我固有之，放失於情僞，馳散於物欲，是以不凝爾。德者得也，得其所固有，則優優大哉，非外此而他有所謂大也。「尊德性」而下，是做至德工夫。德性即其所固有也。天爵良貴，尊無與并。人自賤之，人自污之。於德性而知所尊，大本立矣。然而非道問學，則不知其所以尊也。是物也，範圍天地，非廣大乎，而其實則精微也；運行日月，非高明乎，而其實則中庸也。曰致、曰盡、曰極，皆問學之功也。始由乎問學，終由乎中庸，道之所以凝也。温故而知新，日新又新，新〔二〕所以不已也。敦厚以崇禮，經禮、

〔二〕「新新」明抄本作「新」。

曲禮，庶乎其可行也。夫如是，則不驕不倍，或語或默，何往而非道哉！明哲保身，是言其默足以容，禮非浮薄者之事，故敦厚以崇之。

右第二十七章。又言誠之者之事。

子曰：「愚而好去聲，下同自用，賤而好自專，生乎今之世，反古之道。如此者，裁古灾字及其身者也。」非天子，不議禮，不制度，不考文。今天下車同軌，書同文，行〔一〕同倫。雖有其位，苟無其德，不敢作禮樂焉。雖有其德，苟無其位，亦不敢作禮樂焉。子曰：「吾說夏禮，杞不足徵也。吾學殷禮，有宋存焉。吾學周禮，今用之，吾從周。」反者，與之相反也。今，指當時而言。軌，車轍也。倫，人文也。杞，夏之後。徵，證也。宋，殷之後也。議禮、制度、考文，三者天子之事。況今天下車同軌，則度無用制也；書同文，則文無用考也；行同倫，則禮無用議也。雖有位無德，不敢作禮樂焉，愚而自用，可乎？雖有德無位，不敢作禮樂焉，賤而自專，可乎？考三代之禮，惟周制之從，吾聖人未嘗敢違乎今也，生今之世而反古，可乎？

右第二十八章。承上章樂〔二〕禮而言。

〔一〕「行」下明抄本、清抄本皆有小注「去聲」。
〔二〕「樂」字明抄本、清抄本皆作「崇」。

王去聲天下有三重焉，其寡過矣乎！上焉者雖善無徵，無徵不信，不信民弗從；下焉者雖善不尊，不尊不信，不信民弗從。故君子之道本諸身，徵諸庶民，考諸三王而不謬，建諸天地而不悖，質諸鬼神而無疑，百世以俟聖人而不惑。質諸鬼神而無疑，知天也。百世以俟聖人而不惑，知人也。是故君子動而世爲天下道，行而世爲天下法，言而世爲天下則。遠之則有望，近之則不厭。詩曰：「在彼無惡去聲，在此無射叶丁故切，庶幾夙夜，以永終譽。」君子未有不如此而蚤有譽於天下者也。三重，三代之禮也，王天下以此三者爲重，故曰三重。君子，指王天下者而言。建，立也。法，法度也。則，準則也。詩，周頌振鷺篇。射，厭也。此，指無惡無射也。

上焉者，聖人之有位而已遠者也。雖善而其事無證，無證則民不信，故弗從。下焉者，聖人之無位而在下者也。雖善而其位不尊，不尊則民不信，亦弗從。惟三代之王去今不遠，典章文物有證而尊。於斯三者而知所重焉，則可以寡過也。雖然，上自羲、農，下逮周、孔，先聖後聖，其揆則一也。事雖無證，而道未嘗泯，位雖不尊，而道未嘗卑。所以必貴於三重者，取其證於民而信從爾。故君子之道，本諸身，徵〔二〕諸

〔二〕「徵」字明抄本、清抄本皆作「證」，下文「徵諸庶民」之「徵」字同。

庶民。本諸身，非外假也。徵諸庶民，信從之謂也。考諸三王而果不謬，則建諸天地而不悖矣，質諸鬼神而無疑矣，百世以俟聖人而不惑矣。於何而建也？天地即我也，非外於此而有所謂不悖也。於何而質也？鬼神即我也，非外此而有所謂無疑也。於何而俟也？百世聖人即我也，非外此而有所謂不惑也。於鬼神之無疑繫之曰知天，於聖人之不惑繫之曰知人。嗚呼，此豈區區文義所可求哉。如是則動而爲道，行而爲法，言而爲則，遠之有望，近之不厭，特先得我心之同然，而天下之心自有不期然而然者耳。庶幾夙夜，以永終譽。奈之何違道而可以干譽也。知天、知人，與問政章同義。

右第二十九章。承上章三代之禮而言。或曰：子曰：「夏禮吾能言之，杞不足徵也；殷禮吾能言之，宋不足徵也。」此章所論「上焉者雖善無徵」，疑此之謂。今謂三代而上，已遠之事，安所據乎？曰：以三重而知之也。徵諸庶民，考諸三王而不謬，則「雖善無徵」之非三代無疑也。果無徵矣，安所重乎？安所考而知其不謬乎？然則無徵非不足徵之謂也。夏、殷之不足徵，特文獻不足，不能備耳。而君臣禮義〔一〕之大經，典章文物之大體，固未始無也。不然，則殷因於夏，周因於殷，而所謂

〔一〕「而君臣禮義」明抄本作「若禮」，清抄本作「君臣禮」。

損益者，又如之何而可知耶？或曰：三重固矣，夫子曷爲而獨從周？曰：非天子不議禮，三重，王天下者之事。生乎今之世，反古之道，夫子不爲也。

仲尼祖述堯舜，憲章文武。上律天時，下襲水土。辟音譬，下同如天地之無不持載，無不覆幬徒報切。辟如四時之錯行，如日月之代明。萬物并育而不相害，道并行而不相悖，小德川流，大德敦化，此天地之所以爲大也。祖者，宗之也。憲章，法度也。律，法也，齊也。襲，因也。錯，參錯也。悖，猶背也。

祖述堯舜，道統傳也；憲章文武，治具〔一〕備也。上律天時，健也；下襲水土，順也。是故與天地合其德，與四時合其序，與日月合其明。廣大無疆，萬物同體，自然不相害；變通不窮，無非大順，自然不相悖。小德大德，非德之有二也。自其日用言之，則如百川之分流；自其大原言之，則如造化之醇厚。源泉混混，不舍晝夜，盈科而後進，放乎四海，豈二物哉？「持載」而下，皆天地之所以爲大，吾夫子實似之。致中和，天地位焉，萬物育焉，此中庸之極效也。嗚呼，盛哉！

右第三十章。前此論中庸之德無所不備，於此獨盛稱仲尼以明之，此所謂集大成，而

〔一〕「具」字明抄本無。

子思之所以傳道也。故孟子亦曰：「乃所願，則學孔子。」

唯天下至聖，爲能聰明睿知去聲，足以有臨也。寬裕温柔，足以有容也。發强剛毅，足以有執也。齊側皆切莊中正，足以有敬也。文理密察，足以有別彼列切也。溥博淵泉，而時出之。溥博如天，淵泉如淵。見音現而民莫不敬，言而民莫不信，行而民莫不説音悦。是以聲名洋溢乎中國，施去聲及蠻貊。舟車所至，人力所通，天之所覆，地之所載，日月所照，霜露所隊音墜，凡有血氣者，莫不尊親，故曰配天。臨，臨下也。文，文章也。理，條理也。密，詳密也。察，明辨也。溥，大也。淵泉，澄徹也。

此足以形容集大成之妙矣。溥博如天，大無不包也。淵泉如淵，澄然不動也。喜怒哀樂未發之先，安有許多名號？溥博而已，淵泉而已。及其時出之，則曰有臨，曰有容，曰有執，曰有敬，曰有別，互見迭出，變化無方，參錯縱横，自然中節，非是「聰明睿知」而下五者臨時逐項安排出來也。人皆有是心，心皆具是理，惟至於聖，方盡此妙。所謂配天，於是乎在，非待到莫不尊親處，方謂之配天也。下面是其效自如此。

右第三十一章。此章之首言「惟天下至聖爲能」云云。下章之首又言「惟天下至誠爲能」云云。二章實與上章相承，皆仲尼之能事也。

唯天下至誠，爲能經綸天下之大經，立天下之大本，知天地之化育。夫焉於虔切有所倚？肫肫其仁，淵淵其淵，浩浩其天。苟不固聰明聖知達天德者，其孰能知之？經綸，〔一〕治絲之名。經，常也。大經，言人倫也。知，「乾知大始」之知。肫肫，純一也〔二〕。淵淵，深澄也。浩浩，廣大也。固，猶實也。

「大經」即「和者，天下之達道」也。「大本」即「中者，天下之大本」也。「天地之化育」，即「天地位，萬物育」也。此正中庸之至德，唯至誠而後能經綸，能立，能知，夫焉有所偏倚也哉？亦曰肫肫其仁而已。肫肫其仁，日用純一，虚明變化，無體無方。澄然不動，淵淵其淵矣，殆不止於如淵也。大無不包，浩浩其天矣，殆不止於如天也。此至誠之妙也。一有偏倚，便失其仁，必不淵淵，必不浩浩，何以立大本，經大經，知化育也？惟覺知覺，惟聖知聖，非聰明聖知達乎天德，烏足以知〔三〕此？

右第三十二章。中庸之書自十六章發明「誠」字，於此復以至誠之道終焉。嗚呼！盡之矣！上章言至聖，此章言至誠，非聖自聖、誠自誠也。誠而無息則聖矣，且安有

〔一〕「經綸」下明抄本、清抄本皆有「皆」字。
〔二〕「也」字明抄本作「之謂」。
〔三〕「知」字明抄本作「如」。

聖而不誠者哉？故上章以「溥博如天，淵泉如淵」言至聖之事，此章以「淵淵其淵，浩浩其天」言至誠之功。

詩曰：「衣去聲錦尚絅口迥切」，惡去聲其文之著也。故君子之道，闇於感切然而日章；小人之道，的然而日亡。君子之道，淡而不厭，簡而文，温而理，知遠之近，知風之自，知微之顯，可與入德矣。詩，衛風碩人篇。鄭丰篇「絅」皆作「褧」，與「絅」同，禪衣也。尚，加也。

君子務晦藏，其道日章。小人事表襮，其道日亡。無他，務内與馳外之異耳。此衣錦尚絅所以惡其文之著也。是故曰淡、曰簡、曰温，文若不著，若易厭也，若不文且理也。而其淡則不厭，雖簡而有文，雖温而實理，此君子之道所以闇然而日章者也。學者有味乎此，而知遠之由近，知風之所自出，知微之所以自顯，則反諸吾身而不假〔一〕乎其外矣。此正明善第一節工夫，故曰「可與入德」。語入德之始而首嚴「尚絅」之戒，甚有味。

詩云：「潛雖伏矣，亦孔之昭詩作炤。」故君子内省不疚，無惡去聲於志。君子之所不可及者，其唯人之所不見乎。詩，小雅正月篇。疚，病也。無惡於志者，不使其志有可惡之萌也。

〔一〕「假」字明抄本作「暇」。

既知之矣，却要謹獨，曰疚曰惡，皆心之害也。省於内，用力於志，正是人所不見，所謂毋自欺也。

詩云：「相去聲在爾室，尚不愧于屋漏。」故君子不動而敬，不言而信。詩，大雅抑之篇。相，視也。屋漏，室西北隅也。

敬信於不動不言之時，則自然無疚惡矣。兩節工夫相承。

詩曰：「奏詩作鬷假與格同無言，時靡有争。」是故君子不賞而民勸，不怒而民威於鈇音夫鉞。詩，商頌烈祖篇。奏，進也。假，感格也。靡争，和平也。威，畏也。鈇，莝斫刀也。鉞，斧也。

惟不言而信，故奏假無言，時靡有争。信乎於民而有不賞不怒之效也。

詩曰：「不顯惟德，百辟其刑之。」是故君子篤恭而天下平。詩，周頌烈文篇。不顯，所以明不動之義。刑，儀刑也。

惟不動而敬，故不顯惟德，百辟其刑之，敬達於諸侯而有篤恭天下之效也。

詩云：「予懷明德，不大聲以色。」子曰：「聲色之於以化民，末也。」詩曰：「德輶由、酉二音如毛」，毛猶有倫，「上天之載，無聲無臭」，至矣。詩，大雅皇矣篇。又「德輶」下二句，烝民篇。輶，輕也。又「上天」下二句，文王篇。載，事也。

上兩節既言不動不言之效，於是又引三詩以形容之。如曰不大聲以色，雖不大，是猶有聲，非不言也；猶有色，非不動也。不若德輶如毛，庶乎其可也。然毛雖極細，猶是有物之可比也。又不若上天之載無聲無臭，而後爲至也。所以極贊不動不言之妙，而不可以形容盡者也。

右第三十三章。前章既極言至聖至誠之功用，所謂中庸之德，無以復加於此矣。至於篇末，復自入德之始、謹獨之功，推不動不言之化，而極於無聲無臭之妙，與首章修道之教不可須臾離之旨實相發揮。所以指萬世之迷途，續先[一]聖之絶學，至深至切矣。人莫不飲食也，鮮能知味也。嗚呼，其果不知味也哉！

[一]「先」字明抄本作「去」。

蜀皁存稿

融堂先生行實

先生姓錢，諱時，字子是，英烈惠濟侯之孫。生宋淳熙乙未九月十八。幼即奇嶷不群，時皆以奇童目之。從慈湖楊簡先生之學，推明道統之原，窮究天人之妙，盡發先賢之未發。性復恬淡，不樂仕進，隱居晦迹，著書立言，四方向慕，受業者數百人。紫陽朱文公屢絜諸徒枉車訪論，深合道契。山居之旁山岡高峻，艱於步躡，文公親爲甃砌石階一段，名爲朱文公街。

當時部使者及郡太守各致書幣，聘莅講席。廟堂列薦史閣，奏辭。右丞相喬行簡輩交章薦舉。理宗嘉熙元年丁酉，以布衣召見拱辰殿，問以修身爲政、養兵恤民之要。公條對，敷陳剴切，皆聖賢之精微。帝大悦，特賜進士出身，授秘閣校勘，修國史宏編。後又辭求去，退居蜀阜玉屏街北山之岡，創融堂書院。日與群徒講道，爲世大儒。帝詔守臣録其所著書來上，有兩漢筆記、四書管見、周易釋傳、尚書啟蒙、學詩管見、國朝編年、百行冠冕、冠昏記、尚書演義、春秋大旨、蜀阜存稿。其講學著書之所，爲齋者四，爲堂者三，爲亭者五，俱詳邑誌。卒於淳祐甲辰，葬蜀阜，門人吕人龍誌墓，同邑吴暾作記。

公既殁後，邑宰虞兟偕同僚趙師詹、劉崇雋首訪師儒於宿草未薙之日，臺命適至，合舊門弟子三百餘人迎其遺像，祠於邑黌，永享奠祀。寶祐甲寅，知府李鏞讀公之書，懷慕道德，繪肖於郡學之先賢祠，與嚴子陵、方元英九先生并祠。迄元至治元年，先生没七十有八年矣，少府鄭千齡來職邑，親率名士吴朝陽、夏大之、洪復輩汛掃兆域，祭以特牲，樹以雙表，賦詩撰記，表章道學，而斯文運會復振云。

蜀阜存稿卷一

七言絶句

登蜀阜

丹桂孤芳衆木間，枯枝蠹葉苦間關。古來群枉難爲并，培植靈根得等閑。

竹逕陰陰曲透墻，巖花相倚弄秋光。頹簷壞砌無人到，不廢西風滿院香。

九月望徙坐冬窩

黄花弄影日婆娑，一夜秋風百感多。門外紅塵深幾許，老夫今日坐冬窩。

滿窗融日育天和，個裏還來着到麽。多少世間閑落索，老夫情緒只冬窩。

澄光兩桂頗困[一]藤蔓爲一痛掃遂復洒然

兩桂扶疏岸碧塘，半年不到便荒凉。秋風一掃閒纏繞，放出金花自在香。

睡起即事

夢破幽窻午漏長，歲寒心事只尋常。一聲谷鳥穿林出，數點梅花滿院香。

自述九首

山翁何處是便宜，正是晴窗睡足時。庭户無人春寂寂，入簾幽鳥語高低。

山翁何處是便宜，正是冬窩獨坐時。不是惺惺强無事，實無個事可思爲。

山翁何處是便宜，正是池邊獨立時。一餉柳風輕拂面，婆娑斜日弄金絲。

〔一〕據全宋詩，「困」字原誤作「因」，今正。

山翁何處是便宜，正是憑欄晚眺時。忽地小桃當面笑，著何言句可酬伊。

山翁何處是便宜，正是西郊散脚時。天地春風和氣裡，緑揚隄上瘦笻枝。

山翁何處是便宜，正是溪頭雨足時。水鳥傍人飛又去，一灣新緑遶長隄。

山翁何處是便宜，正是吟邊得句時。長向昇平風露裡，滿天和氣屬吾詩。

山翁何處是便宜，若個便宜合屬誰。千古英雄誇好手，到頭都没個人知。

毫分縷析較便宜，若個便宜總不知。總是自家家裡事，十分明白十分疑。

上塚

春到人家齊上塚，紙錢蒿里白皚皚。獺魚豺獸難磨滅，豈是師門學得來。

無題二首

蝸角封疆幾廢興，壺中日月儘分明。世間多少不平事，只有心平處處平。

一分事實一分人，痛惜無人認得真。終日呶呶饒吻燥，不曾回首自家身。

夜觀汝溪二姪象棋〔一〕四首

對河車馬夜枰棋，活路經營儘入思。慮患謀身每如許，不應容易落便宜。

覆雨翻雲着一争，分明死地要求生。如何自有轉身路，苦向人間險處行。

伏險藏機深復深，旁觀袖手獨沉吟。忍將局上閒棋子，礙却怡怡兄弟心。

怡怡夜語自天和，棋罷令人感慨多。同室不須分楚越，蕭墻何事動干戈。

無題

臨池緑樹陰陰合，入竹黄花顆顆新。世外别無安樂國，寰中真有太平人。

别許正甫

昭如揭日莫生疑，萬變縱横用者誰。會得有言猶是病，向無言處更深思。

〔一〕據全宋詩，「棋」字原誤作「某」，今正。

冬窩枕上余家有冬窩，寓闞峰小室，亦以名之

霜中老柏無時事，岩下孤雲自歲寒。西院木魚東院鼓，冬窩客子正濃鼾。

盆梅倒植刳朽根作古怪僧復接杏花其上小詩吊之

倒植盤梅已反常，無端更接杏花芳。東君可是能時様，姑射山人也艶粧。

春晚緩步卧龍始盡見此山全體

老眼山林自是宜，卧龍春晚夕陽遲。芒鞋竹杖經行遍，絶勝籃輿喝道時。

謁武肅王廟一絶呈汪帥卿

干戈五紀亂如烟，吴越生成八十年。遺像塵昏碑露立，三間敗屋獨蕭然。

山隱竣事海棠正花二首

春風亭舘久生埃，不見花開知幾回。日日登山君莫笑，山翁不爲海棠來。

天機雲錦拂簷牙，多少工夫到此花。恰莫匆匆等閑看，無邊春色是吾家。

山隱暮歸呈諸兄弟二首

東風捲地起氛埃，山隱看花日幾回。草草杯盤携社酒，今朝兄弟肯同來。

羊腸世路儘聱牙，不礙庭前滿樹花。回首野棠思鄂韡，未妨時一到山家。

笑指軒

笑指巖前石怪奇，幾人來此認桃溪。回頭便是桃谿路，莫向兒曹指處迷。

還趙椎長帳

客夢東華整十旬，託君行帳夢中身。邸樓萬覈風號動，不受人間一點塵。

賣葛粉

市聲朝暮過樓欄，喧得人來不耐煩。寂寞山前聞叫賣，如何不作此心觀。

燈夕有感二首

簫鼓分明攬夜闌，山翁和月倚欄干。兒童爭噪梅花燭，不解將花仔細看。
憶得兒時三五夜，人間此樂有涯哉。不知節物將春去，只道春隨節物來。

枯荷鶺鴒與趙昌瓜同歸於我舊猶識其名氏今忘之矣

紫菂擎秋翠葉乾，駢頭膱膱儘團欒。急難原上高飛翼，獨把霜枝了歲寒。

山翁亭前有白雲庵

蜀阜山頭老鈍頑，白雲深處小凭欄。頭頭總是儂家事，可笑遊人作景看。

饒氏石井二首

紫溪鎮過舊朱門，滿地芃芃欲斷魂。當日告身今故紙，獨遺智井付諸孫。

井邊高下擁衡茅，問着人家盡姓饒。解道銀青是吾相，編籬拉刺手如骹。

千頃廨院小憩老僧舊爇左臂幹緣寶叔塔一絶憫之

見説當年老比丘，茶毗一臂作重修。山頭寶叔成新塔，泉下應貽父母憂。

樵姪誓酒一絶喜之

誓酒應須立志堅，波流逐逐豈其然。一時感慨無難事，老叔今踰四十年。

泊桐步

一枕寒江浪拍天，更添急霰打船舷〔二〕。人間有底風波惡，不廢山翁夜熟眠。

飛花二首

蕘夫花看〔三〕半開時，花半開時春正肥。此日老夫無揀擇，慇懃直到看花飛。

看花恰莫厭離披，花到離披亦自奇。不是老夫無揀擇，春風無日不花枝。

山中吟三首

百不如人此老身，老身何必要如人。等閑花草隨宜種，多在山中住幾春。

一毫頭許便爭衡，蠻觸尋兵決死生。山隱等閑收至寶，却無人共老夫爭。

〔二〕據全宋詩，「舷」字原誤作「絃」，今正。

〔三〕據全宋詩，「看」字原誤作「着」，今正。

說是說非無了時，到頭誰免墮危機。滿林春鳥高低語，終日不聞人是非。

試墨

玉藏頑石藕出泥，物以質就知者稀。世間毁譽苦未定，楮君不言公是非。

洗竹

滿地槐花有底忙，我無題目可商量。呼童遍洗庭前竹，冷眼相看到雪霜。

里中有虛傳榜帖者

榜帖虛傳閧里閭，聚門如束散如驅。莫言此個無端的，世上浮名總是虛。

築歲寒亭〔一〕

曲徑方池竹幾〔二〕竿，誅茅礱〔三〕石要誰看。王侯第宅連雲起，無此閑亭號歲寒。

歲寒落成

萬間金屋苦嫌少，六尺茅亭寬有餘。意愜即爲真受用，世間榮謝不關渠。

示賀客二首

得便宜是落便宜，幾萬人中有個知。此日冬窩無事客，埋頭更學十分痴。

白玉壺中春淡淡，小梅枝上日暉暉。何心更問世榮辱，有口不言人是非。

〔一〕詩題明嘉靖淳安縣志無「築」字。
〔二〕「幾」字淳安縣志作「數」。
〔三〕「礱」字淳安縣志作「腐」。

看花

蘭畹梅林事未闌，瑞香那復夜團團。東君動是經年别，每到花開仔細看。

歲寒雜咏

一把寒茅四柱亭，客來只道省經營。雖然受用無花巧，五十餘年造得成。

籊龍羅立已斑斑，亭鏁梅陰翠屋間。王母鳥名，所謂王母使者，黄鶯也。飛輕頻拂水，黄公聲遠暮還山。

無窻無户四邊空，月透疏林水透風。砌下嘎嘎鳴蟋蟀，細論心曲可山翁。

森森多願長琅玕，相伴山翁老歲寒。雨後籊龍添幾許，兒童歡喜報來看。

彎弓稍稍舒雙肘，圓竹頻頻運兩骭。覓得養生書一卷，只留梁上不曾看。

笋入欄干曲透茅，青琅玕脱紫文苞。晚來拆草驗生意，一夜能添二尺高。

生疏只是自生疏，志若專時定不粗。世事從來不兩大，莫教錯了用工夫。

留青陽遊九華寄袁倉使

元自與山無半面，昔人詩裡舊相知。西風吹上千巖頂，竹杖芒鞋住幾時。

雪夜馮周二兄來小酌詩呈倉使

朔風吹玉滿天涯，曠望平林處處花。袖手冬窩無事客，不分疆界是誰家。
入夜同人爲我來，旋尋香味小啣盃。滿堂和氣雖云樂，怕有人間暖未回。

答振父

老生便作老生涯，不羡漫花頃刻花。身在山林心在國，太平風露是吾家。

二月望遊齊山呈倉使二首

生平忠膽上摩天，兩鬢如絲山水緣。欲向翠微窮望眼，淮山無數鎖春烟。

春到花朝花未多，小梅纔作玉婆娑。東君不是恩光薄，無奈霜欺雪壓何。

竹所睡起偶成書呈謝守之

萬竹中通兩牖虛，紅塵炎暑不關渠。幽人日用底難辨，一榻午風清有餘。

竹所見梅

歲華冉冉走塵沙，望看家山便仙家。竹所夜深風戛玉，道人消坐共梅花。

治徑

草迷三徑綠芊芊，可是山翁懶得便。直自酴醾花去後，不曾行到大門前。

旅火

湖邊車馬日提壺，有眼何曾識野蔬。肯爲飢羸忘肉味，孰云醫國世間無。

別朱幾仲

古貌臞然一病翁，胸中戈甲氣如虹。子房元凱能騎馬，破賊紅旗未足功。

東松庵觀岳武穆遺碑

虎視關河指日平，東松嶺路小提兵。姦臣誤國英雄死，千古遺碑夕照明。

六月六日姪孫輩同食大麥二首

大麥新炊苜蓿盤，一壺春酒小團欒。金丹九死生靈命，莫作尋常糲飯看。

冬春餓骨委寒波，宿麥離離奈爾何。此日一餐雖志喜，愧無膏澤汗颜多。

感蛙

順堂初夜，有聲戛戛乎藂桂之上。室人異之，以爲惡禽也。爨奴舉竿而藉之，少焉，戛戛如故。復刷桂枝，上下震之，則曰：「禽當飛矣。且拂拂作椒氣。嘗聞蛇香如椒者大毒，豈異蛇也耶？」方忽疑未定，余從一齋歸，稚孫輩驚相語，室人意忌，呵止之。問再三，方吐實。而戛戛者鳴矣，乃蛙之蒼[一]翠善緣而躍者。桂遭刷，微香，氣非椒。於是釋然，反謂之祥焉。嗚呼噫嘻，西狩一角，真不幸也已。是日明夷釋傳，有感成詩。

翠蟾戛戛鬧黄昏，反手爲妖覆手祥。明月夜光遭按劍，可憐箕子學佯狂。

夜索熟水甘甚

呼童夜半一盃湯，盎盎天和入肺腸。咽正滑時即揮去，人間此意細思量。

早步庭前

頃刻蘇枯不費工，老夫何苦卧龍公。蕭蕭金鳳枝頭雨，一夜花開無數紅。

[一]「蒼」字原誤作「倉」，今正。

文峰講行昏禮和起潛韻

自是無人別是非，何曾此外更精微。一門濟濟今成俗，政要回頭悟指歸。

用前韻答起淵

一念能回百念非，直須端的道心微。暮春曾點緣何事，千古寥寥獨詠歸。

文峰夜飲三首

溪山回首昔人非，賸喜文峰擁翠微。尊俎笑談春滿院，不辭和月夜深歸。
萬事浮雲過眼非，人間真樂儘稀微。從今一笑春風裡，未用吹簫月下歸。
可憐繩墨窘韓非，説着神仙到紫微。辦得一雙無事眼，玉梅枝上看春歸。

答洪文父問仁二首

千差萬别總成非，誰解回光到隱微。大路迢迢平似砥，欲歸誰不遣君歸。

自心自過自知非，痛剗根芽事眇微。個裡工夫真切已，百年羈旅一朝歸。

冰壺二首

一掃從前萬慮非，寒光冷照發幽微。乾坤總在冰壺裡，不費壺公日暮歸。

説著冰壺事已非，此時消息我知微。游雲斷處千山出，夕照明邊一鳥歸。

别諸親友二首

良會難逢萬事非，彌旬繾綣思清微。家山一夜梅花發，月霽風光夜欲歸。

四十年間夢已非，論文談道意方微。願言著眼羲皇上，南北東西莫浪歸。

歸來有懷諸親友

不著人間一點非，言言講切到深微。江頭送別元無別，自是令人不忍歸。

起潛觀心四絶詞旨俱勝仍用非字奉酬以盡愚衷

休論人是與人非，會得觀心過亦微。泛濫此生長似旅，天寒日暮是誰歸。

渾然天爵本無非，過眼榮華亦已微。憶得古人詩一句，錦城雖好不如歸。

恥過如何更作非，觀心須識動之微。一朝透脱無疆界，處處吾家不用歸。

霧靄溟濛山縹緲，江波浩蕩雨霏微。頭頭總是吾家事，更要回歸定失歸。

歲除自語二首

盡道今年歲運惡，誰知歲運不關渠。一齋深處深深坐，老眼如燈照古書。

盡道今年歲運惡，誰知最好是今年。夜光明月反散落，遺藁一朝成巨編。

倉臺準朝旨牒縣禮請講行荒政以疾弗果出

溪山閑袖經綸手，畎畝能忘康濟心。霈澤自天難出位，空慚有問到雲林。

夜坐一齋偶成

世態炎涼反覆易，交情貴賤死生殊。雙眸炯炯碧天闊，霽月光風夜讀書。

山隱見梅

萬竹林端滿樹春，略無一點世間塵。年年相見年年好，轉覺梅花是故人。

數日不登蜀阜梅盛開二首

賸覺工夫通草聖，略無閑暇問花神。國香早是將春到，也趁梅花候主人。

一自梅邊惹著春，山川草木頓精神。晚來風起香無際，認得香根有幾人。

池上感梅

青梅如豆葉如錢，尚有餘花一顆圓。應笑東君大時樣，冰霜冷眼看春妍。

順堂夜雨

海棠初綻錦成林，多少人間富貴心。雋永一燈論語課，蕭蕭風雨夜堂深。

赤石庵

野花啼鳥日初遲，拂面和風酒一卮。草草山房終勝俗，堂堂春色易成詩。

晚坐新亭對溪山有感二首

莫道溪山閱世長，溪山今古幾興亡。金丹大藥皆虛妄，別有長生不死方。

莫道壺中日月長，壺中日月只尋常。乾坤今古無窮妙，是我庭前一草芒。

同汪信道過南塘

平波漫漫拂垂楊，野草幽花滿路香。杜宇初啼春未老，又扶山轎過南塘。

比得牡丹謂常品耳開花乃醉西施甚奇

姑射山人玉雪肌，是誰污作醉西施。草間天艷無人識，不到花開總不知。

新亭晚步

單衣輕箑晚徘徊，嫩緑深紅錦作堆。楊柳溪頭風力軟，騰騰飛絮過墻來。

暮山

斷雨暫提蒼玉出，遊雲忽捲畫圖歸。須臾變態無窮妙，更著雙雙白鷺飛。

荷花入梅陰中

老梅臨沼緑陰陰，一朵荷花透入林。不比世間紅粉面，結交真有歲寒心。

辛簿趙尉夜語新亭二首

老夫身世儘山林，門外紅塵没膝深。有底一般閑快活，光風霽月夜論心。

紛紛門外走紅塵，底是人間快活人。未判兩儀先太極，直須端的自家身。

江東報英烈擬封二字侯喜成三絶

焕章飛報下徽〔一〕州，英烈將褒二字侯〔二〕。千古沉沉〔三〕黄壤骨，一朝提上碧雲頭。

胡塵明越連焦土，海道温台暫翠華。西遡濤江渠叵測，不知豪傑起山家。

〔一〕「徽」明嘉靖淳安縣志卷一七作「嚴」。
〔二〕「將褒」淳安縣志作「褒崇」。
〔三〕「沉沉」淳安縣志作「不磨」。

長驅席捲躡遐蹤，驀地桐江一掃空。北走天驕吾事了，歸來袖手敢言功。

雪中呈陳參政及檢詳兵部二丈二首

中原赤子帝王州，坦腹何時縛蔡酋。聞道鐵衣寒徹骨，邊臣應賜紫茸裘。
雖然袖手老山林，禹稷颜回共此心。但得有生皆挾纊，不妨閑抱歲寒琴。

陳參政書院觀謝太傅像有感

塵昏京洛走胡雛，高卧東山舊草廬。莫向老妻誇不免，諸陵回首正[一]闕渠。

窑烟

痴子紛紛隨物轉，真能轉物萬中無。寒烟一陣江村曉，誰識人間造化爐。

[一] 據全宋詩，「首正」原作「正首」，今乙。

一齋夜坐

儘覺山中日月長，何心更夢白雲鄉。池塘夜滴梅花雨，默坐古城一瓣香。

脱窻間蜂有感二首

病體今朝尚怯風，北窗深坐思融融。莫言袖手無勳業，頃刻窻間救十蜂。

愛物仁民不兩途，吾心到處是工夫。今夫天下爲民牧，一日能全十命無。

宣城琴高之名甚著轉送四方甚珍品也比得之乃鄉間桐魚耳一笑而賦二首

春網琴高長藋茅，宣城風物牘浮誇。蜀溪歲歲桐魚上，堪恨無人喚藥查。宣城志謂琴高，隱者，存藥查水中，化爲此魚，故又名藥查魚。

大藥真成九竈火，小鮮何事一杯羹。終然不免名爲累，歲歲琴高入鼎烹。

花頭巡檢先君紀之詳矣孝女鄉女子騎虎以救親今汝灘下有孝女石即其處也鄉之得名以此然則汝灘舊名女灘米坑舊名女坑皆當仍舊不可改也吾鄉有此二事宜廟而祭之以表勵風俗因成一絶道余所志云

花頭巡檢駡賊死，蓬道女兒騎虎號。安得邦人百世祀，巍巍忠孝配顔曹。顔杲卿、曹娥。

登蜀皐二首

秋暮如京歲暮還，春來更墮藥瓢間。眼前有底閑風月，忍得經年不上山。

彈指經年别彼阿，庭前庭後緑婆娑。雖然隕籜無人掃，老木修篁古意多。

風玉

句裡論工非得句，弦間覓趣未忘弦。忽聽簷外敲風玉，三代遺音妙不傳。

新亭風玉與安素相應

的然同德定同聲，鼓瑟吹竽儘未平。懸玉兩窻非有約，如何風動一齊鳴。

新亭薄暮

讀罷義經笑倚空，蜀溪谿上蜀溪翁。詩成斷雨流雲外，人在光風霽月中。

九日融堂池上

巖花不趁中秋約，籬菊齊供九日看。冉冉隔墻風不斷，夜深和月倚欄干。

病起掇黄花數本焚香清坐二首

秋風鷫鷞刷天涯，有底男兒只戀家。病後暫收文字眼，焚香清坐看黄花。

碧玉枝頭玉露溥，風霜晚節要人看。生香正色慇懃意，肯入冬窩共歲寒。

淵明菊盛開看之不厭

金粟蟠心玉作團，淵明千古寄高寒。苦無嘉客同清賞，終日憑欄儘自看。

泊嘉禾

山翁儘慣卧山雲，夜漏無聲夢境平。舟近譙樓眠不穩，却嫌更點太分明。

謁陸宣公雙湖新祠

奏稿倘能安國步，投荒何敢愛家林。雙湖萬頃湖天月，長與先生照赤心。

垂虹

不到垂虹十四秋，聊傾巵酒酹沙鷗。蹄涔一勺閒風月，老眼關河萬國愁。

滄浪亭有感二首

歸老〔一〕園林事已休，無端淮水作鴻溝。堂堂百戰平戎手，肯向滄浪把釣鈎。

莫倚危欄學凍吟，英雄到此淚沾襟。紛紛只解毛錐子，畢竟何人辦赤心。

老仲夜集

譚兵誰是古君子，説易難逢大丈夫。風月歲寒雙塔夜，一卮清露世間無。

桃村寄題三首

春入桃村爛熳紅，紛紛來覓武陵蹤。武陵不在千山外，只在先生一笑中。

白雲深處錦成堆，遊子逢春定一來。會得四時春不斷，桃村何日不花開。

處處桃花處處村，盎然天地一家春。不須更踏桃村路，只要桃村見主人。

〔一〕「老」明嘉靖淳安縣志卷一七作「來」。

歲二日吴説卿座中初見古梅一花

咫尺元宵賸放燈，翠紅多少九衢塵。梅花不解新時樣，初破風前一點春。

張明發有問用前韻謝之

本自光明不費燈，個中元不隔微塵。如何曾點歸來後，千古無人解詠春。

嘉興天慶觀梁朝檜

五季干戈滿地訌，山川草木亦酸風。如何偃蹇梁朝檜，獨壽中吴雨露中。

借鄰家瑞香

光風霽月瑞香盤，歲歲元宵錦作團。春到山家今幾許，不妨〔二〕鄰舍借花看。

〔二〕據全宋詩，「妨」字原誤作「防」，今正。

舟中卧聽守之讀皇宋詩

一轉船頭便是歸，蓬窻初煖睡偏宜。略無夢到華胥國，枕上聽歌聖宋詩。

和答守之

除却周人孰與歸，紛紛裝點入時宜。豳風七月今誰嗣，不補君王不是詩。

喜見家山答守之二首

風掃痴雲作嫩晴，展開花柳一隄春。山山啼鳥如相識，飛向蓬窗認主人。

喜見家山喜見晴，乾坤都屬舞雩春。家山自是山無數，認得春風定可人。

江岸群牛用前韻

江邊犢子喜新晴，草軟沙平滿意春。自食自眠渠自樂，不消多費牧牛人。

打灘

沙汀芳草幾陰晴，縴板横拖百丈春。不解扁舟泛滄海，長年只作打灘人。

謁浴

京塵滿面更新晴，暖得人來分外春。手掬温泉聊一洒，先生元是出塵人。

哭顧平甫前韻

郊原幾度踏青晴，此日空山草木春。泪盡兩行悲不盡，眼前安得見斯人。

比同諸友聯轡湖邊終日不能一詩戲用前韻

曉出錢塘趁好晴，五花雲散馬蹄春。湖邊此日詩無數，不屬推敲覓句人。

少日詩如雨不晴，恨無題目可酬春。今朝到却西湖上，無奈詩何儘讓人。

盧灘雜興五首

蛙聲兩岸夾〔一〕溪流，漫漫澄潭夜進舟。火照寒沙翻作白，直疑浮雪滿汀洲。

火照寒沙雪欲流，恍疑身在剡溪舟。蚩蚩橫目無真色，剛道神仙在十洲。

道眼昭昭洞九流，此心天地一虛舟。浮雲得失關何〔二〕事，要識梅亭對柳洲。

莫問清流與濁流，向求胡越有同舟。光風霽月無人識，掉臂行歌宿莽洲。

生身不作第三流，肯作坳堂一芥舟。時止時行皆正位，孰云吾道付滄洲。

曉雨

一路慳慳五日晴，曉來烟雨又籠春。蓬窗只是添詩句，烟雨何曾惱得人。

〔一〕據全宋詩，「夾」字原誤作「爽」，今正。
〔二〕據全宋詩，「何」字原誤作「河」，今正。

乍晴前韻

翻手飛簾拗作晴，重重放出錦溪春。東君於我故青眼，天地中間有此人。

抛灘前韻

舟著灘根半雨晴，何須争浪苦争春。抛從漫處平平上，絶勝從前弄險人。

晚泊白塔橋約幼望吉甫小酌前韻

風吹白浪十分晴，晚泊青溪二月春。千里客心歸最急，可無杯酒唤同人。

過九里灣二首

溶溶泛日桃溪浪，濯濯抛風柳岸春。天地十分和氣裡，此時無語倚蓬人。

吟風吟雨又吟晴，春滿詩囊不負春。一韻到家三十首，人間有底等閑人。

燒香客

滿路敲金插綵旗，此時心事即良知。回頭肯向慈庭用，念念吾親定不欺。

雙溪

奔來衮雪夾中洲，聲撼危欄趾欲浮。冷眼青山青不斷，狂瀾千古自争流。

超然

結茅山頂得超然，莫也超然在外邊。要識老夫行樂處，鳶飛魚躍總吾天。

唐山赤縣距修門不二百里土風儉樸專務桑麻余甚樂之成二絶

深深澗谷唐昌縣，莽莽桑麻古歙風。但得長官能阜俗，不消此外别言功。

每到西湖輒黯然，山川草木亦雕鐫。如何咫尺唐山地，混沌猶存一罅天。

題唐昌尉解足山樓三首

夜犬無聲綵棒閑，千巖萬壑擁樓欄。朝來更有西山好，爽氣何妨拄笏看。

雲奔浪捲入簾鈎，説著坡仙萬户侯。臢覺足山看不足，幾番煙雨上樓頭。

營營求足竟何窮，一足能令萬慮空。可但詩人供望眼，乾坤都在足山中。

晚步上清宫坐棲真者久之用合溪韻

壞砌頹簷竹數竿，一方深緑照人寒。此時别有真消息，不用清流引激湍。

上清得酴醿用超然韻

林腰路轉忽欣然，玉佩垂蘿古殿邊。客裡對花如舊友，夜深清坐玉壺天。

薄暮自南塔返足山

筍輿伊軋儘經邱，南塔從容半日遊。野鶴山猿留不住，又將詩過足山樓。

答何尉二首

明時麟鳳在郊邱，南北東西取次遊。詩向足山樓上出，無詩千萬莫登樓。

已分吾生老一邱，足山聊復伴英遊。中藏武庫無人議，不但雲間百尺樓。中伏庫在樓下。

怪松

老木樛枝著地垂，交拏互攫掛虬螭。何如頭角峥嶸起，直節凌霄愈更奇。

野翁亭坡云：山翁不出山，溪翁常在溪，不如野翁往來溪山間。

不住清[一]溪不住山，野翁來往兩翁間。非絲非竹雖云樂，樂在溪山未是閒。

古楓

白雲巖下古株楓，洞洞從根透頂空。認得自家真面目，逢春葉緑到秋紅。

曠軒

巨鼇飛出水精宫，蹙踏群山氣象雄。更覺我來軒愈曠，乾坤舒卷一襟風。

道庵小憩

石徑柴門屈曲通，拂簷疏竹弄微風。等閑光景無人管，兩樹金沙相對紅。

〔一〕據全宋詩，「清」明嘉靖淳安縣志卷一七作「青」。

瓶插月桂衮繡毬甚麗

月桂鬧裝紅欲滴，繡毬圓簇白如霜。我無艷眼相酬答，付與庭花自在黄。

許由亭其來遠矣名以名之非便也下有白牛橋洗耳灘皆當時事宜揭之以洗耳

堯舜相傳自執中，一瓢贏得邁高風。白牛橋下滄浪水，應洗人間萬古聾。

百丈寺竹所

向來百丈有清規，此日山中肯者誰。簷外蕭蕭群玉立，不由客子不題詩。

百丈有感

不染東華一點塵，桑麻滿眼土風淳。如何林下無嘉客，却有西湖浩蕩春。

含暉晚眺

雨聲欲斷氣氤氳，小閣浮空自吐吞。古木蒼烟何處寺，數聲青板報黄昏。

鷲峰丁東洞

一滴寒泉萬古心，幽幽巖下弄清音。何如唤起蛟龍蟄，散作蒼生萬國霖。

六月望

一窗虚白貯嬋娟，木葉無風自颯然。誰道家山孤負月，從初看到十分圓。

晚步溪上暑氣亟回用端忞韻

晚行沙渚亟回頭，不比人間觸熱流。静聽雙蛙池上月，知心誰似海邊鷗。

融堂對月

鑾觸封疆奈若何，天公老眼自驅磨。六窻洞徹無遮障〔二〕，此夜融堂得〔三〕月多。

登蜀阜二首

西風吹步上雲衢，萬竹深圍一草廬。分付兒童勿輕剪，蜀溪風月正關渠。

寶貨秋毫歸潤屋，錐刀左計屬痴兒。獨餘風月無人管，合著山亭頓放伊。

吕守之暮到三首

春日歸舟五十詩，人間此樂儘無涯。永平岸口匆匆別，又見西風上桂枝。

別來兩月客唐昌，多少春風入錦囊。逗得到家無別事，工夫都上此山堂。

〔二〕「徹」字明嘉靖淳安縣志卷一七作「澈」，「遮」字淳安縣志作「邉」。

〔三〕「得」字淳安縣志作「對」。

此山風月久塵埃，拂試重新桂却開。正要好詩相料理，昏鴉忽報守之來。

踏月登山

碧雲縹緲月琳琅，更著巖花當户香。多少風光人不到，主人今夜此山堂。

假山

終日劖鐫弄假山，栽花種草儘班班。從前多少真山水，可笑傍人只等閑。

歲寒口占

胸中元自有溪山，更著梅花竹石間。拭目諸公扶帝極，幽人有分一生閑。

立冬前一日霜對菊有感

昨夜清霜冷絮裯，紛紛紅葉滿階頭。園林盡掃西風去，惟有黄花不負秋。

石山素不駐足偶一徘徊心甚樂之他日結茅名曰借亭未知主人然乎否也成二絶

上臨絶壁下深灣，合著危亭阿堵間。咫尺吾廬不相識，人間何處有溪山。

老天於我儘無窮，到處溪山盡借儂。他日結茅臨水上，主人應不吝山翁。

真應廟

浪誇騎鶴上清都，滴露研硃自壯圖。海内不蒙君子澤，獨遺石碣溉丹湖。

光風霽月觀鸕鷀聚灘下搜獵慈慘已而坐歲寒見盆池中魚浮沉自得

出没雲根上下浮，蘸蒲清溜十分幽。前灘烏鬼能撩亂，争似盤魚得自由。

池上梅開一花

蜀阜溪山堪老眼，歲寒風月儘閑身。憑欄政爾吟無句，忽報梅梢一點春。

鄉城長至懷雙溪湖諸友

去年客夢水雲鄉，六里橋東過一陽。此日山城懷舊友，暮江風起雁聲長。

寄家書有懷歲寒五友二首

坐擁雲根興未涯，江樓時復夢歸家。庭前一點梅初破，近日新添幾個花。

想得瑞香花日多，水仙消息又如何。籬邊尚有餘香不，蘭茁新芽長進麽。

雪中觀梅

莫嫌梅影太清寒，試向冬窗帶雪看。自是一般相茹入，無詩恰莫近欄干。

池上梅爛開一枝橫竹間方蕊

臨池滿樹玉離披，縱有餘香已不奇。蹈雪過來亭上坐，竹閒疏蕊忽橫枝。

蘭

遶亭埋石種蘭芽，生怕花開不在家。此日溶溶春滿院，柔風初破一枝花。

歲寒緩步

千葉梅花雪滿堤，都將春付海棠枝。幽禽飛上欄干立，此意人間幾個知。

憫海棠

海棠前日滿枝紅，一夜飄飄卷地空。多少榮華駒過隙，莫教容易負東風。

牡丹開已數日方盛麗未艾也成二絶

晚春庭院牡丹香，誰道花開恨不長。寒食到今幾十日，依然夭艷壓群芳。
未到牡丹春未好，花開恰莫怨春遲。金沙玉板相扶擁，正是東君極盛時。

初聞杜鵑

庭前細雨濕莓苔，花鳥知時不待催。茂院天葩開滿樹，一聲清曉杜鵑來。

泊無礙定庵二首

定庵回首幾春風，壞砌頹簷咽暮鐘。惟有窗間雙月桂，花開還似舊時紅。

十七年前到定庵，老僧朝暮拜瞿曇。如今誰是香花主，老木號風暮正酣。

觀富鄭公及東坡潁濱無垢著名禪派口占

唐虞千古舊規模，周孔誰云不丈夫。幸自家風皇極教，未消宗派祖師圖。

漢宮春似月桂而麗感興成詩

名花千古不成塵，不比昭陽絶代人。回首兩都今一夢，是誰污作漢宮春。

枕上二首

勿言暗室暗沉沉，降陟無非上帝臨。瞞得世間人不見，直須瞞得自家心。

自心有過有誰知，看此初萌一念時。一念不分真與妄，十分伶俐十分痴。

贈浮梁汪易數

八八相催儘不窮，乾坤日月總包籠。行年誰道今朝定，定在庖犧一畫中。

君詩衮衮生蓍後，吾事昭昭未畫前。一笑相逢秋色裡，雙溪風月蜀溪邊。

良月十二日幼望吉甫季雅起淵游上善明日集保二首

晚泊青溪一岸沙，偶然遊目到仙家。是誰辨得閒情性，來伴幽人看菊花。

誰道身如不繫舟，吾行非往止非留。霜天未老黄花菊，山北山南兩日遊。

虎邱遍觀題壁

莫嗔魚目混摩尼，著目從頭亦自奇。但向壁間時得句，老夫不用更題詩。

螢

一點暉暉落扇間，欲飛還撲近欄干。乾坤日月光明藏，莫作書邊冷眼看。

聞子居近況

十里溪山別兩年，忽聞消息爲欣然。把書簷下往來看，不覺人行到面前。

南塘歸途

岩花消息晚來風，透出長林萬萬重。一句好詩拈不出，乾坤都屬廣寒宫。

謝守和章及先天之旨

未消着眼到潛虛，那復談經上石渠。會得先天無别旨，困眠饑飯更求餘。

合溪座上

深碧沉沉冷欲秋，此時亭上飽追遊。溪分溪合關何事，尚欠圜機訂九流。

徐簿[一]餉烏飯八月八日

紅薑黑飯薦珍羞，愧爾瞿曇老比邱。先聖兒孫今滿地，有人能記誕彌不。

睡起

雨浥蒲風晚更凉，數花簷蔔浄生香。高眠深穩清無夢，儘覺人間白晝長。

[一] 據全宋詩，「簿」字原誤作「薄」，今正。

蝸牛

雨浥蝸牛遶砌行，與吾同樂本同生。擠排蠻觸分疆界，可笑蒙莊自起爭。

去年五月十八日歸自唐山感舊

新嶺歸來整一年，老夫心事只依然。何曾礙却家常飯，國史宏綱手自編。

當食自喜二首

飲食無他止養身，人間多少不惺惺。朝晡細嚼家常飯，一卷神農本草經。

旋摘園蔬隨意好，軟炊土米遶牙香。人言少喫多滋味，此是尊生第一方。

得片石著歲寒欄干外二首

梅竹交陰晚更奇，等閑片石亦相宜。此時亭上瀟瀟雨，墻外行人却未知。

片石飛來入品題，曲欄池上爾偏宜。老懷易得生歡喜，冷面相看又賦詩。

對老輩語兒時事

回首春風逞少年，厭聞人説舊因緣。而今恨不逢班輩，説著兒時在眼前。

步月庭下

秋花恰恰到秋中，透頂生香滿院風。浪説霓裳天上曲，全家都在廣寒宫。
幾年等得到花開，投老看花能幾回。四樹婆娑庭下桂，月明深夜更徘徊。

新亭觀菊二首

碧天無際細浮香，淺白深黄未著霜。莫恨花開秋向晚，晚秋方是好風光。
日融香煖鬧枝頭，遶砌回環看不休。莫把此花容易看，東籬無菊不成秋。

晨興池上觀梅

雙鵲查查曉戀枝，暗香風度曲欄池。日來只了高齋去，滿樹花開總不知。

除日暮放鯽魚於月池者九夜再得六復秉燭放之偶合陰陽老數成一絶

除夕生魚有異逢，挑燈兩度散春風。莫言九六無心得，須信乾坤一念中。

池上梅復開一花今數日矣始成絶句

一花消息小春前，冷眼相看似故年。但覺老懷詩漸懶，略無行遣到花邊。

示櫄

詩成正自不因題，看取風人發興時。語到口頭無可奈，未須搜攬苦吟詩。

精廬枕上

山隱夜來山月好，幽香滿地開花草。竹梢墮露鳴屋瓴，谷鳥一聲報清曉。

九月一日睡起

帖帖冬窩眠正穩，剥地鐘聲忽敲醒。起來空堂一事無，日弄波紋滿窻影。

夜半觀潮

月夜舟如天上坐，極目更無山一個。海神夜半忽出奇，雷鼓長驅雪山過。

泊四板橋沙外觀月

江海無波渺吴越，遠山數點低如抹。長空浸碧秋沉沉，端正江心一輪月。

冬窩夜語

幽人只合卧林邱，不覺〔一〕心幽境更幽。青汗有時昭帝則，黑甜餘暇伴賓游。黄花粲粲冬窩夜，丹葉蕭蕭〔二〕蜀阜秋。會得個中消息理，兩眉不著世間愁。

聯輝閣詩〔三〕

拂拂精〔四〕藍護翠雲，幾番雷雨卧龍興。兩賢高躅明千佛，三世傳家又一燈。白社〔五〕風流原有地，青編事業豈依僧。山川姓字從兹響，看取天衢次第登。

〔一〕「覺」字明嘉靖淳安縣志卷一七作「則」。
〔二〕「蕭蕭」淳安縣志作「瀟瀟」。
〔三〕詩題淳安縣志作「大殊庵聯輝閣」。
〔四〕「精」字淳安縣志作「青」。
〔五〕「社」字淳安縣志作「業」。

蜀阜存稿卷二

雜體

義猫行

我家老狸奴，健捕無其比。去年能養兒，二男而一女。種草不碌碌，趫捷俱可喜。策勳到鄰家，高卧不憂鼠。今年女子七，母復誕三子。三子乳有餘，七子不易耳。頗似相軫念，抱弄時相乳。依依同氣恩，髣髴見情理。一日忽銜子，來同七子處。薰然如一家，雜乳無彼己。天地即我心，萬物非異體。一日脱邊幅，此外無别旨。嗟彼胡不仁，形骸分爾汝。同類日相傷，呀然矜爪觜。探巢攫胎卵，吞噬不知止。但見己子肥，遑恤他子死。猫也本虎屬，能爲義士舉。作詩傳世間，一獸有如此。

遊齊山倉使遣贈長歌和韻

昔來陽未復，倏忽今大壯。頗復懷兹遊，山山日環鄉。雪多春較澀，寒力花難王。晨興起和羹，御風颯然往。嵌空互出奇，峭立屹相并。應接不暇瞬，跬步即異狀。明遊俱可人，心愜有餘況。寄隱定何許，醒翁本無相。渾渾太古前，此巧豈天匠。天亦莫能名，誰歟實開創。妙空與上清，可笑渠汝誑。繡春最孤絶，勢壓翠微上。一帶抹長江，群雉拱千嶂。超覽妙無涯，天地入吾量。疇能事劖鐫，瑣瑣較真妄。所乏者古木，無木更虛曠。鑾觸戰封疆，雞蟲[一]争得喪。坐縛萬古痴，無病自生恙。好是兩忘猜，不勞費監謗。載弄陽春曲，萬彙同盎盎。長歌卷雪腴，頗恨阻搜訪。此事屬臞仙，公勿多怊悵。東山掛遊屐，皇猷賴公暢。玉堂深復深，夜植青藜杖。

[一] 據全宋詩，「蟲」字原誤作「蠱」，今正。

聞兒輩舉漁者言喜成古調

魚固人所欲，痰飲常忌此。兹晨一杯羹，食之乃大美。漁者包裹來，樂與我爲市。兒輩問何故，秤平不虧爾。吾家自高曾，仁厚著閭里。一衡無兩權，昭昭坦如砥。憶昔少年時，獵夫晨賣鹿。老幹持衡出，忽爾非舊比。此豈我家風，責之怒裂眦。口腹詐求贏[二]，寧我餓而死。忍割子孫肉，而以啖我齒。折[三]衡謝獵夫，勞酒遣乃已。今餘三十載，而得聞斯語。喜與同志言，書之詔孫子。

余與吕守之買舟西歸林常甫吴清淑吕伯起出餞江樓古調以别

兩角勍觸蠻，八荒等兄弟。人生天地間，貴在情義耳。嘉禾二三友，一見傾底裡。春風散天和，非彼亦非此。清淑温以直，常甫正而美。東涉金沙雪，西挹錢塘水。舟泛月雙湖，

[二] 據全宋詩，「贏」字原誤作「羸」，今正。
[三] 據全宋詩，「折」字原誤作「拆」，今正。

轡聯松九里。冬春朔四換，追隨實終始。宣橋歲云暮，乃復得伯起。頎然出玉山，臭味林吴似。修門亦旬月，朝夕相料理。餞我江上樓，樓欄豁天宇。海山渺無際，呼吸入窻几。長鯨駭高浪，卷舒在吾趾。風帆擘天出，揖别苦無語。共挽春江濤，洒作蒼生雨。

偶書

世上紛紛競奇巧，人人自巧不知寶。此巧本不屬思爲，妙質融融復皜皜。天地萬象羅其中，縱横變化無時窮。珠璧隱現光錯落，丹青組織花瓏葱。有時六出不停剪，有時柔茵鋪地遍。有時飛空調羽商，嘈雜間關聲百囀。千態萬狀難形容，欲著一語迷西東。宣尼但説不可見，後學强名造化工。我欲從渠問誰造，不覺低頭發長笑。且不可見那可言，春秋冬夏無非教。

機春歌

機春結草溪之唇，翳桑古柳聯清陰。無人認得東流水，如此妙旨誰知音。碧渠走峻琉璃滑，嗚瀑怒卷波瀾闊。飛輪轉撥無已時，試問此機是誰發。此機欲見妙無形，此機那復聲可聞。自從清濁未高下，直到而今無暫停。上有茅齋人静止，日用變化心如水。齋名果育定何如，爲言只此機春是。

山翁吟

歲云暮矣雪塞門，白髮山翁病且貧。鶉衣百結皮凍裂，旦暮撥雪尋草根。催租暴卒打門户，妻子驚逃翁怖懼。盡道長官如母慈，如何赤子投機虎。

書感

狗利者不可與謀義，怙私者不可與言公。蠻觸勝負勍兩角，肝膽乃有楚越同。陽清陰濁難同宫，弱水西流河漢東。洪河砥柱霜中松，中道而立能者從。凡百君子宜自愛，何苦下與瑣瑣争雞蟲。朝來滿室生秋風，庭樹兩葉三葉紅。

蠶婦歎

蠶婦拂蠶葉如縷，愛之何啻珠玉比。呼奴勤向帳前看，夜卧靡寧三四起。未必便能絲掛體，睠焉于懷有真喜。人人辨得此時心，推而廣之豈不美。以此事君定忠臣，以此事父定孝子。以此事夫定賢婦，一念真成轉樞耳。嗟哉世人胡不然，三綱茫茫不如蠶一紙。

贈墨工

客來投我一點漆，快汲清泉洗端石。晴窻净几試一揮，錯落精神光照日。如此妙質奇復奇，變化縱横隨所施。可憐自有不自寶，日用紛紛誰得知。願言莫染荒唐辭，亦莫隨俗供妍媸。雜學支離二千載，汗牛充棟終何爲。由來此物自神聖，妙不可言那可盡。分明宇宙在毫端，萬古糊塗人不信。

子山弟因病有感喜成長句

本支兄弟十一人，眼前僅有六人存。于中少者亦頭白，世事短長難具論。老兄年來苦多疾，安樂窩中且將息。肯復營營供物奴，頗聞吾弟今得力。是身出没如雲浮，彈指百年誰轉頭。死生富貴自天命，本無一事吾何求。我聞无妄不須藥，君行有眚君應覺。鴒原未用憂急難，且來伴我山中樂。

篙師歎黄饒舟中感梢人語而作

山鄉山多田種稀，年豐健婦猶啼饑。今年禾黍秋旱死，不有下澗民枯魚。頗聞水鄉諸郡熟，一飽可令餘郡足。江船下米無頭由，商人嗷嗷坐窮蹙。長年抱膝指屢彈，時節自好官司難。古來鄰國忍爲壑，何乃境内成觸蠻。我聞斯言真的當，無人爲徹九天上。禁江徒爾厄吾民，海舶〔二〕有時關節放。

〔二〕據全宋詩，「舶」字原誤作「泊」，今正。

小甆瓶

羔姪近得小甆花瓶二，見者莫不稱嘆。熊姪自言，因是有感。大概謂此瓶高不盈尺，價不滿百。以其體製之美，人皆悦之。若無體製，雖雕金鏤玉，不足貴也。惟人亦然，修爲可取，雖賤亦好。苟不修爲，貴無取爾。余喜其有此至論，因詩以進之，且以開示同志。

小甆瓶，形模端正玉色明。烏聊山邊纔百文，見者嘆賞不容聲。乃知物無賤與貴，要在制作何如耳。輪囷如瓠不脱俗，雖玉萬鎰吾何取。王正二日聞斯言，欣然爲賦甆瓶篇。濁世憒憒隨風旋，跖不夷謀吁可憐。百年氣節一朝捐，身落糞壤心窬穿。豈不見齊田魯季勢熏天，萬世之下簞瓢賢。熊也勉旃然不然。

留仲謙

二十年前舊詩友，子居仲謙真耐久。少時懷抱易過逢，老去雲林難聚首。去年廣塾得子居，論心豈但相煦濡。咫尺仲謙招不得，有園日涉將毋娱。風吹原頭動春色，招携肯爲山翁出。恰恰子居來日來，歸然暮展遥天碧。

讀書燈

讀書燈，明嘒嘒，溪堂故人親送似。歷落平生未見書，與汝間關幾半世。幾年來，味無味，併與青編共捐棄。半身淪落浙江濆，壁角破圈塵没鼻。新春忽爾思起廢，頃刻工夫依前具。提入山翁結草廬，永夜虚窻照天地。聖教衰，異端熾，千古冥行士何事。人人有此大光明，埋没荒唐渺漫處。象山翁，天啓秘，嫡嗣慈湖更超詣。陋儒俗學破沉痾，暗室迷途逢寶炬。讀書燈，明一切，不是山翁愛文字。逢人若問伏羲前，燈下齁齁方瞌睡。

庚辰録譬如結款他日打斷得了方成一段公案耳子居命時潤色此殆謙詞敬賡韻以謝

萬馬一隙争匆匆，回頭祇是人心同。百聖妙旨本無語，的的未在詩句工。我生臏愧晚知學，可把蕪詞污新作。玄冬深夜君試聽，萬竅〔一〕號風皆木鐸。

〔一〕據全宋詩，「竅」字原誤作「窮」，今正。

贈日者

世上痴兒愛官職，買山不作千金惜。烏囊費盡鐵鞋穿，近在方寸人不識。公卿將相無時無，安得生賢爲楷模。嵩岳降神尼毓聖，此倘有地君其圖。

示檦默

男兒頭上三尺紗，不比脚纏三尺帛。桑弧蓬矢射天地，墮地已展青雲翮。四海九州多勝流，不出户庭空白頭。有識難與俗同調，非才何必緣遠遊。豈不見赤驥揺足日千里，何煩揮策苦鞭揺。目前狆犬奚爾爲，逐逐一飽糠粃肥。

飛蛾戀逐眼前光，身殞膏火空茫茫。蛆蠅變化出復没，生死不離污穢場。求之有道得有命，可把枯榮亂邪正。進德修業當及時，去去光陰難語進。汝爲君子無靦颜，啜菽飲水盡親歡。不然正使位一品，九地含羞吾得瞑。

漁浦夜雪懷季敭

季敭欲我來山陰，季思欲我歸嚴陵。嚴陵山陰兩無住，來去於我如浮雲。飛雪漫漫浙江暮，朔風吹船漁浦渡。咫尺不到興有餘，底須夜出山陰路。東華塵土緇人衣，顧瞻禹穴何巍巍。克艱一言萬世師，季敭季敭何時歸。

端忞疲於哺蠶老婦憫而餉之余作古調以贊之

族孫買葉中山歸，惻然聞之矜爾疲。長腰豚蹄亟送似，未暇問到而蠶飢。此時此念難藏假，既焚退朝違恤馬。馬非不愛愛我人，用違其才終土苴。試問母今蠶幾筐，間關未必能補瘡。我亦有蠶非條桑，他日天機雲錦裳。

杰姪所居之前舊無竹二月中忽出筀筍一根特立可愛爲賦長句

舊聞四月筀，不聞二月萌。籜龍忽當門，頭角何峥嶸。揭來此地荒穢耳，遠隔長林不相倚。群穉猶埋糞壤中，挺然劍拔參天起。人云瑞應非偶然，妙不可詰那可言。孰前孰後孰爲瑞，孰識此根天地先。祇今孤秀駭衆目，半脱錦綳[一]聳新緑。善守勿令風雨摧，他年滿地皆修竹。

杰姪有萬事分已定二詩信筆成和

萬事分已定，胡爲但戚戚。不爲麟鳳爲虺蛇，不種芝蘭種荆棘。芝蘭有餘香，麟鳳爲世祥。荆棘動成礙，虺蛇終自傷。

穉女談命有感

韓將軍出金鎗班，調官挈家來西山。嗟哉厲鬼不汝貸，一妻二女何間關。失身醉仙漫餬口，不知命落醉仙手。嬌少年才十二三，敲金便着紅塵走。憶昔干戈多亂離，草間公卿兒女啼。但願吾皇有道守四夷，未消瑣瑣且爲將軍悲。

〔一〕據全宋詩，「綳」字原誤作「棚」，今正。

題方大夫家訓

中興天子方御戎，長城萬里張魏公。此時此家盡好武，抵掌一呼來幕中。幕中群雄肝膽烈，指顧關河日彈鋏。若爲歲晚歸課兒，只説讀書與農業。定知萬事俱弗如，豈直鎗劍輸毛錐。君不見二十七年耕草廬，出師一表汗青書。

用守之盟七友歌韻示諸子

學兵須學兵無敵，學醫須學醫無疾。學詩須學詩無邪，絶義世間非浪出。長虹貫日天與力，枯腸正好耕六籍。舞雩千載詠而歸，小技文章那可屈。蜀阜家風日日奇，萬竹深園暮天碧。朱絲好鳥共幽哢，迭奏黄鐘與無射。兒曹作計終自愛，莫把榆枋礙雲翼。康節有言良足珍，衣到弊時多蟣〔一〕蝨。

〔一〕據全宋詩，「蟣」字原誤作「饑」，今正。

喜諸子所和詩盟歌俱有可采再用韻見意

蠻觸封疆〔一〕日勍敵，金丹不療膏肓疾。抖擻風埃發詩骨，參差頭角嶄然出。老夫所志在大雅，諸子政須勤帝籍。三歎變風我心惻，箾韶忍受淫哇屈。豈不見渭川千畝拂雲長，前日手栽數寸碧。苟得其養終巨世，勿玩流光生厭射。世間淺者無遠識，如獸縶足鳥摧翼。伯樂眼空冀北群，湯鼎坐弔淮南蝨。

用樵姪漁舟韻

樂天知命吾何求，粗繒大布心休休。小山松桂歲寒友，一日不見如三秋。白雲巖上飛相逐，白雲巖前一窻足。秋花未落春花開，辦得工夫驚寵辱。長安貴人争輕肥，高桅大柁去復來。豈不見漁子好生涯，受用不盡一瓜皮，炙手可熱渠得知。

〔一〕據全宋詩，「疆」字原誤作「彊」，今正。

中秋約子温兄子山弟小酌一展壽慶兩大字賦長句

前年齊山得壽字，體勢端方嵩嶽峙。今年包帚書慶圖，更覺龍驤而虎踞。今我幸爲堯舜民，賢者送似生精神。壽匪自天實由我，慶果何物寧緣人。西風縹緲中秋節，滿院巖花香正洌。團圞兄弟小持觴，二字一展相娛悦。安得突兀起高堂，名以壽慶當中央。吾三人者和且康，年年此日岩花香。

袁尚右〔一〕座中王屯田出與可竹甚奇歸成古調

郎星聚頭金地麓，十月夜堂春昱昱。屯田博古到名畫〔二〕，座上忽展牛腰束。我生不識須菩提，薛鶴楊梅姑置之。寒梢八幅奇更偉，上有巴中與可題。蒼蛟滑走〔三〕石詰曲，鐵鈎怒掃

〔一〕據全宋詩，「右」字宋詩紀事卷六五作「友」。
〔二〕據全宋詩，「畫」字原誤作「晝」，據宋詩紀事改。
〔三〕據全宋詩，「走」字宋詩紀事作「足」。

聯蛇腹。歘風洒雨清逼人，恍疑身在篔簹谷。十〔二〕尋雙幹劍拔雄，筆力有盡意無窮。冥冥上與風霆會，拭目變化洪陂龍。長憶東坡一轉語，與可德人非畫史。輪囷寫出歲寒心，政要諸公相料理。薛稷鶴、楊補之梅，并唐畫須菩提像，皆座上所觀。

五日晨興説既濟彖殊愜因古調

端平元年初復古，懽喜群生脱危阻。蠶香麥熟喧里閭，蒲糝艾花照樽俎。我本宜俗俗不宜，未學痴兒□蠅虎。朝來一撤既濟户，此時欣然對端午。

三月五日復雨霰

三月二日霰且雷，明日漫天白皚皚。陰雲聚散才信宿，冰珠更復漫天來。我不憂千花萬花枝壓折〔三〕，亦不憂千山萬山石凍裂。麥如馬尾桑如錢，歲飢歲寒緊爾雪。一冬望爾胡不然，

〔二〕據全宋詩，「十」字宋詩紀事作「千」。
〔三〕據全宋詩，「折」字原誤作「拆」。

此日何日能狂顛。亟呼巽二掃落滕六魄，放出高高萬里東皇天。巽二，風也。滕六，雪也。

合溪夜歸呈諸大夫

前日合溪能多詩，此日合溪何以爲。是中真趣渠未知，無聲之詩詩更奇。溪山淵淵魚自躍，溪樹陰陰禽自樂。野航日暮載牛歸，隴麥已秋蠶上箔。此時觴酒溪亭空，吾與魚鳥皆春風。安得四海車書同，春風浩浩遊其中。

管湖馬上

去年跨馬西湖曲，畫船歌管聲相逐。諸友聯轡俱絶俗，敲鐙微吟山水緑。今年跨馬管家湖，山花欲動山禽呼。安得諸友復聯轡，如許野趣蘇堤無。野趣野翁心自可，未必行人總宜我。爾不宜我奈爾何，春風滿袖誰當歌。

借亭觀魚

春日春風衣呆呆，海棠未老春正好。與客行過[一]借亭西，平沙步步生芳草。空潭愛[二]日透底明，游魚如散空中霙。徘徊欲坐去未忍，却恨借亭猶假名。有名無亭真是假，是假是真俱土苴。去年今日蘇公堤，玉勒雕鞍相家馬。

聞里中蠶饑不肯食山桑成長句

往年蠶老苦乏食，采遍山桑無處覓。救飢恨不到口頭，略無揀擇和枝喫。今年葉亦未爲荒，稍羅粉米尋山桑。掉頭不肯喫，大似向來藜藿腸。山中連遭歲事惡，餓羸顛倒填溝壑。草根拔盡不能充，往往珍羞視藜藿。屈指于今能幾時，日前僅飽非有餘。問着只要青稈米，薄賤粟麥如沙泥。馬鳴不應也時樣，學爾愚氓惡情狀。天公嗔爾警爾深，飽時忘却

[一]「過」字蜀阜小志作「歌」。
[二]「愛」字蜀阜小志作「受」。

飢時心。

有送大本淵明菊者成長句

丹葉蕭蕭秋肅肅，有人來獻淵明菊。淵明千古自高風，歲歲寒花照空谷。金鈿圓簇玉蕨蕤，恍然彭澤歸來時。歸來可是知幾早，不肯爲米歸猶遲。老夫家住深山裡，彭澤知它在何許。本不曾出不須歸，冷面相看[一]但歡喜。況此妙絶難可名，不識何者爲淵明。與客遶花行復坐，一聲幽鳥花前過。

九月朔示二小姪孫

有客踵我門，喜我得男孫。得男人所喜，爲男豈不尊。桑弧蓬矢射天地，墮地已作四方志。世上紛紛空白頭，直須了却男兒事。

[一] 據全宋詩，「看」字原誤作「眉」，今正。

采〔一〕芝歌巖桂始花，涼風颯爽，有善鼓商山采芝操者，因以歌之。

巖花開兮香滿堂，秋旻杲杲兮秋風長。采芝一曲兮何荒唐，爲秦而遁兮出爲子房。天下有道兮登姚皇，共鯀斥兮夔龍驤。山中人兮樂時康，采芝采芝兮無褰我裳。

市橋間竹雞聲

泥滑滑，向誰語，山南山北幽林裡。一朝籠入闤闠中，猶自千聲萬聲不知止。爾勿呼，人憎汝。

宜樓晚望

宜樓望芝山，淺淺平林出。芝山望宜樓，隱隱蒼龍脊。樓中妙景山不知，山外有山樓不宜。老眼西風没疆界，一時傾入囊中詩。

〔一〕據全宋詩，「采」字原誤作「採」，今正。

偶成

醯雞瓮藏眼，鼴鼠河滿腹。啄木頭鏗敲，蝸牛角出縮。君不見浩浩無邊春，出門面面皆交親。未到地靈地，安知人傑人。

横途歸路

山花榮，山禽鳴，緑楊碧澗聲泠泠。此時山翁尋故人，笲輿伊軋兮度密穿青，且行且止兮草軟沙平。溪雲山雨相送迎，衝口而出我詩成。

千古吟

日杲杲兮風葉翩翩，飢我禾黍兮渴飲澗泉。伏羲非畫孔非編，非有秘旨天外傳。小黠大痴亦何苦，汗牛充棟終不補。晴窻白髮一事無，獨抱遺經吊千古。

清快吟

子居順堂夜坐，舉似前輩清快二語，遂共賡歌。

清似秋岩琴上月，快〔二〕如春峽棹前波。三間茅屋埋頭坐，一榻薰風信口歌。

〔二〕據全宋詩，「快」字原誤作「怏」，今正。

蜀阜存稿卷三

記

刻蠲減名課利錢碑

名課爲鄉曲病者有年矣。異時有志之士嘗弗忍而訴之朝，由部使者而下之州縣，曠日縻資以求殺其一二不可得，況能自惻然爲之一援手哉。往年時攝邑事，及汲汲以是爲民病第一義。又莆陽萬公爲邦伯，喜聞而樂行之，或減或蠲，易猶反手。嗚呼，今之易，昔之難，其故可知也。然則今日之蠲減，又安〔一〕後來不有惡其害己而去其籍者乎？時故爲之

〔一〕「安」下全宋文補「知」字。

記，并州牒刻諸石，庶不墜云。

厚德堂記嘉定十年（一二一七）

自我先王以吴越歸朝，而後大理丞來新安，至諸父六世矣。家傳忠孝，風流篤厚，根深而源遠也。仲父致政公性樸茂，毅然古君子，酒酣耳熱，簸弄聲詩，終日婆娑，表裡空洞。世之誇榮而矜勝者，一無所入于其心。事刻削、務豐殖者，公視之不啻蛆蠅糞壤。嗚呼，巧險相遭，狙詐相傾軋，如蝸兩角，兵争無寧時。甚者百方媒之，四面羅之，伏機弩濡毒以竣[一]，苟得志，喪敗死弗恤，視公誠不能矣。公之心固澹如也。時兒時便獲侍公，語大抵稱善不稱過。至若儇子衣冠，態度弗類，必援引古昔諷切之。薄俗往往多所非鄙。薄俗之所非鄙，此正公之所以爲厚德也歟。自公之存，人猶未之知。於今求如公者而弗獲見，然後知公之爲厚德也。嘉定丁丑，嗣孫杰歸自春官，即公宴息之堂，名曰厚德，而屬時以記，且將使後公者日見而感焉。濬忠孝之源，培忠孝之根，庶斯德之愈厚也。系之以

[一]「竣」字疑當作「竢」。

詩曰：

嗚呼我公，志行天出。惟世之嗤，惟公之德。世方機阱，公徹其防。百巧守險，公無門旁。昔人有言，德非外作。長之則厚，刻之則薄。公不爲薄，公自爲厚。休哉此心，傳之不朽。

余氏子歸養記嘉定十年（一二一七）

嘉定十年秋九月，余過汝灘，歙之孝女鄉也。灘下有巨石，曰孝女石。佃者余姓，家其旁幾世矣。一日扶杖踵門，且步且喘，髮垂亂絲，瓜黄柴立，咽而訴曰：「某苦事，敢告主人：長子某年踰三十，娶且有子，今年春輒去其父母而家妻家。下二子幼，某又病，不可奈。欲告官府，重念虎不食子肉。惟主人是聽。」余聞之惻然，曰：「抑嘗告而親族乎？豈皆若人也耶，忍不能效一語也？」即日呼與婦翁俱至，論之文曰：「不孝之人，天所不覆，地所不載，大法所不赦。汝不知書，獨不念汝身之所自來乎？自襁褓而提孩，自提孩而總角，撫摩鞠育，惟恐傷之。寧自飢不敢飢其子，寧自寒不敢寒其子，波波劫劫，望得力以佚老耳。挾妻子自活於外，于汝安乎？況汝父母且病不聊生，他人見且猶不忍，論之大法，罪何所逃？慈烏尚知返哺，汝獨不生子，不爲人父乎？汝父哀鳴於我，我不忍聞也，奈何！」又酌以酒而言於衆曰：「若知鄉之名矣乎？一女子耳，能搏虎以救親。今生長此鄉，日對此石，何獨不思也？」乃不覺淚下，謝曰：「愚人無知，幸今得訓誨，敢不唯命。」輒四拜其父，相對感泣，期與妻不擇日俱返。於戲，父子之道，天性也，可得而泯没哉。昔而出也，誰使之？今而返也，又誰使之？三十年怙恃之恩，一朝棄絶矣，與之立談數語，而遽悟其非。或者循其迹以謂予有力焉，殆不然也。庸書之，使來者一覽。

蒙養齋記

古之教者養心，後之教者害心；古之教者童而成之，後之教者自童而壞[二]之矣。夫人，天地之德也，陰陽之交也，鬼神之會也，五行之秀氣也。性無有不善，心無有不良，

〔二〕「壞」字原誤作「壞」，據文意改。

渾然天成，匪由外鑠。感物而動，因物有遷，始蔽始虧，失其固有。故夫復之於既失，不若養之於未壞。自始學以至成德，自童蒙以至爲賢爲聖，豈智探力索、外襲而取之哉？養而無害，不失此赤子之心耳。故曰：「大人者，不失其赤子之心。」古聖垂訓，自能食而尚右，能言而學唯，而教已行矣。侍親左右無違，所以養其孝；飲食出入必後長者，所以養其悌；常視毋誑，所以養其信；温恭毋驕，所以養其謙；不苟笑，不戲色，所以養其莊敬；不窺密，不傾聽，所以養其耳目；男女不同席，不共食，防瀆亂也，所以養其恥；不裘帛，不屨絢，防侈麗也，所以養其儉。以至不侵侮，不旁狎，立必正方，行必正直，游居有常，必就有德。若此之類，節密目繁，不可一二數，而其大旨則無一事之非養者。是故無非僻之侵，無邪妄之累，小子有造，成人有德，教則然也。自學校廢，古聖教法無復影響，壞其真醇，鑿其渾麗，導之支離之窟宅，而馳騁乎邪妄之途者，天下方滔滔，安知蒙養之爲何事。易曰：「蒙以養正，聖功也。」又曰：「山下出泉，蒙，君子以果行育德。」泉自山出，未有所之，泓涵潔清，略無微滓渾濁，此蒙之象也。於斯時而得所養，其功化何如哉。盧季湛築室以肄諸子，請名并記，懇懇。且遣仲子升從予西遡，從容者彌月，年十三，才俊而質美可愛也。養而無害，不失其赤子之心，於是乎在。因道予所志，俾歸以告同學者焉。

順堂記

先聖有曰：「君子之道，譬如行遠必自邇，譬如登高必自卑。詩曰：『妻子好合，如鼓瑟琴。兄弟既翕，和樂且耽。宜爾室家，樂爾妻孥。』父母其順矣乎！」又曰：「不愛其親而愛他人者，謂之悖德；不敬其親而敬他人者，謂之悖禮。以順則逆，民無則焉。不在於善而在於凶德，雖得之，君子不貴也。」至哉聖訓，所以警悟後學者，何其深切著明也！學者率求道於高遠，而不知近在事親從兄之間，倒行逆施，日陷於凶德而不自覺。此遊方之外，離倫絶類，無忌憚者之所甘心，而吾聖門之大罪人也。如是而曰得道，得何道哉。予早喪先君，崎嶇萬狀，年四十有二始微有省。又二年拜慈湖先生，方知守中庸之妙，方知視聽言動，喜怒哀樂，起居食息，日用常行，變化縱横，莫非大順。然則道果高乎遠乎？淪三綱，斁九法，謂之順，可乎？妻子好合而不得於兄弟，則猶不得於父母也，况悖德悖禮乎？夙興夜寐，無忝爾所生，予方兢兢業業，如不及焉。因感聖訓，名堂曰順，庶吾子之不吾悖，而吾孫之不悖吾子也，乃爲記。

新安重建乾明觀記嘉定五年（一二一二）[一]

事未有無紀律而治、不根柢而可久者。自古廢興存亡之變，無鉅細皆然。方今釋老之宫滿天下，常住雖至寡約，亦往往利其入而貪領其事，轉相請託，崇賂而後得之。或者上之人又利其數易也，居無何，輒斥去，則其心摇摇如浮寄，朝暮皇皇然，責償於其中而厚取贏焉。嗟夫，尺寸之地，皆二帝三王所與吾民養生喪死而無憾者。掩數十百農之所耕，而資以爲一夫囊橐之具，可不可也？新安乾明觀，按郡志甚古。余異時嘗歷其地，遭鬱攸之變且十稔矣。荒壇眢井，寂寥乎煅瓦焦土中。旁有敗屋數椽，颯颯欲壓。今二十歲復此來，則殿堂門廡，輪奂一新。夾中霤修竹數千挺，佳花名木照映前後。雖喧囂四面，而脩然遠韻，迥出塵表。問之，則觀主道士謝得一也。向來常住數易，視若傳舍。大家豪

[一] 明弘治徽州府志卷十寺觀門歙縣乾明觀條載：「嘉定壬申道士謝德一重建，錢時記。」

占，委置度外，歲課銖兩，攟入己槖。公私掃地赤立，不復爲後日毫髪留計。自得一來，按籍索地，豪占寖復，極力起廢，百役具興。於是父老請於郡，郡聞於漕若部，更許其徒甲乙相襲。居十三歲，而乾明大治。余留此彌月，見其御下整整，出入有節，門鍵啓閉有時，而其徒亦斂然就檢梘。夫紀律以合衆，而又務根柢，不爲苟且，則斯觀之治也固宜。嗚呼，道家者流以虚無爲宗，離處三綱九法之外，然猶須此而後治，况靡好爵綱維世道者乎。擇賢久任，上世之規模也。此制儻未遽復，爲吾士大夫者清白一心，前後踵承，如出一人之手，御之有紀律，行之有根柢，上爲聖天子闡二帝三王之教法，則天下安有不治者？時方勉爲郡侯而出，講書明倫堂上，是記之作，宜未暇也。以得一之請勤，且推廣其説，於世道不爲無補，遂弗果辭。

静安堂記

人生而静，天之性也。性本静，本虚，本清明，無所不燭，譬之於水，波則蕩，滓則渾，是故貴於不撓也。自昔經濟之士，平居暇日，澹乎其無營。一旦臨大衆，决大策，斷大疑，垂紳擁袖，不動聲色，奠九鼎于泰山者，静則然耳。大哉静乎，天地萬物，縱横妙用，變化其中。一有所侵亂，焦焦然與物百戰，争勝負，則我爲役矣，如物何！雖然，必至於安而後可。大學曰：「静而後能安。」非静而又有安也，安而不摇，静之至也。新安汪公綱自東憲帥越，因任者再，人熟其治，公亦熟其俗。上下孚洽，不棘不干，介廉自將，潔若冰立。機明以敏，響捷不留，此豈與物争勝而得者。公退之暇，招山有閣，拂雲有亭，又有所謂四面屏障者環府堂之後，舒眺覽，寄吟嘯，宜不翅足。乃方築東山之上爲堂，近通複道以濟之，庭户遊塵，一跡不到，以燕以息，興度超遥，非志乎静中之趣而安焉，宜何取於此也耶。往往名勝卜築，類以得近山爲奇。斯堂也，實與西山相賓挹，蜿蜒如抱，入我襟袖。長松老木，蒼怪傑崛，不聞市聲，惟幽鳥鳴。遊雲斷霞，吞吐几上；斜陽嫩月，鈎挂簷間。山與主人相遭，而其幽奇拆秘有如許者。堂成，時適至，囑名而記之，榜曰静安，所以銘公之心也。或曰：公行歸中朝，非越人所得私矣，静安雖美，公得而久乎？曰：不然。心静而安者，福蒼生之根本也，其居愈廣，則其用愈溥。闔闢卷舒，交錯萬變，焉往而不静安也。沉虚陷寂，可静而不可動者，固非我事。或者玩情自暇，苟以供宴閒之適而已，則又豈公之心哉？豈斯堂之所以名哉？

三潭記

淳安之西百里有三潭焉，在崇崗僻嶠極深處，源出昱嶺，至是始折而東，瀉瀑垂斗，絶潴而爲潭，連三垂瀑。而三潭高下相比，上者可一畝，居中者尤大，而其下則又差小。旁皆崖石圓拱，口收而腹衍如釜勢，束乎兩山之間。傾注澒洞，聲振林麓，路臨其上，撼撼欲浮然。而寒碧淵澄，疲紋不動。聞之故老，嘗有輪麻縷硾石下測之者，盡一輪莫竟其底。中潭之涯則小山孤起，有古祠出蒼烟老木間。下有巖穴，容數十輩。水益東出，淙淙從亂石中流去。道左片石側立，過者颼颼聞松風聲，曰響石。又數十百步，兩崖對峙如堵墻，水流其間，宛若門闕中過。上多怪石，其掔然作手形者曰僊人掌。三潭之别源，當合富、流潑二水之衝，有石柱尤奇，方廣三丈許，從磵底挺然拔起者幾七十尋，上下相直不偏倚，蟠松壽蔓，夭喬纏糾。嗚呼，異哉！三潭之名，予兒時則嘗聞之。至若石柱，乃得之創見。斯二者，天地之奇觀，自開闢以至於今，未之有改。生長此鄉，往往寂無知者。

因念深山大澤，瑰偉絶特之勝，名不登於載籍，不爲高人勝士所題咏，埋没不聞於世，如是者何限！天拆此秘，使吾一遊目焉，殆似不偶然也。後七年，有善水墨者，因追其髣髴，令作兩圖，懸之壁間，且爲文以記。雖然，非玩物也，聊以誌所感云。

紫霄山行記

富陽縣東去五里所，舟著南岸，日且至。遥山淺靄，盎盎如桃李花。時余領許正甫、姪子樵行沙上，曲折入阡陌十餘里曰望仙。繇望仙入山中又數里，得老子之宫二。非有幽巖邃谷、瑰偉絶特之勝可登覽，兩山相包束，荒墟聚落耳。紹興初，一女子孫姓結草山下，已而里中稍稍葺菴居之。時楊和王方以勳舊奉朝請，謦欬指顧，朝野輕重。一旦爲作道院，事遂響播，流入宫禁。蒙三朝殊賚，規模用大拓侈，錫名紫霄。今女冠百人，没入而未度者百人，僕厮及其他雜役百人不止。歲入饒衍，無有藝極。慶元間，其徒請主嶽祠於外，輒并緣權貴，侈僭異宫，而思孝院之名復用角立，亦有女冠三十輩。嗚呼，何其盛哉！余嘗謂事無巨細，無邪正，未有不得所依乘以克濟者。異端之教，大抵善幻，以誑丐爲業，非真能禍福吾民。而後簧鼓於天下，惟得所依乘，又有力足以扇其聲焰，張其氣魄，是故一倡而群和之。伊、傅樂堯、舜之道以終其身，不逢其會，老死耕築，誰知之者？柳下惠於魯而臧文仲，孔子於齊而晏嬰，固自有天命也。何物女子，而所遭則然哉？雖然，幽閟爲女宫刑，先王制法下死囚一等，所以重人道而不忍絶其後世。今數十百女爲聚，且倍蓰焉，而幽秘之，吾不知其何以爲也。自昔介士如魯男子者幾人。愚夫愚婦，幽宫隱巷，怨曠雜揉，溷溷相朝暮。又其室不足以容，星散籬裂，内外統紀不相及，吾不知其終何以爲也。老氏，周柱下史，號知禮。雖學吾聖人而偏至，若賊天倫、禍人道，傷風敗俗而莫知恥，渠亦弗忍爲矣。後世道家者流宗焉，謂老氏法應爾，太厚誣也已。

雲嶠書堂記寶慶二年（一二二六）

寶慶丙戌十有二月既望，哭吾夫子於慈湖之涯，盱江吴定夫在焉。則起敬問曰：「象山舊學，江西爲盛，今誰在？」定夫曰：「包公敏道、傅公季魯、吾季父顯叔耳。」時因念包公固兩見之，今余亦且老，深蟄萬山，欲盡見二公莫可得，爲之愴然以悲。越翌日，定夫來寓館，再拜，拱而前曰：「季父講學雲嶠，象山先生嘗作『雲嶠書堂』四大字。去年秋，請記慈湖，方癯然在寢，顧某言曰：『吾病矣，錢子是宜來，姑少俟。』春正月，從者來，而某客天童山。今且卜日遡浙江，入嚴陵，謁蜀阜，願有請，乃幸甚。得所遭，某不足道也，而師之言在吾耳。」時泫然流涕，謝曰：「夫子病矣，而不忘我拳拳耶。」時不敏，何敢辱記，請誦其所聞。象山先生之學，吾聖人之學也；則所謂書堂之書，吾聖人之書也。吾聖人之書，堯、舜、禹、湯、文、武、周公、孔子傳心之要旨，經世之大法也。父子以此親，君臣以此義，夫婦以此別，長幼以此序，朋友以此信，耕稼織紝以爲養，冠昏喪祭以爲禮，后王君公大夫師長以爲治。所以建皇極者此也，所以立民命者此也，所以位天地、育萬物者此也。此道不明，諸子百家争駕其上，以瞀天下，而後爲楊、墨，爲儀、秦，爲申、商、韓非，生民塗炭，糜滅幾盡。西劉草昧，又無真儒相料理，獨張子房持黄老言，爲風俗倡。其後浸淫，根固波漫，而天竺法遂緣入之。下逮魏晉，夷狄亂華，卒成天地磔裂之禍。無他，學不本於經世，不由吾聖人之道故也。不由吾聖人之道者，不明吾聖人之書也，是將焉取乎？雖然，聖人之書，先得我心之所同然，非徒書也。不反求之，期於自得，而徒支離傳注之窟宅，沉溺文義之淵藪，則又非吾之所聞。定夫歸躡雲嶠，即書堂主人而請益焉，倘謂愚言爲可。慈湖學子錢時敬書。

則庵記 寶慶二年（一二二六）〔一〕

慈湖夫子葬五峰，嗣子恪築庵而名以「則」，且名其堂曰「天經」，屬時記之。時不勝興敬興贊，至於泣下。嗚呼，是吾夫子所望於爾後人者也。大哉，天經之旨乎！孩提之童無不知愛其親者，此不學之良能，此不慮之良知，此萬古人人所同有之本心也。此心無體，變化無方，通於神明，光於四海，無所不通。見孺子將入井則自惻隱者，此也；見可羞可惡之事則自羞惡者，此也；宜辭自辭，宜遜自遜，是自知是，非自知非者，此也。以此事君自忠，以此臨民自愛，兄弟自友，夫婦自別，朋友自信，豈外襲而取之哉。日月之所以運行，風霆之所以鼓舞，山川之所以流峙，昆蟲草木之所以生化，亘古今，包

〔一〕楊簡没於寶慶二年，本文當作於是年。

宇宙，孰非吾此經之妙？而乃溷溷滔滔，自陷爲愚爲不肖者，無他，不知所則耳。唯堯則之，故睦九族，和萬邦。唯舜則之，故烝烝底豫，爲法於天下。文王則之，故無憂。孔子則之，故老安而少懷。曾子則之，故知伐一木，殺一獸，不以其時，非孝。吾夫子則之，故大明斯道，以續洙泗之正統。其處己則廉儉清峻，不昏於利欲；處家則冠昏喪祭以禮，不譸張於異端；處宗族則教之撫之，不殊己子；處鄉黨則敬之順之，不失一夫之心；處郡縣則民愛戴如慈父母，而不屈於權豪；處朝廷則啓沃孜孜，發揚聖性，直言正論，風節凛凛，而不愆於去就之義。實明乎是，實履乎是，非空言云也。天下學者則之，萬世學者則之，况其家之子若孫乎。孔子曰：「父在觀其志，父没觀其行。三年無改於父之道，可謂孝矣。」今而發一念，出一言，行一事，必反觀内省，曰此吾先君子之志乎，是乎非乎？發一念，出一言，行一事，必反觀内省，曰此吾先君子之行乎，可乎不可乎？一日無改，一日之則也；一月無改，一月之則也；歷三年之久而無改，則所守者定矣，終身之則也，是乃謂得天之經也。雖然，後之視前，如燈取影，吾則吾父，是又標的後世，爲吾子孫無窮之則也，可不謹歟！朝斯夕斯，念兹在兹，皜皜純白，不可射思。恪也勉之，時也勉之。

雲隱記

叔中楊君家慈湖之東南隅，出小樓闤闠中曰雲隱。周廻户牖，界三爲六，尋丈之内，跬步不同，曲折位置，各有態度。樓之三面皆窻，其直南一室尤奇。隆冬沍寒，海風怒起，飛塵滿面，路無行人，而愛日暉暉，戀窻不去。瓶有名花，盤有香草，盎然作春温。簷外飛雪爲臺，有江山臨眺之勝。秋正好時，金波團團，從海中出。歷欄楹而西，竟夕徘徊，與主人相樂也。世固有突兀千萬間，不能奠一席以自可者，視此竟何如也？雖然，非徒江山風月而已，通奉手訓在架，慈湖師訓在壁，且又内訟一記爲的的傳家鴻寶，他人見者猶毛骨竦然，起敬起慕，况其家之子孫乎！汰几上器玩之冗者，削壁間書畫之可黜者，一惟家訓是佩，則名花香草皆先人之馨德，江山風月皆先人之流光，又將自我詔雲仍於無窮也。叔中其謂何！

海鹽縣重建儒學記

士自一命而上，皆天子所與分任司牧之寄，若牲綏猷，以克相上帝者。况錦〔一〕地百里而君之，豈徒民社吾有哉。先王教化，寥寥弗嗣，而學校僅存，是固師帥之權輿，承流宣化，根柢之地也。今之爲縣者，旦夜焦然，如坐湯鼎，窘於才者既不足以有立，挾才以逞者又方虎視吾民，鞭膏捶血若恐後。問之，則曰上迫下匱，弗我貸也。其然矣乎？朔望具文，春秋故事，或且壞漏不可支吾，則丹雘圬鏝，藻絢其外，以自塗其耳目，如斯而已。大闡制度，壯觀今昔，爲根柢是謀，彼何人也？海鹽自建學到今，幾造幾圮矣。趙侯之來，首務勸篤，職之冗者汰之，鄉之秀者款門而招之。規模久敝，逼陋弗稱，欲一出手，未裕也。三歲政成，乃大克舉，經始於暮春之癸酉，越八月丁未竣事。由直舍徹外梱屋之爲間者踰八十，獨禮殿頗葺其舊，宸奎有閣，明倫有堂，從祀有像，先賢有祠，位次齊序，下至庖湢，整整咸備。四周以垣，三面以池。左則出亭池上曰移風，以還舊觀。前則

〔一〕「錦」字疑當作「綿」。

闢衢池外曰尚賢，以表新坊。渚花彎環，輿梁而入，宏敞偉麗，群目爲張。侯所以賁兹邑者厚矣，期向之者宏矣。經曰：「大學之道，在明明德。」又曰：「明出地上，晉，君子以自昭明德。」明非外至也，孩提知愛者此明也，長而知敬者此明也，乍見孺子將入井而怵惕惻隱者此明也。汩於物欲，亂於血氣，交戰於利害，而轉徙乎是非，而昭昭者昏昏矣。是故德本明也，明之而已。明之如何？自昭而已。苟自昭矣，他人無所致其力也。薅彼莠驕，立我嘉穀，霾霧破散，月皎天空，此爲仁由己之功，克念作聖之妙。學之爲學，於是乎在，非苟具文存故事云也。或曰：世方科舉取士，吾[一]暇乎其他。是不然。士習於科舉，而三綱可淪，五常可滅，九法可壞，凡起居飲食、生人日用之經皆可廢，則大學之道容未暇也。如其不然，是未可斯須忘矣。大學之道，固不在生人日用之外也。時介吴楚萬山中，於侯無一日雅，乃辱走書千里，緊記是囑，而時亦不敢辭者，無他，知其心也。安有侯心之所期向，而邑之人士有不知者？幼之學，壯之行，絃歌之風，雍雍海嶠，他日棟梁斯道，羽儀天朝，經綸變化，闔闢宇宙，與古聖賢相應和。噫，侯之心也，勉乎哉！

[一]「吾」字疑當作「無」。

侯名希彌〔二〕，居姚江。董是役者，學職事吴拱辰、邱改之、常賢孫、郭騤。

池陽冬窩記

余家萬山中，有冬窩可以卒歲。秋風高矣，入此室處矣，忽結江東暮雲之思，將歷九華，上廬阜，浮舟武夷、九曲而後歸焉。過池陽，皇華主人寓余澄清堂上，且一旬，且一月，且春以爲期，睠睠乎其未余捨也。既久，念其曠爽而難温，復潔小館於堂左，重簾密牖，四周如斗，雖朔風怒起，急雨打窻，而盎盎虚明，猶吾冬窩，不自知其身之留也。澄清爲庾臺勝概，有池數十畝，有樓傑然中起曰湖山，而軒敞其下曰秋浦。背秋浦，渡野橋而東，巍冠粉堞之上曰九夫容尤偉。其他如嘉蓮，如彩若，如茂林修竹，往往萃見於一窻。禽哢簷牙，魚躍砌下，喧囂不到，有塵外趣。登臨放目，湖光渺然，晴巒參差，倚天削立，而冬窩之樂無涯矣。客有詰余者曰：「天朝一路之寄，九州四十三縣，不知其幾，民皆如子之温且適乎？不失所矣乎？無淫鷙於位以殃吾赤子者乎？此正皇華與二三僚吏

〔二〕明天啓海鹽縣圖經卷三縣名勝譜寺觀門「法喜寺」條下引淳祐重脩法喜寺記曰：「姚江趙侯希，字彌玉，來宰是邑。」

夙興夜寐而汲汲者，子但私一室以自燠，宜未可乎？」余笑而答曰：「處一旅人，推之以處四海，天地萬物皆冬窩也。汝其隘矣！」明日告於皇華，欣然作兩大字而揭之。

遊齊山記

余留秋浦五旬，時登九夫容，與齊山相賓挹，珠聯螺擁，纍纍水上，未見其甚奇也。霧雨初卷，朝曦春温，始一往遊焉。出延慶，右窺壽巖，躡上清，歷寄隱，過小九華，瑰怪刻削，環向錯立，拔地劖空，參差跬步。已乃横折入集仙洞，坳隱其上，若頂突成形者九，亦名九頂。不覺嘖嘖，且顧且歎，齊山之奇乃如許！由九頂回旋躋攀，偉然軒敞，外向而得所謂翠微亭者。平湖萬頃，漫浸其跟，長江怒流，横瀉其外。誦壁間「孤城湧出水中央」之句，徘徊且行，似不忍離，而昔之所見殆不奇矣。下松徑，沿山麓，飲醒翁堂，几隱蒼波，屏倚絶壑，凡巇崎出縮乎路隅者，皆以「醒」名。石因翁而醒耶？翁因石而醒耶？昏昏醉夢，而往來不知醒者幾人耶？道院之左曰史巖，緣磴而下，束藴而入，曲折[一]而邃深。其中

[一]「折」字原誤作「拆」，今正。

最高處，下廣上鋭，層遶旋匝，如龕如庵。脊有修痕，如箭半剖，蜿蜒貫達，如龍脱去。穿左史洞，有亭八角環山阿。入後洞天，從峽中斜透綫路。上平坡，略虎嘯巖，是爲小有，視諸洞尤傑。黄冠對床，啜茗久之。一罅中通，觸暗側入，擿埴傴僂，如闥忽排，而繡春亭亭乎其上矣。得繡春，如得翠微，詰屈龍蛇之宫，忽超覽乎無垠也。清溪直北，吞吐長江，孤圓而尊，旁伏群巘，則又非翠微敢肩差者。於是齊山之奇，爲我盡出，無留藏焉。兹遊也，渺乎幽潛，有山林遯世之趣；憑高放目，動闗河故國之思。於戲余乎，將有志於斯世乎？抑遯世獨立，老一邱以自樂也？婆娑是翁，定論久矣。然以余心而占有志之士，淮山滿眼，恨遶天涯，仕斯過斯，來遊於斯，必有酌新亭之酒，吊望諸陵而感慨者。若但插花酩酊，供開口一笑，則齊山乎何奇？某月日記。

遊芝山記

比閲番易志〔二〕，慨想山川勝概，欲一往觀焉，未暇也。乃九月九日偕計仲舒、小子默

〔二〕「昜」字原誤作「易」，據文意改。

過九眼井，出永平門，趣薦福，登莫莫堂，覽諸名牌〔二〕，奕奕有生氣。獨率更片石，以奇取禍，不復可見爾。有挾許負術者，瀾翻兩吻，所投非所好，令人倦荅，荅以詩云：「知君滿眼皆公卿，却來林下尋幽人。幽人骨相何足齒，獨有此心拈向君。拈向君，君試相，不分部位難名狀。楚東門外秋沉沉，碧天無際冰輪上。」浮洲縹緲出東湖，中興、薦福相發揮，水未落，未可到。詩云：「一句兩度到湖邊嘗過采芹，漫漫長堤尚渺然。説著蓬萊三萬里，浮洲咫尺遠如天。」天慶東營小室曰朝陽，屈曲而入，内迫而外無睹。繡衣嘗憩止睠之，非睠斯室也，爲禱晴愛朝陽也。余亦煮餅瀹茗留數刻，非留斯室也，對朝陽愛繡衣也。詩云：「見説軺車屢禱晴，痴雲隨手展朱明。面墻蓬瓮消題品，牋喜朝陽有鳳鳴。」

循城而北，上楚東閣，留短句云：「舍車步城堞，波光渺彌望。高閣雄楚東，勢挾江湖壯。景勝翻作愁，目歛不忍放。憫彼隄南北，屋向水中葬。猶有昏墊民，避地巢其上。」紫極觀僻城隅，宛若村疃。黄冠潔窻户、殖花竹以相樂，頗自成風。世路多艱，復成感慨云：「玉立窗前竹，懷哉頗未忘比訪舒裕，未曾到。主人能好事，領客遍諸房。鄰柝時方警，

〔二〕據全宋文，「牌」字疑當作「碑」。

仙家日自長。老天回泰運，借榻卧羲皇。」徑靈芝，趣土素、松門、蒼悄，懷范文正、王梅溪兩賢云：「入城復出城，曲直芝山上。木老寺逾古，宅幽秋倍壯。升堂如入谷，肅肅生氣象。西階范老師，東壁梅溪像。」穿廊端西出，躡苔磴，擁翼而升，得五峰遺址，參差淡碧，出杳杳平湖落照間。宛轉東南，有曰江湖偉觀，曰列岫，曰烟霏，面勢略同，各自成趣。然名勝高躅，不專在是。詩云：「極目平湖接太空，康廬隱隱夕陽中。兩賢偶爾詩留眼，千古名高五老峰。」其極曰一覽，尤勝絶，隸人争指似某山某縣，某山某州，吾不知也。右〔一〕番江，左廬阜，抑又奇矣。詩云：「著脚鰲頭勢突空，恍然飛出水晶宫。番城煙鎖重重柳，廬阜天垂淡淡峰。」士女嬉遊，鏗敲響山谷。余方愴切，念天地間多少孤負，小子忽從旁歎曰：「衢之民可憐！」遂成古調：「去年遊齊山，春風酣鼓鼙。鄰柝迫饒信，調遣無寧時。今年遊芝山，民方免爲魚。衢冠三縣焦，復迫饒信徽。微生良孔艱，昭代何多虞。等閑嘯一夫，輒爾煩六師。赤子東江民，賴有皇華車。恩深死不貳，隱若山四維。井里酬佳節，熙熙恬不知。群遊入郊原，鼓吹相追隨。默也坐歎息，忽爲衢生悲。

〔一〕據全宋文，「右」字原誤作「石」，據文意改。

一悲動萬感，適亦契我思。天地吾仁中，元不分藩籬。干戈何當休，四海同熙熙。」薄暮言還，從者導由傍徑，輒悵然曰：「吾生可再乎？」復尋故步，徘徊五峰而後返。詩云：「欲行還坐儘凝眸，何日重來到上頭。緩步不妨尋舊路，便如曾得兩番遊。」是日也，芝山爲最，又最從容，詩最多，特書之爲遊芝山記。

勿軒記

先聖答颜子克己之目曰：「非禮勿視，非禮勿聽，非禮勿言，非禮勿動。」於戲勿哉，剗衆病之根，斷百邪之路，此其的哉！余兹出也，諸親友相與講行婚禮，濟濟雍雍，一門和氣，下至童隸，亦皆肅穆，豈徒具文爲觀美也。「禮云禮云，玉帛云乎哉？」克己工夫，固予所願望，亦諸親友所自期而孜孜者。從容數日，縱談極論，無非發明斯旨。起淵請名西序，因申以告焉：夫所謂勿視，非禁之於目；所謂勿聽，非禁之於耳；勿言、勿動，亦非於頰舌之間、應酬之際而剛制之也。是非之心，人皆有之，一念之萌，誰不自覺。覺其爲是，是即是禮；覺其爲非，非即非禮。非禮即勿，是之謂克。回天斡地，妙用莫測，而本心得矣。故曰：「爲仁由己。」有不由己，即外物矣。凡我同志，惟兢兢其毋忽哉！

辨志軒記

先聖有言：「三軍可奪帥也，匹夫不可奪志也。」志者發於中心之所願，矢去川決，孰能禦之？匹夫立志且不可奪，辨之不早，趨向一差，其害可勝言乎！三代衰，聖教熄，學者不聞先王之大道，往往所志狃於所習，所習定於所志，浮沉溷溷，相挺成風，甘心聲色貨利之場，醉生夢死而不悔，皆由志不早辨，日淪而不自拔也。戰國公子所以翼之而飛、駕之而騖者，非管、晏即儀、衍，非儀、衍即申、韓，而乃不知士之所事者何事。答曰：尚志且猶未領，良可憫歎。雖然，猶幸其有問也。向微斯問，安知其不尚當時之所尚，而反益其疾乎？孟子截然斷之曰仁義，捨仁義而言志，不可也。象山先師講明義利兩途，獨拳拳乎辨志，此正是非之判，善惡之别，而君子小人發軔之樞機，可不謹歟！盧季澄闢軒西序，請名并記，以助家庭之訓，爲作「辨志」兩大字。事親左右，參錯玉立，卓然於所志尚而明辨焉，庶幾不淪於習俗，聖賢門户可階而升矣。

錢母墓記紹定六年（一二三三）二月

是爲有宋大理寺丞錢公隱之母夫人墓。夫人，羽林上將軍之妻，昭化軍節度使靖宣公之冢婦，吴越文穆王之孫婦也。寺丞迎官新安，因家汝溪，葬夫人小溝上，距寺丞墓可三十步。中罹兵火，歲遠地殊，則未免陵夷村童之手，痛可傷恨。幸接壤皆親故，可語以情。紹定六年癸巳二月有二日，時領姪輩御辛茹素，正兆域，明禁界，遷路墓外踰丈。明日戊寅社載封之，崇四尺，立墓額焉。夫人四世孫羆，建炎間提鄉兵摧却兀朮于桐江之牛山，東江部使者袁公甫偉而祠之，聞於上，前年賜廟額「英烈」，將褒封矣。夫人實新安始祖妣，因循泯泯，淪於荒莽，謂子孫何哉！乃爲之記，建寺丞墓道門，勒石其下。寺丞墓之右嘗埋所乘白馬，有邱隆然可指，今鄉人皆曰白馬墓云。七世孫時敬書。

淳安簿廳〔一〕題名記

簿者財計之源，一邑之司命也，專官主之，豈偶然哉。凡邑政無小大，令得以專決。若夫版籍之藏，出納之檢，朱墨之勘，乘除升降之節，則令莫可得專，是故簿與令體相承而實相閑。今世指名冷局，而居官者亦往往以冷局自命，其然矣乎？時少日謁故簿廳，見西廡架書梁上，吏牧指曰：「此歲籍，此經界。」經界已自弗整，其後益亡。其甚竊之私藏者有焉，贋書變亂媒訟者有焉。未幾屋毁，輒播散不存片幅，簿之失職由此。自時厥後，官寄驛亭而吏局於縣。吏局於縣，而主典之權逸矣。籍造於縣，而户板之守失矣。死徙蠲額，而走竄淵藪矣。更鄉靡常，而奸偷交舞矣。污暴刼之爲計，而抑鬱昌矣。抑鬱日用爲課，而失陷之源弗暇問矣。務一切消注，而叠催重納之害肆矣。公私相盗，利在韜匿，而出納之數漫不可考矣。夫如是，謂之冷局固宜。於戲，局未嘗冷也，簿失其職而後冷也。古淳壯縣，見謂難治，是可弗思其故歟？令有大體，傾心於簿，簿克念厥職，與令

〔一〕「簿廳」原誤作「廳簿」，今正。

協心，一反前弊，而根柢是講，毋出於位，期克有成。書成而受藏之，與印俱守，嚴扃鍵，時啓閉，與印同交割，庶有瘳乎。或問佐撫字，贊教化，豈無可言？噫，根柢未明，民病方未艾，教化撫字，愚不知其説也。番昜[一]辛倬，故參政簡穆公之曾孫，明是非，不摇於利害，冰潔玉立，三歲一心。行受代矣，念廨舍雖粗建，而題名獨闕，得淳熙五年以後十有八人名氏，屬時記。時曰：「記弗斬，因以昭乃職，可乎？」曰：「是某志也。」遂書之。

懷鮮堂記紹定六年（一二三三）七月

紹定癸巳夏四月，山陰趙伯玉、浮梁辛卓然奉臺命賑濟還淳，遍諸鄉矣。乃六月二十有六日至湖庵，給嶺西諸保。余明日一來，改朔又來，凡五宿僧榻。此庵囊在村前，甚古，兒時外家嬉遊之地也。鬱攸爲厲，徐公弼兄弟始捐上堂山遷之。足跡不到，又十有七載。木高而林壑逾迥，屋老而氣象更幽。秋暑正驕，坂岡如炙，下馬入門徑，便蕭蕭有塵

[一]「昜」字原誤作「易」，今正。

外趣。山雨遞灑，松風泠然，余甚樂之。二君子又皆有及物之誠心，玉雪其躬，無一瑕可指。震之而不撓，撼之而不摇，爍之而益堅，壓之而愈奮，以清德行實惠，余甚樂之。山谷饑羸，如涸轍濯清波，如龜折沃甘澍，欣欣乎稚耋交忭，逢更生也。是役也，從容東偏之堂上，因榜曰懷鮮。於戲，「懷保小民，惠鮮鰥寡」，此文王之德，而我聖天子之心也。自昔固有上惠而下弗鮮者，其咎安在？二君子之心契聖天子之心，而余竊亦有是心，是以樂。餓羸之洒然以鮮，而山川草木蟲鳥之飛鳴者皆鮮也。由是推之，則凡莅官臨政，指顧號令，無非所以鮮民物者，獨荒政云乎哉。吾知二君子出爲世用矣，後一月記，授智仙刻之。他日得寺額，宜大斯堂，爲山門偉觀焉。

吴縣學慈湖先生祠堂記紹定六年（一二三三）

大學不明，自漢儒始矣。伊尹曰：「予天民之先覺者也，予將以斯道覺斯民也。」孔子曰：「不逆詐，不億不信，抑亦先覺者，是賢乎。」而後世字書，亦往往訓「學」爲「覺悟」，其有以受之矣。然則所貴於學者，豈徒紙上空言云乎哉。三代衰，聖教熄，百家諸子争鞭駕於天下，紛呶簧鼓，遂極於秦。於戲！秦禍極矣，百家諸子是百家諸子而已矣。潛深伏隩，遁世不耀，如魯兩生之徒者，尚有人焉。未聞穿鑿附會，誣聖經於空言也。漢興，佐命微一，先覺起而振之，圮下遺編乃首爲風俗倡。壁藏口授，非不表章，專門名家，非不熟習。往聖大訓砭萬世之膏肓、覺斯人所固有者，卒同紙上之空言。無他，學不明心而傳註以爲經，無怪高明英特之士驅而入于黄老也。此根不絶，日滋日蔓，天竺法遂緣入之。夷狄亂華，大經大法掃地，其禍有慘于坑焚者，緊誰咎哉？彼方竊取其名以自詭，曰：「覺吾宗也。」爲儒者不自有其家法，亦遂諉曰：「若教則然，我無是也。」其然已乎？果如是而謂之覺乎？惻隱之心，本心也；羞惡之心，本心也；辭讓之心，本心也；是非之心，本心也。父子之所以親，君臣之所以義，夫婦之所以别，長幼之所以序，朋友之所以信，皆我固有，非外鑠也。一有不盡其分，不盡其心者也。獨抱空寂，離處三綱九法之外，而謂之覺，果覺已乎？於赫我朝，篤生賢哲，續寥寥絶學於千載之上。慈湖先師踵象山陸文安公以出，而斯道大明。自漢以來，穿鑿附會，冥迷沉痼之習，爲之一洗。聖經昭垂，如日在天矣。天民先覺，其在兹乎。是故啓迪其徒則以古聖爲的，不誤惑非聖之書。論治則三代以上規模，而漢唐事業所深耻。在郡縣則軍民御戴，若慈父母。公卿貴族斂豪戢侈，懃畏若嚴師。立朝則啓沃切深，懋昭帝學，拳拳擇賢久任爲第一急務。雖位不滿德，所學不盡所施，經綸天下之大經，斯其證矣。紹定六年冬，今知鄂州、湖北運判何元壽及吴令方澄，肖先師邑庠祠之，朔望序拜，春秋舍菜，有典有式，可承以久。走書千里，屬記於時。因念嘉定間先師寓吴下，日鳴斯道，接四方之英秀，潦歸雲集，感發者比比是，固宜祠。漕與令俱嘗受知師門，感師門之知而不忘其所以教，羹墻一念，所在乎見之，祠又孰宜？時戊寅九月晉拜豸冠坊，己卯、辛巳又兩拜帶城橋北，吴固受恩師門之地也。雖不敏，記宜何辭？雖然，敢空言哉？曩者侍側，嘗妄謂卑者習傳註，不足以明心；高者習空無，不足以經世。不受二病，大道昭昭，三綱九法，萬世無弊，憫天下之溺而援之，於是乎在。先師蹙然首肯，稱善者再。於戲，是先師之教也，爲同志申誦之。

山行記 端平元年（一二三四）十二月

余别靈巖三十有四年，而武邱亦且半世。痛師友之如夢，驚歲月之易流，爲之愴然以悲，而暇嬉遊乎哉！端平初臘，嘉禾林常甫、吴清叔、沈俊卿相與道疇昔，復慨然爲一往。月之四日，出閶門，宿舟武邱下。晨興，歷試劍石，升雨花亭，繞劍池，以躋於致爽。又明日，登吴中第一山，略西施洞，經浣花池，穿響屧廊，躡琴臺，俯香徑，已乃從容涵空閣上。勾吴陳迹，瑣瑣興亡，不足置論，獨涵空、致爽，渺然北望，與天無際，動關河故國之思。三十年間，兵聯禍結，讎虜就殄，侵疆未歸。聖天子宵旰不遑，公卿大夫日勞於謀議，元戎進退，一的汎使，戰和之機，所以决成敗安危者，凜凜乎今日。爲浮圖者坐擁名山之勝，暮鼓朝鐘，安居暇食，優游以生死，甚自樂也。山林朽賤，學不用世，無以撣王道，脱吾赤子於鋒鏑，以奠四方。每食天地間粟，愧欲汗流。歲云莫矣，從事嬉遊之樂，且即浮圖之所樂而樂焉，不重愧矣乎！武邱中門，豐碑屹立，刻大字如盤。一則「皇天無親，惟德是輔」，一則「上帝臨女，毋貳爾心」。余有感於斯，亟傭工，得墨本。是役也，皇華主人具舟楫，崇觴豆遺之，庶籍乎以返臺下。

達觀樓記端平元年（一二三四）

紹定五年秋七月，今天府帥卿袁公建臺西庾，且再稔矣。民安於公，公亦與民相樂，乃拓春熙亭館，架層樓西北角，翼然凌霄而上，曰達觀。後二年，時謁慈湖先師祠來吴下，庾使曹公厚愛我，留兩旬浹不厭，則相與言曰：「斯樓巋豐碑有日，子其爲我記之。」於是領之而升，盡出其所謂「達觀」者。東望玉峰，以漸於海；西望洞庭，穹窿、陽胥諸麓出没煙波霧靄中；南則渺渺太湖，漫浸吴松之外；北則琴川、毗陵，與東淮相直。吴之地勢，四平如掌，飛檐峻宇，拔闤闠而孤聳，八窗洞徹，得以極其所觀，名之揭也固宜。雖然，極吾目之所觀，則觀止於吾目，亦淺矣，况觀風使者之達其觀乎。易曰：「風行地上，觀，先王以省方觀民設教。」後世省方禮廢，將指而出，代天子觀民風，豈他有司之比哉。而在畿疆〔一〕尤難且重。於戲，樓之所以名也。公退之暇，登臨放目，某水某邱，某臺某榭，可一二數。八州三十九縣，不知其幾俗；寒鄉

〔一〕據全宋文，「疆」原誤作「彊」，據文意改。

下里，廣谷深野，不知其幾民，歷歷如斯樓之所觀乎？無冤民乎，無遏抑而弗伸乎？無隧大風，以敗其類乎？無恫瘝失所，病吾仁乎？無傷風叛教，甘心自斥於人道乎？進廉正，戢貪暴，宜丕變矣。無頡頏以逞，以賊其良乎？果革心而知耻己乎？無取贏吏手以陰奪民財乎？無穿窬其心，憑威肆虐，以豺虎吾赤子者乎？若此之類，未易殫舉，豈他人家事乎？按察所臨，瞭然在目，休戚利病，靡遐靡隱，如家至而日見之，則其觀也達矣。不然，徒某水某邱、某臺某榭之云也，如斯樓何哉。人之聰明，本無不照，徹上徹下，本無不通。往往階庭咫尺之間，有茫茫烟海之隔。惟善觀物者，不以目而以人，不以人而以心。庾使推實心，行實政，切切爲根柢是務。此其所觀，必有超絶乎群情衆見之表者。明而能斷，慈而能勇，風雨霜露，參錯變化，則樓之章也，民之賴也，聖天子之德也，抑公所望乎後之人也。

足山樓記紹定六年（一二三三）

紹定六年秋，永嘉何君尉唐昌垂二考，民俗胥輯，野無驚塵，乃即東偏新武庫頂樓，其上旁啓四牖，外□虚欄，雙碉伏而不譁，青山横而可几。趙令君爲作大字扁，曰「足山」。余道過之，屬爲記。記不靳也，樓之題扁，豈以山多而足耶。余來自萬山中，歷黄山，經白石巖，連度車盤、昱跳諸嶺，宜不翅足矣，而未聞以是名者。邑固山之窟宅，面浮屠而益南，孤峰杳杳，削寒玉倚天而出，遠在三數十里外，謂多故足，豈其然耶？司馬公曰：「荒園才一畒，意足以爲多。」昔之人得一山以自樂，而山亦因之以不朽，意之足未在乎山之多也。余於是知題扁之心，過人遠甚。波流逐逐，求足於多而不知止，欲何爲哉。雖然，西湖天下勝概，俗浮於侈，工浮於僞，園亭巖石浮於雕鎸，運巧出奇，責不足於山者方未艾。唐昌，赤縣也，距修門六舍，而淳古遺風，不煽以變。士樸茂，農儉勤。郭東西三百户，役於公者過半。又皆桑麻粟麥，不異村童，旦暮闃寂，不聞市聲。於戲，此其愈可樂者歟！山足於民，而後尉足於山。不然，心摇摇而競馳，股蹶蹶而争騖，情僞鑿而敓攘起矣，雖欲倏然樓居，以山自足，可得乎？今而往也，推是心以大其所就，山固無往而不足也，又焉知民不化我而唐昌哉。是爲記。

上善觀記端平元年（一二三四）

嘉定丙戌某月[一]，余泊舟南山下，緩步樓嶺，入槃阿，得所謂上善觀。輪奐偉麗，肖像精嚴，類非寒鄉可辦。問之，則觀主道士唐師真實開山焉。處之以公，爲之以漸，銖積寸累而後成就，不覺悚然有感。其徒盧南紀請記，許之。甲午冬，師真申此請拳拳，又許之。蓋將歷吾門以爲勤，而出處之不相值也。於戲，許之記以志感，必歷吾門而謂之勤乎？比留定庵，以事節來，始具陳積累間關之狀。先是荒山草屋，買而葺之，奉香火。歲癸酉，縣聞於郡，郡申部，得令名，乃首事三清殿。一棟一宇，皆身入遐陬僻嶠數十百里之外，僅集江滸，則有撓其成者。不得已，載經營之，越丁丑乃克鼎建。後二年，創藏殿，又二年而藏成。又四年，創斗樓，又五年而三門始大宏聳，上下幾二十載。後山前沼，鬱乎相輝，且甲乙相承，自我而度者，凡十有一。通都會府，不足爲難，而在寒鄉，則甚匪易。每觀二氏之營宮室，必先廣丐募，大規圖，託名於公，拾入私橐，成不以漸，

[一] 據全宋文，嘉定無丙戌年，丙戌乃寶慶二年，此當有誤。

未竟輒隳。師真則不然，凡所取貲，纖毫弗爲己費，度可辦某事，始興某役。如燕之壘，如蜂之房，但見其成，不知其積非一朝暮也。出家兒握空拳，規模成就有如許，士大夫分職授任，以經濟天下，曰公與漸未能無愧於斯人，則吾不知其可矣。師真始從佘公脱白，後雖回禮受業，而不忘厥初，養生喪死如事親。先聖有言：「父子之道，天性也。」離倫絶類，爲教則殊，而孩提知愛之心，未嘗泯没。聖天子在上，經綸天下之大經，凶孺嚚童敗常亂紀，反有不盡其分，則余所感，豈徒一觀記云哉。

北窻記

北窻，錢子讀書别室也，日往來遊息乎其間。地偏，無喧囂之亂耳。窻前浮墻滑壁，無花草之亂目。置一榻，屏上東坡書淵明采菊詩；一棐，中有墨梅小屏。壁間石刻數種。倚窗設棐几三，竹根爐一，瓶二，易、尚書各一卷，少陵詩一部。詩隨坐翻閲，不過數四，輒掩卷太息。易必看一卦，書一篇，遐想聖賢之相逢，又以感前聖於我有天地父母恩，如夜行秉燭而嚮道也。客有詆錢子者曰：「夏日虛閑，涼風暫至，自謂是羲皇上人，淵明之北窻也。子奚以爲？」錢子笑而不答。未幾客去，炷香默坐二百息乃罷。

銘

小石記嘉定十二年（一二一九）

嘉定四年冬，予卜築蜀溪之上，撤敗屋，拓新址，出小石糞壤中，僕揮鋤不顧。予怪其異也，急救止之，折荆而剔之，沃盤水而濯之，稜層而刻峭，土落骨立，愈出而益奇，若仰若僂，若拱若抱，膝右蟠而左舒，若踞槁梧而舒嘯也。余甚愛，設趺以居之，玩留北窻。歲且八易，中罹苦禍，弗暇顧者。比自敬止來融堂，乃移置東壁下，晏坐左右，日與之密。色蒼然易老，聲鏗然益清，不唯愛之，且敬之。吁嗟石乎，埋没糞壤幾年矣，蒼然鏗然，稜層而刻峭者固無恙也。一旦洗濯而出，脱之僕鋤之下，獲登斯堂，加敬愛焉，豈偶然也哉。由是觀之，天地間埋没者何限，時之不遭而碎於僕鋤者又何限，是可悲也。雖然，非石之罪也，石之不遭，石之不幸也。幸遭其時而甘心於糞壤，人不忍棄而自棄之，尤可悲也。乃爲記。

神景寺記

古之爲民者四，而遊者有禁。雖瘖聾跛躄，羸尪侏儒，亦各有職，以養於上，風俗之所以醇而王道行也。佛來中國，民之遊者始託以歸焉。侈其宫，衍其徒，非天雨而鬼輸，焉攸取？持券遠走，飛奇釣貨，强名曰化；眩惑愚氓，乾没而入，强名曰捨。吁，忍矣哉！神景僧若訥乃不然，先是黄坂有菴，惟清師居幾歲，將徹而新之。乾道中，里人方文毅捐地以棲屋，請於郡，得殿。若訥繼之，殿堂、門廡、祠肖、輪藏、鐘樓、佛閣，與夫齋宿庖湢之室，整整咸備，而又買田一夫，飯僧七人。余每過之，未嘗不竊歎，磽确之鄉，土殫民貧，一遇水旱，抉山而食不自給，又無豪家大族輕貲易摅可以化而捨者，其規模成就乃如許！訥也勤生而善殖，力田以供上，凡有所爲，悉取諸宫中而用之。嗚呼，是天子之良民也，何嫌於佛哉！其徒景恢走名山三十載，去年冬請記於余，許之而未暇也。春二月，遠求刊者踵門請益急，屬邦君行鄉飲禮。景恢不憚三百里，裹糧以隨。因念學絶知道喪，風俗之所以不醇者，實由於禮壞。記之作不作未足計，使之一觀先王之舊典，而知王道之所以盛，顧不美與！禮畢，書以授之。

月夜遊南山記寶慶二年（一二二六）

渡浮梁而西，巋然崷崒乎江渚曰南山，賀城之奇觀也，而月夜尤奇。丙戌辜月望前三日，宿舟其下。嘉禾許正甫、櫄、樵二子從予往遊焉。溯沙嘴，沿陂陀，繚山腰，歷嶔崟，磔卓峭刻，爲巖爲竇，千態萬狀，層累而起。首闖肩差，螺疊雲擁，若抱甕，若垂瓠，若頹領斷齶，吁然乎路隅。寒影零亂，月在林杪，風湍合還，流波躍金。老木樛枝，岸江離立，龍蛇夭矯，攫攫欲飛。又西溯轉，嶇嶬峭壁，屷徑側立，苔蘚斑駁，如雪洒空。有缺中斷，容兩柱許，肖像其間，縞衣青巾，如世相傳所謂呂仙者。益迤邐而上，景益勝，相顧嘆賞躋攀，力兩股不暇疲。少折而東，有亭四柱曰物外。俯瞰城邑，低横江面，燈火溟濛，出冥靄中。市聲杳渺，與漁歌相雜，鼓吹上下，乍有乍無。從亭隅復折而西，兩山相束如盤，有犬吠聲，有香肅然隨谷風出。路益險絶，老者推之乃得進。夜既久，不復叩扃，問何如人矣。明日命樵作圖，樵詩，正甫序，而老者爲之記。

立志銘

萬古一心，聖凡匪二。胡乃不然，甘心暴棄。厥病有根，在不立志。耻不若人，何病不去。一旦憤發，三軍奪帥。矢去川決，沛然孰禦。戒斯謹斯，如路兩歧。一念之回，君子之歸。

求仁銘

仁即人心，是之謂人。範圍無際，發育無垠。我固有之，意起而昏。蠻觸其封，爾汝其形。安知日用，變化虚明。昭布森羅，莫匪我仁。自蟊自賊，伊誰之忒。仁哉仁哉，從事曰克。

序

送楊春伯序端平元年（一二三四）十二月

少之日好爲古文章，諸子百家無所不讀，每讀輒以爲可學。如是者不知其幾年。其後遭罹間關，困益甚，始大悔。噫，古聖垂訓，豈若是然耶。政使古人文章可學而能，而無一言之幾乎道，雖多，奚以爲也。今老矣，欲即異時之所自悔者期人之悔，人誰聽之？不特不聽之，其不掉頭而嗤鄙者幾希矣。山谷嘗勉人熟讀左氏、國語、離騷、莊周、韓非，下筆時略體古人大致，久久乃能自鑄偉詞。此老文章妙天下，而有斯言哉！孟子曰：「先立乎其大者。」昌黎亦云：「仁義之人，其言藹如也。」今而後有望於春伯不淺矣。春伯將庾郎之命，數數來相視，年壯而貌甚臞，家貧而志益苦，喜古文章而不嗤鄙老鈍者也。袖紙有請，申以告之。端平甲午歲除前七日。

送汪易數序

唐殿中侍御史李虛中，以人始生年月日時，支干相生，勝衰死相王，斟酌以推壽夭貴賤，百不失一二。余每怪昌黎公之太侉，今觀汪君流年詩影，驗已往，證方來，幾欲效昌黎公之侉而不自怪者。其法大概以支干相乘而定數，以奇耦相配而起算，詩影昭昭，雖皆一定，然其活法全在所推。於焉而精，則詩活詩也，影活影也。不失一二，是固宜然。由此觀之，凡壽夭貴賤，自吾未生而詩影成矣，自伏羲未畫而吾事定矣。知其已定，則知分不可以不安；於分而安，則將無入而不自得。生蓍倚數，順性命之理，兹一效也。今見其詩良，其影藏，輒欣然喜，否即拂然以怒。若汪君之恡我而不我予者，幾何其不爲伏羲氏之所斥哉？數由伏羲而明，非因伏羲而有。伏羲能畫，而不能畫其所以畫，汪君且奈何也。識者嘗〔二〕自知之。

〔二〕據全宋文，「嘗」字似應作「當」。

廣塾規約序嘉定十二年（一二一九）六月

古者家有塾，黨有庠，術有序。生斯時者人人有士君子之行，豈人固異於後世哉？教則使然也。先聖曰：「性相近也，習相遠也。」猶之物焉，藏之丹則赤，藏之漆則黑爾。不教以義方，不閑於師範，而耳目日熟乎小人之事，則其長也，樂親小人而憚見君子；又其甚，則安於爲小人而仇君子矣。本心之良，人人所同，與天地同，與堯、舜、禹、湯、文、武、周公、孔子同。事親自孝，事長自悌，自惻隱，自羞惡，自忠信，自篤敬。一失其教，遂至此極，豈不甚可痛哉。吾家自文穆三世而後，大理丞來新安，支屬散遠，莫可譜叙。曾祖而下，類多美質，固已蔚然成俗，得爲儒家。獨有屈於力而遂終於失教者，時每感同氣之義，思所以處此而未能也。嗚呼，與其長大而憫其不爲君子，孰若教之於童稚，而使不爲小人也哉。輒不自揆，歲延一師於高齋，凡子弟同曾祖而力弗及者，日廩而專教之。慈湖先生聞之喜，名曰「廣塾」。繼自今吾族無家貧不教之子，咸知孝悌忠信，爲士君子之行，固不美歟！事甫經始，條畫未備，方將次第增輯，使吾子孫之賢者可守而不壞云。嘉定十二年己卯六月十有八日書。

送鄭將之序嘉定十五年（一二二二）七月

將之一别二十年，壬年五月〔一〕，冒劇暑來山間，願從容數日留，且拳拳析意問學爲事。余感其意之勤，而嘉其所志之不苟也。與之道疇昔，相勞苦，則戚然乎其容，膠然乎其思，曰：「某之困甚矣，每見人輒羞焉。」余怪且問之曰：「將之乎何羞？世之所謂富貴利達者，足以侉吾耳，耀吾目，而吾不免於困也，將之豈以是羞乎？斯道不明，人欲横奔，凡幼無以學，壯無以行，侉榮於溷溷，而蛆蠹蟊賊乎天壤間者，皆走墦間求饜足之道也，此其人逃妻妾之羞之不暇，而暇以其羞妻妾者爲吾羞乎哉？孔子曰：『心之精神是謂聖。』又曰：『君子素其位而行，不願乎其外。素富貴行乎富貴，素貧賤行乎貧賤，素夷狄行乎夷狄，素患難行乎患難，是故君子無入而不自得焉。』嗚呼，知所以聖，知所以行矣，無二心也，無二道也。日用此心之妙而不自知，與夫溷溷之徒一生死，是則可羞

〔一〕據全宋文，「壬年」當爲「壬午」之誤，即嘉定十五年。

也。將之勉乎哉！」明將別去，求愚言以識其病。顧予何人，而敢僭也。然不可孤也，勉述初語，效萬分一。將之他日過我，其神爽而開，其思舒而平，憂勞鬱蹙之氣不煩於顔面，吾知將之不羞矣。將之勉乎哉！立秋前一日。

又送鄭將之序紹定五年（一二三二）

將之別十年，訪我歲寒亭上。風霜滿面，鬚鬢無一縷黑者，見之爲驚。方渠渠辱下問不倦，噫，余敢多言哉！留旬浹，讀書啓蒙，詩二南，魯論、孝經、大學、中庸管見，垂五十萬言。倘有以相發，不爲不多矣。將語離，復懇懇願聞過，答曰：「將之固愿愨人也，得無稍膠執乎？膠執將自梏。」又問，則又曰：「得無易動於血氣乎？動於血氣將自撓。二者一病也，將奈何？康節詩云：『廓然心境大無倫，盡此規模有幾人。我性即天天即性，莫於微處起經綸。』撓與梏，微乎微者也。神龍變化，必不與鰌鱔争濡；黄鵠扶摇，必不與鷄鶩争啄。無他，所志者大也。大哉志乎，丐諸人而後得乎？雖然，余則又多言矣。」

送陳明叔序嘉定十五年（一二二二）五月

建安陳坦明叔，從勉齋黄直卿遊有日，且其先君子受學武夷精舍，一日踵吾門而願有請也。留半月，復求言以爲贈。言豈余之所靳哉？學止於釋經，切磋而止於講求文義，上下幾二十載，汗牛充棟何限，宜明叔聞之習矣，余何贅焉。不然，則旬浹之久，從容往復，無一語中隱微之疾，發本心之良乎？素位而行，有過則改，要在切實爲己而已。誠爲己，則明叔之往也，航川踰嶺，朝行暮宿，寒猿嘯夜，旅雁叫空，素月流輝，回風振槁，凡接吾目而感吾耳者皆教也，皆無隱之旨也，無須臾而不可進學也，猶有俟於吾言乎？明叔其勉之。壬午長至後七日序。

贈黄戎序

廉者，行檢之常，非高節也。廉非高節，而於此有一人焉，則衆争稱頌之，指之以爲瑞，余適以悲世道之不幸焉耳。何者？世道不幸，而後得此以爲瑞也。威平有寨且百年矣，居其官者無慮數十。據故老之所見聞，雖才具短長不齊，卓然得以廉稱者，指殆不可僂。嗚呼，尚忍言之夫！人之爲乞爲盜，非本心然也，寒飢之所驅迫，又墮不安農畝，遂亡羞惡，不齒於人道，勢則然耳。自一命以至隆貴，無非天子所與共天位，食天禄，以分任司牧之寄者。闔門百指，温飽於王官，豈有所驅迫也哉？平居暇日號名卿才大夫，開口歷落談古今得喪，上下馳驅若决河，指天畫地以節介自許，冰潔而玉立。一旦出臨民上，真知所自愛者寡矣，是乞人盜賊之不如也，一寨官乎何尤！嘉禾黄君乃不然，居二歲，水火不與民交，御軍整整有紀律，走檄於外，纖芥無所阿撓，異時誅求漁奪，百徑千蹊，自有寨以來所不免者，至是爲之一洗。嗚呼，一寨官而有是哉。黄君固未嘗以廉爲高節，余亦非喜佞人者，安敢以節高之。雖然，不敢没其實也。使聞吾言者面熱汗下，生耻心焉，則世道或終幸，而爲黄君者亦終自愛云。

贈張德父序

古之學者爲己，今之學者爲人，先聖有是訓矣。後世騷人墨客，汗牛充棟何限，務綺麗，悦觀聽，不殊優劇者之用心。無他，學不爲己故也。何謂己？本心是已。渾然天成，吾所固有，反觀内省，期自得之，則日用常行無非大道，根深源遠，末茂流光，何風雲月露之足言乎！天台張德父清才洒洒，喜爲詩文，且拳拳問學爲事。余留四明直舍數日，蚤暮不相捨，將别去，求贈言。志曰：先立乎其大者，則小者不能奪也。德父其勉之。

贈洪季思赴吴江簿序紹定二年（一二二九）三月

士方舉子時，類多澒汩程文。終身大志，往往定於决科之後。或志道德，或志事業，或志文章，不但着青衫，棹吏鞅，苟富貴利達云爾。匪我家法，未暇乎他。慈湖先師三十有二，主富春簿，决科之四年也。雙明閣下扇訟一語，悟其本心，終身之所成就定於此日，爲大儒，爲百世師。季思簿松江，亦决科之四年，三十有九矣，志之所定，文章乎？事業乎？道德乎？扇訟是非之心，非先師獨有之，人皆有之。有之而不知，吾無責焉耳。知之而弗自可，將焉尤？季思勉乎哉！毋以欲而滑也，毋以誘而鶩也，毋以美而遷也，毋以朋而比也，毋以阿而循也，毋以慴而撓也，毋以便而逞也。是非昭昭，如大明中天，心逸而日休矣。不作好惡，遵王路矣。「致君堯舜上，再[二]使風俗醇」，於我乎在。簿書塵裡，焦然勾稽，了痴兒事而已乎？大隄長虹，晴波鏡空。慈颜雙瞳，婆娑其中。滿天地日月皆春風也，季思之樂無窮矣，季思勉乎哉！紹定己丑清明日序。

贈李醫序

余每見挾藝而遊于世者，非精不售，下至棋鞠瑣瑣，亦皆超詣，未嘗不忸焉内愧。噫，儒其名而不精於儒，所學者何事哉？是可愧也。豐城李君公弼以醫名，鍼灸尤精，出諸公貴人所以侉之者侉我，余不知也。余左體微類偏沮，雖盛暑，卧不簟，臂不夜露，露輒冷，疼切筋骨，夾帛套束，始克安妥。去年冬從肘徹指，隱痛累月，有痹證焉，春中灼艾良愈。李君一見，即續續言狀，如代余口述，無一差爽。鍼三里，又數日鍼曲池，輒留鍼吸瀉以暢其力，須臾貫達，隱隱然若從中導之以流者，乃迎而奪之，紅一縷隨以出。李君曰：「是風邪也，右臂必不爾。」已而果然。於戲！鍼纔毫芒，脈絡候應，精的有如許，

[二]「再」字原誤作「載」。

余之愧也，又豈棋鞠瑣瑣之倫哉。爲儒而不愧此鍼，則中膏肓，破聾聵，蘇醒一世，庶其有瘳。不然，徒呶呶曰：「吾醫國，吾活天下。」余將轉其忸焉者，凛焉懼矣，如李君何！

贈劉明叔序紹定六年（一二三三）

學以忠信爲主，如繪有素，如室有基，如木有根。不然，則志必不篤，求必不力，守必不固，朽鞭而梔蠟，糞墻而杇鏝，烏可與言進哉。新安劉明叔食貧假館，僅僅了伏臘，甚清苦。歲甲申，見余講義，學有進。後七年，因劉訦父訪我蜀溪之上，鑿鑿吐實，無纖毫藏覆，忠信人也。壬辰春復來，語益款，益知其忠信人，可與進矣。癸巳八月，歸自館所之明日即來，首起敬言曰：「自昔領兢業之訓，别後無他事，兢業而已。如玉在手，不放脱矣，一脱手即擷破。」余聞之矍然。嗚呼，懷玉而不自寶者，天下滔滔皆是也。不知者無責，知之而脱放焉，將焉尤！吾於是益知明叔之可與進矣。明將别去，求贈言，因書之以堅其志。

贈王希正序

月巖王希正不到蜀溪十年矣。余雅不喜言命，不識之，然往往聞其直言多驗，因呼而問焉。希正曰：「某不佞，據術談真造化耳。一動於微利，輒顛倒是非，變亂禍福以相媚悦，他日何以見君子？」余曰：「噫，乃今而聞斯言也！子挾此行天下，聞而喜者固多，愧而怒者當亦不少。雖然，遇佞人則危，遇君子則亨矣。」希正拳拳求著語，因書以旌之，且以爲世勸。

送楊顛序端平元年（一二三四）五月

有挾星術來里中號楊顛者，余聞而疑焉。人無常，不可以作巫醫，况測天星，談造化，前定死生禍福，而可顛乎？或曰：「楊其姓，寄聲於顛，殆『佯顛』耳。昔之人有佯狂，有佯瘖，有佯聵，而心未始聵，未始瘖，未始狂也，夫何尤。」曰：「若然者，其所遭則然。方今賢公卿大夫比肩於上，賢士君子比肩於下，問我者信我，信我者與我，我何所避、何所忌而顛其名乎？」及晨興，顛者來，揖之，坐而問之，驗死生禍福乃歷歷如説家事，疑遂以釋。蓋顛其名而不顛其術者也。人文不張，以妄爲常，紛乎其若狂，名不顛而實顛者，往往而是，今於是反有感於其顛焉。昔潮僧號大顛而禪宗，伯英號張顛而草聖，不特不顛其術，而且精其術於顛。於戲顛乎，其有術之所以精乎！端平甲午夏至序。

贈盛童子序

自昔童子不患不敏，患在輕俊。先聖有曰：「剛毅木訥近仁。」近仁者，受道之器也，輕俊奚以爲哉。縱使文章妙天下，求一言之幾乎道者鮮矣。德卿令子舉童科，氣甚醇，質甚厚，訥訥若不出諸其口，而中甚明，固受道器也。從清叔而學焉，必不違其質而擴之以輕俊者之事。德卿必聽清叔之所爲，而不以世俗淺下者課之。厚所蓄而遠其所到，深所養而大其所成，正自今始也。斯堂夜飲，明將别去，德卿袖紙請書，因以勉之，他日且將取以觀焉。端月望前一日序。

送徐元賓序

記曰：「清明在躬，志氣如神。」諒哉淵乎，學者所宜深味也。人之一心猶太虛然，鬱之以蒼狗，紛之以野馬，吾見其混混爾。及夫蕭蕭夜霽，萬籟成秋，鬱者舒，紛者滌，燦燦者以陳，皎皎者以升，寥乎其無涯，豁爾其四達，而大虛出矣，此時氣象何如哉。蓋清明者心之體，志氣者心之運也。善養之，則清明在躬而志氣如神；不善養之，則志氣昏擾，皆吾清明之賊也。何者？冲漠之先，虛靈湛湛，一塵不立，何物能干。自我辨之不早，而彼得以窺吾清明之閑；自我耳目之官不思，而物得以蔽吾清明之質。子欲窮理盡性以立命乎？尚於此辨而存之。

上融堂先生時在史館　呂人龍

濟時自合及丁年，不必行歌慕綺園。無地可耕虛度日，有天堪補謾高言。山中許我蒙頭過，天下期師以手援。便欲執鞭扳逸駕，白茅紅樹鎖秋源。

錢融堂先生赴聘叙　呂人龍

蓋聞荆山之寶，價必滿於連城；渥洼之乘，歌必登於清廟。天之於物也，負之以殊姿，挺之以逸氣。懷瑰抱瑋、絶去儔伍者，猶將屈必伸，幽必顯，間關詰詘，媒進其路，以希達其超邁不群之姿，而况於人乎。是故莘野未起，聘自湯來；巖築方勤，夢從帝賚。天固不容以其廟堂之器，委之溝壑而已也。我融堂先生少負奇才，長通百家，溢而爲文章，融而爲議論，金聲玉振，雲擁峰生。年逾四十，崎嶇不售。乃一日端居内省，洞然八達，遂悔其少作，盡焚其舊所爲文，獨與古聖賢遠相酧酢於千載之上。天之未喪斯文，意於是發之乎！先是，慈湖先生嘗薦於朝，先帝嘉納之，未及録用，而遺棄臣民。今丞相蕭國喬公又薦諸朝，上方以文治天下，且聞其名，亟奏亟可。懇辭不允，行有日矣。嗚呼，是何異於荆璞入秦而連城價重，渥洼至漢而清廟登歌哉！大凡地無幽遠，得人爲貴。濂溪以周子名，伊洛以程氏顯。我淳而今而後，得不以先生大振厥聲乎？昔者王豹處於淇而河西善謳，綿駒處於高唐而齊右善歌，况我先生餘波沾潤，得不家興行而人向方乎？

同志有會，所以舒心，期合衆懽，人之情也。凡我同志，盍相與舉卮，爲先生壽乎。噫，先生升矣，望先生之仁、學先生之道者，壽先生之外，又舉盃相屬曰：雍伯之圃多新種之玉，王良之宅皆騏驥之乘，併以自賀可乎。想先生聞之，亦胡盧而笑也。

嘉熙戊戌八月之吉

門生澄清吕人龍百拜序

賦古調賀融堂先生赴召蘭臺十首序　吕人龍

融堂先生，昭代正人，清朝肥遯，雲眠月笑，若將終身。而宰相亟薦，天子立召，不使夷猶於有莘之野，徜徉於磻溪之濱。豈非負天下之望者，必將任天下之重哉？人龍愚不敏，以爲天子待先生而爲政，政將奚先？輔成君德，贊助相業，斯其上也。其次則選諫臣，擇監司守令，塞僥倖之門，杜貨賄之路，内治之所當先。而鎮撫夷狄，擇謹將帥，外治之所當重。是皆先生之所欲言於朝，而天下亦有望於先生。人龍是故舉其大者，輯爲一詩，以誦其所以，而以先生之自愛者終焉。其詩凡十首。若夫脂韋其口，錦繡其辭，以飾情而貢佞，意先生之所厭聞，故不敢陳。幸先生恕其狂而教之。

肯堂記　吕人龍

吴越錢氏之子孫多俊秀。自大理寺丞派居新安，其後徙嚴、淳，而英、烈二侯生焉。惠濟侯再世孫曰融堂先生，以道淑人，續象山、慈湖不傳之脈，爲世鴻儒，此其表表尤著者也。惠顯侯五世孫曰鑑，亦能存先志，知所尚，爲當户兒。有扁其新居之堂曰「肯堂」者，一日袖「肯堂」兩大字欵門而來，告曰：「我先人將建斯堂，訓鑑等誦詩讀書，以不墜家聲。既底〔一〕法矣，而未得卜也。紅颜未凋，白日西匿，小子追在耳之言，越數年而後構工。每一循省，悲喜交懷，先生能爲我記之乎？」予聞之竦然，因思人子之道有二。在鴟鴞之詩曰：「鴟鴞鴟鴞，毋毁我室。」又曰：「予室翹翹，風雨所漂摇。」此憂隳先業之已成者也。在大誥之書則曰「若考作室，既底法，厥子乃弗肯堂」者，欲成先志之未遂者也。今吾子肯於斯而新是堂，質諸書可以無愧矣。雖然，子之先君子與余善，予知特深。

〔一〕「底」字原誤作「底」，今正。

予嘗評其人，才大而心小，氣鋭而時平，慮長而數慳，賫志以没，其不滿於中多矣。劍去庭空，時時〔二〕方多。若使其至今猶在，勤王報國，不獲效二侯牛山之忠，則教子若孫，必期壽象山、慈湖之脉，不務營一室而已也。吾子於今苟能思其志之所未遂，續其行之所未到，良規懿範，觸類而推充之，使踵踵相躡，心心相照，其爲肯堂也大矣。如是而登斯堂，則歷階就席，如接慈颜，如見喜色，如平居戲綵時，其樂無涯。豈止風月佳時，命儔嘯侣，嚮爨下故物之桐，味架上手澤之書，一觴一咏，聊以自娱而已哉。吾子既肯堂矣，亦肯予言否？庚辰燈夕後三日。

〔二〕據全宋文，「時時」疑當作「時事」。

蜀阜集補遺

詩

方唐孝友詩

方唐兩孝友，表表稱鄉閭。節目難具道，種種皆吾師。賢哉鄭使君，好賢如緇衣。明萬曆嚴州府志卷十七

歸然亭

西山紫翠入層霄，老木塵風萬竅號。會得此時亭上意，巍然非下亦非高。

登蜀阜

滿林春鳥語高低，新緑陰陰分外宜。山隱此時無一事，諸兒齊誦老夫詩。

黿石

濺浪翻波濕不晴，灘頭黿石幾千春。浮屠漫演無生法，誰是庵中不死人。
穹黿波暖錦江晴，不逐波流不計春。報吉報凶空火厄，可憐枯骨要靈人。

新亭落成

峭壁擎空不偶然，自從開闢我周旋。放開西北三邊地，托起東南一片天。得句謾酬康節韻，知音未斷伯牙絃。太平風蕗真堪老，不屬枯禪不屬仙。

高齋晚步

上有鷹鸇下網羅，千重雲水萬重波。安之若命心無慊，知者其天爾奈何。面面好山清净供，聲聲幽鳥太平歌。憑誰寄語喬丞相，儘覺門中受用多。以上明汪瑀嘉靖淳安縣志卷一七

武昌澄道寺前溪上觀魚

山溪清徹底，映日浮修鱗。人間湯鼎烹，見此一掬春。倚杖爲欣然，長淮浩無垠。寄語溪上翁，可以觀吾仁。明程敏政新安文獻志卷五一

晚霽

斑駁天穿漏，驚奔浪疊空。山留宿雨碧，雲受夕陽紅。蠶麥關時務，鶯花怯老翁。乾坤方寸地，今古一絲風。同上書卷五三

晚步即事

晚行叢竹下，群雀忽驚飛。一笑爲回首，拈花上翠微。

治菊

菊本秋風盛，芟除勿厭難。寒煙衰草地，正要得花看。

安素午睡

禾黍秋相近，溪山日自長。午窗千嶂雨，幽夢一簾香。

答慈湖先生

籬下黄花燦燦，庭前新月娟娟。獨立西風無語，一行雁字書天。

與客步月坐澗中石上

林遍山深一罅天，臨流趺坐月娟娟。此時妙音誰能領，繞石琅琅走澗泉。

登天寧塔象山先生舊嘗題名其上

孤塔危闌倚碧空，山川城郭一襟風。象山遺墨今何許，老木蕭蕭夕照紅。以上同上書卷五六

十六渡

頗聞十六渡，客子良間關。一雨落澗谷，湍氣怒潺潺。我來屬秋晚，霜葉初斕斑。窈窕行竹輿，鳴禽相與閑。複嶺互交鎖，淺瀨隨回灣。路斷一罅通，石磴危躋攀。時見荷鋤者，行歌語蠻蠻。采山有薇蕨，結廬有茅菅。安知避世人，不曾巢其間。何時一枝筇，溯流到黄山。桃源事荒怪，誰謂非人寰。

蜀阜精廬無風自凉方欣然出户見竹雞將雛砌外

蘑蔔净如洗，蒼筤清且深。依巖自幽潤，况無日影侵。亭午一升階，忽若投淩陰。凉氣颯以入，肅肅生衣襟。大火浮炎埃，虚堂抱雲林。安得冰霜颜，聽我山中吟。盤桓去未忍，砌外行山禽。一母將四雛，出没叢草陰。我非有馴德，渠自無機心。欣然歸北窗，載弄南風琴。

新晴

宿雲穿日薄，商略作新晴。燕子先期社，海棠今日春。溪山雙白鬢，天地一閑身。無語東風裹，飛花亂撲人。以上清厲鶚宋詩紀事卷六五引蜀阜集

溪南遇雨

溪風颯颯雨霏霏，秋滿蘋汀獨步歸。丹嘆園林棠葉老，錦纏籬落豆花肥。眼前風景依然在，個裏光陰得者稀。憶著歲寒雲壑上，山禽對雨傍人飛。同上書引嚴州府志

題晦庵亭二首

安宅緊誰得奠居，流光衮衮隙駒馳。晦翁行樂今遺跡，闕里追攀要及時。卜築定非徒想像，扁題應不爲漣漪。藏脩游息皆功用，肯受人間外物移。

築室如何不立基，基成方會展宏規。譬如務學先存志，志若無愆久自知。偶爾塘名符姓氏，更昭亭榜壯門楣。鳶飛魚躍春風裏，好爲而翁永保持。明戴銑輯朱子實紀卷十二，續修四庫全書所收明正德八年鮑德刻本

吴定夫遊武夷

九曲武夷山，山山堪著屐。霜月叫孤猿，寒藤挂蒼壁。路逢采芝叟，爲我寄消息。以上清張豫章御選宋遼金元四朝詩卷二十三，文淵四庫全書本

晚晴即事

日放春容出，雲拖雨脚歸。顛風群木動，宿葉亂禽飛。滿面池浮緑，含心菜欲肥。莫論誰造化，一一自光輝。

暮歸

春日遽能永，籃輿繞翠林。閔勞思健馬，眺遠没歸禽。野燒山逾碧，昏煙路更深。梅花香冉冉，不盡歲寒心。以上同上書卷四十二

頫口橋觀月用東坡韻

青山面面若相招，一路涼風萬木摇。白雪如輪飛繭緒，緑雲隨手散秧苗。今宵擬客喉頭店，好月留人頫口橋。雪浪冰輪兩豪傑，男兒空飽十圍腰。以上同上書卷五十四

歲寒即事

烏語春通信，蜂喧日釀和。不消花滿院，竹外一枝多。以上同上書卷六十三

文

答汪帥卿綱書

某竊以四陽用壯，東郊事興，恭惟判府安撫提刑龍圖大卿尊鄉丈，望隆方面，化浹畿封，對越神天，台候動止萬福。某仰惟執事恢宏碩大之譽，炳燿當時，林下幽人，不敢扳援疇昔以庶幾其一盼，素分則然也。去年春，小兒櫄辱與之進，所以盼睞者甚厚。歸來，父子相與言，雖極感藏，終不敢僭通姓名以爲禮。孰謂謙德之光，特灑珍汗，走使介數百里，問路窮山深谷中，入下里舍，首崇先契，高誼卓然。且以古道相期，謀風俗根柢於愚且賤者，自非道心洞照，一毫勢分之念不留於胸中，不及此。尚論古人，容或有之，但施

之不才，豈所宜辱？伊川義學之建，使人起敬起歎。士習澆訛甚矣，沈冥顛倒，日入于污險而不自知，視古昔聖賢幾若異類。此若嬰兒受病，藥至即服，妄死妄生，懸於醫手，嬰兒本何罪也。某每謂力足以及一鄉者，有以善一鄉；及一邑者，有以善一邑。隨力所及，推而廣之，亦或救正其萬分，然而有力者念不到此也。殖己崇私，束於蝸角，一身之外，隔處藩籬，何暇閔鄉人之不爲君子，而思所以拯拔之哉！某切切爲之痛心，而莫能如之何。敬聞高論，如癢得搔，四海同風，此其發軔，敢不端拜祇贊，爲吾鄉莫大之幸邪。孔子曰：「工欲善其事，必先利其器。」執事舉之見屬，殆過聽矣。某氣質凡下，一無所堪，支離俗學，龐雜半世，老境侵尋，始稍知用力之地。惟恐已分不了，有負此生，安敢遽爲人師邪？今家事已付兒曹，從容山谷間，方與唳鶴吟猿共此朝暮。處之英俊之上，以解蔽去惑爲己任，非惟不敢，正自不能。是以惕然莫知所承，不暇顧方命之爲罪也。雖然，執事斯舉，關係風俗不細，天地間會當有任其責者。惟不以某之出處係事之舉措，則幸甚。某又辱台諭，令子姪輩一人與令嗣同處。執事不以某爲愚陋，且併信其家之子弟而采録之，益難荷矣。心非木石，如何可忘？但子姪輩素不諳處館之事，其間氣未老者固難浪出，而可出者則未免牽制，爲是頗難其人。小兒檁旦夕過慈溪，敬令晉拜，面陳衷懇矣。謹熏沐襞箋，仰酬先辱，莫究謝悰，千萬瞻望，惟切拳拳。執事昭代偉人，行當大用，以福天下，俗間長語，某不敢贅，區區併乞尊照。新安文獻志卷一〇。又見嘉慶黟縣志卷一三。

孝悌説淳祐元年（一二四一）七月

文叔元孫甫六期，與二弟讀書，灑然可喜，求予作孝弟説甚勤。別後又寄字，願速得，且云：「與二弟日望之拳拳。」余平生見人富貴利達之事，一無所慕，至若佳子弟則心誠愛之。況方童稚，能以孝悌爲念，尤愚心所甚愛者，安敢嗇於言？孟子曰：「孩提之童，知愛其親。及其長也，知敬其兄。」今二三子日在親旁，戀戀依依，長少有序，融融怡怡，是孰使之然哉？此不學之良能，此不慮之良知。良知良能，我所自有，何待他人講說。見於日用，無非事實，初不在乎語言。保養此心常如童稚之時，則安有不孝不悌者？而今不必求之高遠，且如每日就學，是而祖父之所欲也。蚤暮孶孶，始終不懈，則足以得其懽心矣，非孝乎？端莊自律，是而祖父之所欲也。出入濟濟，不爲戲弄，不習下俚，不交非類，則足以得其懽心矣，非孝乎？年日益長，學益知方，爲君子儒，究向上事，立身行道，無忝此生，則其爲孝，孰大於是？書曰：「惟孝友于兄弟。」中庸曰：「妻子好合，如鼓瑟琴。兄弟既翕，和樂且耽。宜爾室家，樂爾妻帑。父母其順矣乎！」兄弟者，父母之遺體也。在五常中，爲天屬之至親，故昔人譬之手足。感念同氣，相視一體，則兄自然友，弟自然恭。惟夫不知有父母，不念此身之所自來，是以私意蔽隔，情義睽乖，臨貨則私貨財，有妻子則私妻子。才有優劣，事有利害，則訐[一]利害，相忌相嫉，相怨相仇，相扼相傾，不翅若夷狄禽獸。無他，不孝故也。未有孝而不友者，未有兄弟和而父母不順者，小子其勉之。誠孝矣，則以之上奉祖先，旁睦宗族，無非此孝也。誠悌矣，則以之出事長上，遠及鄉邦，無非此悌也。故曰：「孝悌之至，通於神明，光于四海，無所不通。」又曰：「堯舜之道，孝悌而已矣。」夫莫聖於堯舜，莫妙於神明，莫大於四海，舉不外乎孝悌。孝悌無別旨，即此日知愛知敬者是，小子其勉之。淳祐辛丑七夕蜀阜錢時。嘉靖淳安

〔一〕據全宋文，「訐」字疑當作「計」。

縣志卷一六，天一閣藏明代方志選刊所收明嘉靖刻本。

新安建石梁記 紹定四年（一二三一）十二月

紫陽之麓，絶流爲梁，瀦爲淵，其來尚矣。中罹蕩圮，障以石〔一〕，邦人士輒不利，障以木，輒利。時不能陰陽家言，嘗歷星源，過祁山，皆西流入番江，餘諸邑東入浙。問之三老，各三百六十灘，石林立，勢斗下，尤險絶者，立檣以識，踰三十尺。是新安地最高，環城三面可揭涉，勢然也。辟之於人，不爲淺澁，爲澄涵，氣象則自衍裕。梁之利也固宜，然立柵磽磧之上，而聚石其中，霖潦暴豪，何能鍾固。歲一葺，或間歲大葺，科役民伍，覃害不細。况木之障水，猶絺障風，迸漏穿洩，草草而已。嘉定十七年秋，著作都官袁公甫解郡符，且東歸，慨念利興而害不除，非便，必大錮石、爲不朽計乃可。於是籍緡錢萬五千，聞于上。紹定二年，將指庾臺，始克議玆役。推官趙希懃董之，得閩工甚

〔一〕據全宋文，「障以石」原脱，據江南通志補。

精，鑿山料材，彙别三品，直而方者曰眉石，層壘繩整，嚴邊幅也。狹而長〔一〕、首方而末削、若釘若斧者曰算石，斜透中通，互穿鏁也。其磊塊不可尺度者曰囊石，補漏罅，實要腹。大抵魁傑輪囷，有力勢，梯轉而下，桴浮而來，機運而登，皆極巧便。眉、算迭用，左右蓬卷，凡十有八層而後周。内固外圓，不鬭於水。斗門東瀉，不怒其流。闊三丈，高半之，横亘可二十倍。越四年九月竣事。先是，時過郡，趙屬之記。辭未獲，招之往觀焉。太守謝公采伯且來同觀，班坐于梁，澄潭浸碧，顧而嘆曰：「賢使者之澤也，與梁俱不朽，記何辭？」時曰：「噫，公自庾臺司臬事，連大歉，連大發廩，以民命爲己任，九州四十三縣有父母慈。往年群偷嘯閩中，嘯江右，今年嘯常山，咸薄我屬部，不敢犯四鄰，真若防之利水。又方崇儒學，明大道，爲觀風第一急務，岌然頽波砥柱也，獨斯梁之云乎？雖然，邦之人涵公澤則無涯矣。」遂書之。紹定四年十有二月既望，郡人錢時記。弘治徽州府志卷一二。又見新安文獻志卷一三，乾隆江南通志卷六六。

〔一〕據全宋文，「狹」原作「峽」，據江南通志改。

敬悦堂記紹定元年（一二二八）

吴正甫拓西榮之陰，立軒外向，曰「敬悦」；洊築亭其前池上，請名於余，曰「詠春」。既爲作隸古四大字，且求記。孟子曰：「堯舜之道，孝悌而已矣。」又曰：「堯舜與人同。」四海同也，萬古同也，自孩提知愛知敬，不待學而能、慮而知者。世降俗薄，而欲蔽情昏，本心之良未始泯滅。沈痛所發，雖猛虎不避；外侮倏至，雖門墻弗暇念也。今夫一器物之異，一木石之奇，有知其爲美者，相與珍之，即欣然喜矣。吾父兄敬其父，是天下之爲人子者之心也，不特其子悦之，凡爲人子者皆悦矣；敬其兄，是爲天下之爲人弟者之心也，不特其弟悦之，凡爲人弟者皆悦矣。是道也，達可行於天下，交姻族，接鄉鄰，况一室之内乎？雖然，敬人之父，敬吾父之餘也；敬人之兄，敬吾兄之惟也。不敬其父若兄而敬他人，是悖德也，是悖禮也，吾先聖所不貴。正甫壽親在庭，群稚出膝，日婆娑扶擁相娱悦。余往過之，以爲人間樂事。則斯堂之扁，吾知正甫施由親始，非徒交姻族，接鄉鄰，務悦于外也。正甫正甫，即悦親之心，益充其所謂敬，暗室漏屋，不愧不作，夙興夜寐，毋忝所生，則動静語默，應酬交錯，無適而非敬也，無須臾而非悦親也，堯舜之道不外乎是。春風和氣，盎然乎天地間，舞雩詠歸，千載同樂。余雖亦老，他日尚能爲正甫從容亭上，舉一觴爲壽親壽。紹定戊子病月二十有四日，蜀阜錢時記。嘉靖淳安縣志卷一四。

亭泉記嘉定二年（一二〇九）

井之德大較有四：曰甘、曰潔、曰寒、曰清。平疇曠野，荒墟聚落，與夫城邑闤闠之中，遠於澗溪，不可以朝暮汲，則往往竅穴路隅，穿洩地脉，給烹飪，具盥濯，斯已矣，於四德不暇問也。至於山阿澗曲，有坎窪然，可以照鬚眉，可以數沙礫。然其源不遠，其汲不深，而又炎光之所摩盪，地氣之所蒸迫，雖清而未必寒。深厓窮谷之陰，長林巨麓之下，亦有穿石竅，幽幽而出者，掬爲淵泉，映徹肌骨。然而蛇虺浴之，蛙黽浮之，狐貍猿狖猩鼯雀鼠之儔又下食之，清且寒矣，而未必潔也。或者礱石爲方，鑄金爲圜，足以固内而捍外，雖潔矣，而未必甘。蜀溪之有井古矣，嘉定己巳，閭里渫而新之，請名於予，刻曰「亭泉」。泉之脉遠自東巖，而旁出乎蜀皋之北，綆三尋始得水，方石作欄，圓竅其上，而出之重簷疊覆，無風日之擾，無塵穢之侵，兼四德而獨備者歟！旁數十家，日給者數百人。此地又諸源之喉襟，商旅之輻凑，日往來而丐酌者又數百人。鄉之人談泉之美，皆曰蜀溪焉，而未有真知其味者。癸未夏六月既望，余病暍，卧融堂，深夜煩渴，不可以寢。索水左右不得，僕請事於亭泉。余欣然喜，亟加冠起坐於牖下，疏月滿檽，荷風微度。一酌而漱之，又漱之，至三至四，而又漱之。甘泉流溢，韻遶牙頰，肝鬲毛骨爲之灑灑，通體皆亭泉之澤也，快哉快哉！雖然，應渴者之求而後可，執塗人而强酌之，不唾之去者幾希。先聖有曰：「鮮能知味也。」余於是不得而無言矣，嗟夫！蜀皋小志，蜀皋徐氏家集十一種本。

牧莊記

端平丙申七月既望，結茅此山。墻陰之田千，虚中爲室，有樸野趣。後啓小牖，前闢雙扉。設白木橙臺，具甆瓶盞。左則居畦丁以當僕，右則立栅旁出以棲羊。後月中浣，復築田爲沼，滋水族焉。邃塢深林，泉聲涓涓，甚不惡也。山故有茶，今荒矣，增植之；故有桑，今瘁矣，重栽之；故有梨李棗栗，今高大矣，益廣之。環池四面，宜棖，宜橘，宜葡萄，宜來禽。安石榴之類，亦無不種。花開果實，春暖秋凉，呼鄰翁，賒村酒，出甆瓶盞，相與樂之。緑野之榮，金谷之麗，主人與客皆不知也。規模既定，扁曰「牧莊」。未幾，有疑予者曰：「牧因羊而已，今囿乎其中者，若動若植，雜乎其甚衆，牧之扁奚以爲？」予笑曰：「苟得其養，無物不長；苟失其養，無物不消。子未之聞乎：凡與我并生天地，而不失其所以生，皆牧也。且吾因是而得養生之理矣，不特養生而得養性之方矣，獨羊之云乎？朝乎營營，夕乎營營，汩乎其清明，梏乎其真醇，醉生夢死而不醒。易曰『卑以自牧』，君子事也，吾何尤乎是人？」客聞之，矍然起曰：「子之言，可以宰天下。」二月有二日記。蜀阜小志，蜀阜徐氏家集十一種本。

歲寒亭記

余既闢一齋而名之，復面融堂結亭池外，曰「歲寒」。循欄檻西去，穿菊堤并荷岸，歷甘棠嘉橘，曲折東南，兩梅臨水，夾立而亭。蕭蕭斑竹間，文石爲徑，方石爲几，彎石爲基，椽竹而復茅，甚樸也，余心樂焉。可以哦詩而鈎章棘句，余樂乎！可以弄琴而流商泛徵，余樂乎！可以瀹茗而嘘雲噴雪，兩腋清風，余樂乎！皋陶曰：「慎厥身，修思永。」易曰：「不恒其德，或承之羞。」凡盈而遷，餒而腐，拂而撓，震而摧，微一念之渝乎其初，而晚節末路之不保者，皆望秋先零者也，吾先聖所以發後凋之嘆歟。由是而觀，欣然其榮，萋然其敷，無非惻隱之心、警德之地，豈直風振槁、霜隕黄而後知松柏哉？雖然，謂之後凋，則猶凋也。山可裂，川可竭，歲寒心，無作輟，余願與同志者樂之。是爲記。蜀阜小志，蜀阜徐氏家集十一種本。

重建蜀阜神記

國朝之制，淫祀者有禁，所以正人心、息邪説、建用皇極之大法也。寒鄉下里，易摇於禍福，妖妄不根之説一簧鼓其間，山椒水濱祠而肖之者往往而是。黠巫幻史又百方從臾自媒，恐喝以售其詐。吁，可憫也哉！蜀阜古祠，其來尚矣，故老僅傳曰「當境王」，不著厥謚，豈歲久而寖忘之耶？抑當境所獨尊者，不待謚而後著耶？凡幾何年，歲時俎豆之羞，雖凶飢不殺禮。據所見聞，累圮累營，而年來摧敗特甚，頽然掃地，無一木相支拄，荒墟壞像，兀然乎荆榛瓦礫中。而鄉人之敬不衰，水旱疾疫，是祈是禱。是必有上下風霆、出雲雨、係庶徵之休咎者，不然，何鄉人之不世情也？嘉定十有六年冬，將鼎新之，一立談間而衆議翕然以定，則相與言曰：「雖然，廟而不額，非所以嚴祀典；賜謚泯而不著，非所以尊神明。且國朝所褒崇，當境所敬仰者，有孰如烏龍王者乎？是宜正。」皆曰惟允。「前此配女像於座右，非所以肅觀瞻，是宜革。」又皆曰惟允。乃良月某日經始，越若干日而廟成，屬余記。書曰：「天道福善禍淫。」易曰：「鬼神害盈而福謙。」聖天子建用皇極於上，爲吾民者孝慈友恭，惟土物愛，無馳外誘，無淫朋比德以自戕，則日用行藏，起居飲食，何莫非神之福。若夫一念之差，百惡之門，爲灾爲殃，皆所自取。乃方潔牲酬酒，丁寧拜懇，較禍福於一擲，神得而私之哉？余既以正廟額爲善，且恐揺於禍福者不求諸己而唯神是務，申斯旨以告焉。神邵氏，忠顯仁安靈應昭惠王。蜀皋小志，蜀皋徐氏家集十一種本。

英烈廟告文紹定四年（一二三一）

維皇宋紹定四年，歲在辛卯，七月乙酉朔十九日癸卯，孝孫芑等謹具清酌庶羞，昭告于勅賜英烈廟二大父之神。竊惟非常事業必有非常之人而後立，亦必有非常之文而後顯。芑等瑣瑣，何能鋪張。向在祖孫，有言即伐，姑采江東當路書詞之所稱贊者而誦之。先世英烈，著在人心，天開日明，事久論定。因廟賜額，摭實定名，豈徒子孫之私榮，抑亦風教之大幸。提刑提舉寶章秘著郎中袁公甫之言也。英風偉烈，百載如存，敵使之所發揚，清廟之所崇獎。新安太守開國郎中謝公采伯之言也。散家貲，鼓鄉兵，水陸竝進，奮擊邊塞，以寡摧衆，全護一方，百世聞風爲之興起，露章朝奏，褒寵夕頒，真足以激頹風、作義氣。奉使總領都運待郎楊公紹雲之言也。雖然，久蟄而霆，久晦而耀，巍巍廟食，行且追封，名列太常，功宣寰宇，垂休後裔，與國無疆，而賢使者之德不朽矣，可易忘哉。始卜汝灘，距族一舍，歲時月朔，咸謂非便。使者從請，改卜于淳之富才，棟宇恢弘，山川雄抱，光明偉特，益盛而昌，未可量也。勅黃榮降，廟像崇成，涓吉奉安，恭伸奠獻。尚饗。新安文獻志卷四十六祭文。

寶謨閣學士正奉大夫慈湖先生行狀寶慶三年（一二二七）

先生諱簡，字敬仲，姓楊氏，家世天台，十世祖自寧海徙明之奉化，後又徙鄞。紹興末，虜突淮右，考避地慈溪，因占籍焉。曾大父諱宗輔，大父諱演，皆不仕。考諱庭顯，臞臞然儒，而果毅有識量，義所不可，萬夫莫回。屹砥柱頹波中，奮自植立起門户，繩己甚度。飭弟子齊家有紀律，書訓累牘，字字可佩。然與物極平恕，一言之善，樵牧吾師。自少志學，弗得弗措，省過嚴密，毫髮不少宥，至泣下，至自拳。象山陸文安公碣其墓，謂年在耄耋，而學日進，當今所識，四明楊公一人而已。故任承奉郎，累贈通奉大夫。妣臧氏碩人。

先生生有異禀，清夷古澹，淵乎受道之器。誕降之夕，猶居鄞，祥光外燭，亘天而上，四廂望之，以爲火也，輒集衆環向。入小學，便儼立若成人。書堂去巷陌隔牖間一紙，凡遨戲事呼譟過門，聽若無有。朔望例得假，群兒數日以俟，走散相徵逐。先生凝静几門，如常日課，未嘗投足户外。既長，任幹蠱，主出入家用外，終日侍通奉公旁。二親寢已，弇燈默坐，候熟寐，始揭弇，佔畢，或漏盡五鼓。爲文清潤峻整，務明聖經，不肯規時好、作俗下語。踰弱冠，入上庠，每試輒魁。聞耆舊言，先生入院時，但面壁坐，日將西，衆鬨鬨競寸晷，乃方舒徐展卷，寫筆若波注，無一字誤。寫竟，復袖卷，舒徐俟衆出，不以己長先人。

乾道五年，以一經冠南宫，選登乙科，授迪功郎，主富陽簿。簿於邑號閒冷，先生誠以接物，衆畏信之，相戒奉約束惟謹。走吏持片紙入市，可質數千。日諷詠魯論、孝經堂上，不動聲色，民自化乎。初，先生在循理齋，嘗入夜，燈未上，憶通奉公訓，默自反觀，已覺天地萬物通爲一體，非吾心外事。至是，文安公新第歸，來富陽，長先生二歲，素相呼以字，爲交友。留半月，將别去，則念天地間無疑者，平時願一見莫可得，遽語離乎？復留之。夜集雙明閣上，數提本心二字，因從容問曰：「何謂本心？」適平旦嘗聽扇訟，公即揚聲答曰：「且彼訟扇者，必有一是，有一非。若見得孰是孰非，即決定謂某甲是，某乙非矣。非本心而何？」先生聞之，忽覺此心澄然清明，亟問曰：「止如斯邪？」公竦然端厲，復揚聲曰：「更何有也！」先生不暇他語，即揖而歸，拱坐達旦〔二〕。質明，正北面而拜，終身師事焉。每謂：「某感陸先生尤是再答一語，更云云，便支離去。」八年秋七月也。已而，沿檄宿山谷間，觀故書猶疑，終夜坐不能寐。天曈曈欲曉，忽灑然如物脱去，乃益明。淳熙元年春，喪妣氏，去官。居堊室，哀毁盡禮。後營壙車廄，更覺日用酬應未能無礙。沈思屢日，偶一事相提觸，亟起旋草廬中，始大悟變化云爲之旨，縱横交錯萬變，虚明不動，如鑑中象矣。學不疑不進，既屢空屢疑，於是乎大進。

先生之至富陽也，閲兩月無一士來見，怪問之，左右對曰：「是邑多商人肥家，不利爲士，故相觀望，莫之習也。」先生惻然，即日詣白宰，謂：「兹壯邑，於今爲赤縣，而土俗茶陋。學道愛人，宰其職矣。且僚佐繫銜，例主學事，無以風動教化之，絃歌吾邑子，坐靡禀稍，效尤俗吏，束濕程賦，役事笞箠，吾食且不得下咽，柰何！」宰唯唯，遂破食補生徒，文理稍順即收之。先生日詣學相講習，又約宰凡稱進士，優以示勸。秀民自是欣奮，恨讀書晚。有自山出者尤朴茂，來問學，先生曰：「子姑習拱。」既數月，曰：

〔二〕 據全宋文，「坐」字原脱，據宋元學案補遺補。

「可矣。」與之語，孜孜窮日夜不厭。先生憂去，輒提篋以隨，願卒學，後擢第爲名儒。邑人爭相慕效，文風遂益振。故老至今德之。

服除，以通奉公畏浙江濤，受紹興府理掾，便就養。犴狴必躬臨之，端默以聽，使自吐露，囚情炯燭，罔失毫末。猾吏僅行文案，手膠拳莫敢舞。越陪都，臺府鼎立，大抵承媚風旨，不暇問可否。先生公平無頗，惟理之從。一府史觸帥怒，送獄勘之，先生白無罪可勘。命勘平日。先生曰：「吏過詎能免？若今日則實無罪也。必擿掬往事置之法，某不敢奉命。」帥大怒。先生歎曰：「是尚可爲乎！」歸取告身納之，爭愈力。帥知不可屈，遂已。一憲使嘗舉職官，一日緣兩造是非，壓先生就己意。先生趨庭抗辯，捧還削，憲莫能奪，改容謝之。每白事上官，必從容陳述，有不合即退思，思之而審，堅守無所撓。或大礙不見聽，則決去而已。朱文公持庾節，薦先生學能治己，材可及人。居無何，闕陞。

先是，太師史越王薦引諸賢，而先生居第二，謂性學通明，辭華條達，孝友之行，閫內化之，施於有政，其民心敬而愛之。得旨，任滿，都堂審察。僅一考，即移注。先生不欲，文安公書來勉之，不可。親庭有命，乃不敢違，差浙西撫幹。大尹張公杓雅敬先生，先生亦渠渠與之盡。幕中本無事，及是多所委賴。吏牘日相銜在庭，天府澔穰，類多戾契聱牙，不易可辦。先生雍容立決，的中腠會，莫不服爲神明。畿甸災，意悩悩叵測，白尹宜戒不虞，遂委督三將兵。接以恩信，得其心腹，出諸葛武侯正兵法調肄習之，軍政大修，衆大和悦。先生於是益信人心至靈，至易感動，億萬衆之心，一人之心也。徒恃詐力相籠絡，若虎豹然，日憂其將噬，大不可。故每論元帥當以四海爲一家，撫士卒如室中人，習正兵，不可敗。先生之規模也，自入仕固未嘗祈人舉，亦不效尤稱門生、求脚色。狀例遜謝不敢答，而諸公争推擁若恐後，輒從部中得去。剡章輻集，溢數，削返之。

改宣教郎，知紹興嵊縣，以外艱不往。宰饒之樂平。故學宫逼陋甚危，朽相支柱，苟旦暮。先生曰：「教化之原也，可一日緩乎？」撤新之。首登講席，邑之大夫士咸會，誨之曰：「國家設科目，欲求真賢實能，共理天下。設學校，亦欲教養真賢實能，使進於科目，非具文而已。然士之應科目，處學校，往往謂取經義、詩賦、論策耳。善爲是，雖士行掃盡，無害於高科，他何以爲。持此心讀聖人書，不惟大失聖人開明學者之意，亦大失國家教養之意。人性至善，人性至靈，人性至廣至大，至高至明。人所自有，不待外求，人所自有，不待外學。孩提之童，無不知愛其親。及其長也，無不知敬其兄。見牛觳觫，誰無不忍之心？見孺子匍匐將入井，誰無往救之心？是謂仁義之心，是謂良心，即堯、舜、禹、湯、文、武、周公、孔子之心，即天地日月鬼神之心。人人皆有此心，而顧爲庸庸逐逐、貪利禄、患得失者所熏灼，某竊惜之，敢先以告。」每謂：「教養兹邑，猶欲使舉吾邑人皆爲君子，况學者乎？」誨之諄諄不倦，剗除氣習，脱落意蔽，本心本自無恙。其言坦易明白，聽之者人人可曉。異時汩於凡陋，視道爲高深幽遠，一旦得聞聖賢與我同心，日用平常無非大道，而我自暴自棄自顛，冥而不知，有泣下者。入齋舍，晝夜忘寢食，遠近爲之風動。

初入境，訪求民瘼，則聞楊、石二惡少以嚚健虚喝官府，姦人無賴，淵藪歸之，起事端，賊我良善。或不才長吏反利之爲鷹犬，挾借聲欬，生其爪角，莫可誰何。交事未久，果狺狺然來，摇牙庭下。先生灼見姦狀，趣提圄中，加責罰，諭以禍福利害，咸感悟，願終自贖，由是足不及公門。邑人銜化，以訟爲恥，夜無盗警，路不拾遺。未三考，以國子博士召。紹熙五年，寧宗皇帝即位之初年也。二人者大率衆相隨出境外，呼先生「楊父」，泣拜戀戀不忍離。既赴監，講乾繇，反覆數千百言，發人心固有之妙。欣欣然人自慶幸，謂先聖贊易後未之聞也。時御筆「遵孝宗成規，復三年之制」，先生奏：「陛下此舉，堯、舜、三代之舉；此心，堯、舜、三代之心。順此心以往，則堯、舜、三代之盛復見於今日。但臣深恨上行而下未效，群臣衰服之餘，常服則紫緋緑，大非禮。虜人曩日嘗歎孝宗復古，且謂金主亦欲依倣而行。今陛下順聖心行之，破群臣非禮久例，亦當溥及四夷，心悦誠服，豈不益光明偉特，爲萬世法歟。」

趙忠定公汝愚定策宗英，實贊初政，推崇道學，茅拔茹連。公論翕然奮張，謂我本朝統承二帝三王之脈，非漢、唐所可及者，正在斯道昌明，人知禮義。是故國有元氣，三綱九法賴以司命，此皆累聖培植及二三大臣相與主張之，天下引頸，朝夕望太平。時主議者害公山立，扼我其上，造無端罪狀垢染公，斥之去。祭酒李公祥抗章辯之。先生按學館舊事請列劄，不許。告同列，人人相顧語難。先生曰：「拚一死耳。」遂上書言：「臣與汝愚，義合者也。汝愚豈每事盡善？至被不韙以出，則舉天下皆能亮其忠也。昨者危急變駭，不可具道，軍民將潰亂，社稷將傾，陛下所親見。汝愚冒萬死，轉危爲安，人情妥定。汝愚之忠，陛下所心知，不必深辯。臣爲祭酒，屬日以義訓諸生，若見利忘義，畏害忘義，臣恥之。汝愚往矣，不當復來，今日之言，不爲汝愚發，爲義而發。」未幾亦遭斥。諸生復激於義，爲先生辯，又斥之。一時端士正人，例誣以僞，若先生則見爲僞之尤者，痛黜逐，掃地不留根株，而其禍滔滔矣。

主管台州崇道觀，再任，轉朝奉郎。嘉泰四年，賜緋魚袋，朝散郎，權發遣全州。將陛辭，擬二劄。其一言：「天下惟有此道而已，天以此覆，地以此載，日月以此明，四時以此行，人以此群居乎天地之間而不亂。是故得此道則治，失此道則亂；得此道則安，失此道則危；得此道則利，失此道則害。此萬古斷斷不可易之理。自漢而下，雜之以霸，故治日少，亂日多。此心即道，惟起乎意則失之。孔子曰『毋意』，意不可微起，況大起乎？起利心焉則差，起私心焉則差，起權術心焉則差，作好焉，作惡焉，凡有所不安於心焉皆差。臣願陛下即此虛明不起意之心以行，勿損勿益，自然無所不照，賢否自辨，庶政自理，民自安自化，四夷自服。此即三王之道，即堯、舜之道，願陛下無安於漢、唐規模。」其二言：「國家舉大事，必上當天心。上帝以爲可戰則戰，上帝以爲未可則勿戰。

易曰：『天地之大德曰生。』上帝視南北之民一也，惟無道甚則誅之，未至於甚，人心猶未盡離。苟亟戰，使南北無罪之民肝腦塗地，豈上帝之心也哉。必民心盡離，如獨夫紂，帝乃震怒，前徒倒戈矣，是爲湯、武之師。故志曰：『行一不義、殺一不辜而得天下，有所不爲。』公羊九世復讎之論，非春秋本旨。臣願陛下成湯、武事業。又軍帥尅剥，諸軍怨讟溢於聽聞。陛下亟罷尅剥之帥，擇用不以官職爲意、不受私謁之人，則三軍之鼓舞，士氣百倍。更得元帥大賢大智、習知將略者訓治諸軍，數年後庶其可用。」廷議方易爾摇，邊瑣口語籍籍，莫敢遏其端萌，故先生願懇陳之。刀筆小吏狐鼠弄威福，冒節鉞，張甚。先生趨修門間，慫慂修尺牘答曰：「我無是也。」未及對，論罷。自後兵連禍結，肝腦塗地，語若合符，識者恨先生扼不上聞，爲之痛惜。主管建昌軍仙都觀。

嘉定元年，上厲精更化，首訪耆德，除秘書郎，轉朝請郎，遷秘書省著作佐郎，兼權兵部郎官。先生平時，日夜長慮，無路以告於上。輪當面對，遂極言時弊，陳經國之要，首奏：「陛下亦知都城之内外，有餓奪市食者乎？有勢不能俱生，沈子若女於江者乎？都城之東有婦閔舅姑之窘，請鬻身助給，姑聞之自經死，舅知姑死，又自經死。子歸，知父母死，又自死。婦以舅姑及夫俱死，又經死。又有取小兒烹食者。嗚呼痛哉，近在輦轂之下而致此極，又況淮民相食，妻食夫屍，弟食兄屍，以至父子相食其屍。陛下爲民父母而有此，群臣之罪也。望陛下急詔大臣，集群臣詳議，内外多少財賦陷没於贓吏之手，多少財賦徒費於送迎，而不思擇賢久任；多少財賦費壞於科舉，取浮薄昏妄、背理傷道之時文。諸軍虚籍，不知其幾，以虚籍之費濟饑民，何爲不可？聞淮民之饑者欲度江，郡守遏之，結怨饑民，是激之使爲亂。又聞賑濟官以嘯聚申上司累累，查不報。昏繆若此，而朝廷未聞黜陟，臣大懼養寇危社稷也。」

又奏：「今之守令多昏而聽，吏多懷私而徇利，詞訟反是爲非，反非爲是，飲恨含怨，無所告訴。二税已納者復追，不〔二〕伏則囚，則絣訊。或舉債，或鬻産，甚者鬻妻賣子。陛下試思，民情至是，其怨當何如！重以今歲旱蝗，郡守不肯蠲税，害民弊政不可勝紀，此不擇賢之故也。在外官司，以污爲常，公取竊取，對送互送，一會至送千緡，彼此本庫自支。生辰有送，子生若孫有送，子弟又有送。今國家患無財，束手無策，得賢則官庫無

〔二〕據楊簡全集，「不」字底本原缺，據歷代名臣奏議卷六十所録本文補。

公取竊取之盜，財不可勝用矣，此又不擇賢之故也。元凶妄肆，小人道長，風俗大壞，今雖誅殛而餘風未殄。陛下宜汲汲爲計，勿從士大夫庸庸苟且之論。臣自知學以來，熟思治務，惟有一策：每路擇一賢監司，使監司各辟本路郡守，守辟縣令，守、令各辟其屬，先於本貫人，本貫無人乃及外邑。既得賢，必久任。擇賢久任，則百事成；不擇賢久任，則百事廢。擇賢久任，則社稷安；不擇賢久任，則社稷危。宰執臺諫，知社稷安危在此，共堅守此，不以親故私情敗國家公義。辟非其人，并罪舉主。此令一下，人知仕進之路悉本實行，不用虛文，則舍惡從善，舍僞從實，吏姦頓掃，民悦財豐矣。自此因保甲漸修比閭族黨之制，書其孝友睦婣，書其敬敏任恤，書其德行道藝，興其賢者能者，肆成人有德，小子有造，舉明主三代之隆矣。」

又奏：「古者六軍，軍將皆命卿。今諸將率從事武勇，未熟復乎古先聖王之訓典，未踐修乎詩書禮樂之實德，則整齊諸軍，不過射刺擊戰耳。今陛下宜精擇文武俱通之儒，法古司馬，以尹正之，訓導之，賞諸卒之孝者、忠者、善者，則惡者潛化。祈天永命，鞏國祚於泰山，在此而已。殿司十三軍大盛，宜析小半，益以司馬餘卒，以備三司，則其勢均，可以防後患。」三劄惻切，上數俯首諦視，至讀饑民相食處，蹙額久之。人爭傳誦，流入北境，見者輒雪涕，舉兩手曰：「此江南楊夫子也」。

二年，旱蝗，詔求直言。先生復上封事：「臣聞旱者，災厲之氣。三才一氣，如人一身，腹臟作楚，則四體頭目亦爲之不安；人事乖厲，則天地之氣亦感應而爲乖厲。孔子曰：『聖人有國，日月不食，星辰不孛，海不運，河不滿溢，川澤不竭。』連年旱蝗，雖或由軍興殺人及流移死者多，而其餘人事亦大有乖厲。郡縣官所至贓污，怨讟充塞，豈不感動天地而爲旱蝗？近者凶人謀爲大逆，天佑宗社，幸即敗獲。乃官司多非其人而無德教，時文取士，不考實行，故放僻姦邪之風盛，豈不感動天地而爲乖厲，爲旱蝗？旱蝗根本，近在人心。陛下雖請禱於宮中，又分命備於群神，略降雨澤，未至宏濟者，旱蝗之根本未除也。臣臘月三劄所陳，皆弭災厲、消禍變之道，願陛下與二三大臣熟計之。」

天官汪公達、小宗伯章公穎咸相敬禮，願親接聞誨言。汪牒兼考功郎官。江西隱士吴姓者，漕司申請謚，先生按：「吴有云：安社稷而以庭幃在念，不知爲臣之道也。孔子曰：『以孝事君則忠。』既違先聖訓，且啓誘人使不念親。又其子觀先儒語『亂臣十人』，問大姒爲誰，吴曰：『武王母。』曰：『何故母亦爲臣？』答曰：『率土之濱，莫非王臣。』其子曰：『是尊無二上之意乎？』吴以是奇之。竊惟有婦人焉，當是武王后。使臣母之説行，是驅天下人子不母其母。不孝則不忠，不忠不孝，天下大亂，胥而爲夷狄，爲禽獸，難議謚。」章亦牒兼本部郎官。先生舉賢不可梯級取，實知其人，即自舉之。剡章既上，然後取部示牒照所舉者。嘗曰：「爲國薦賢，吾其職也。而先私照牒於人，且又剡章付之，使自上，此何理乎？」西府爲親故問京狀，先生難之，至再三，終不許。後欲舉某氏，某未審，囑當路原善先生者問果否。當路笑曰：「此老欲舉宜自舉，吾有言即敗乃事矣。」

除著作郎，遷將作少監，并兼職如舊。三年面對，有左曹郎官者爲前班，上眷記先生，特格下左曹。先生首奏：「陛下已自信有大道乎？舜曰『道心』，明心即道。孔子曰：『心之精神是謂聖。』孟子曰：『仁，人心也。』此心虚明無體，廣大無際，日用云爲，無非變化。故易曰『變化云爲』。虚明汎應，如日月之光，無思無爲，而萬物畢照。陛下已自有此大道，又聖性澹然，無所好嗜，宜清明舉無失策。而猶有禍變云云者，臣恐意或微動，如雲氣之興，故日月之光有不照之處。舜、禹相告，猶以精一爲難，願陛下兢兢業業無起意。不起意，則自然知柔知剛，知賢知不肖，洞見治亂之機，常清常明，可以消天災，弭禍亂。」

次言：「今江、淮、湖、湘之寇并作，由賢不肖溷淆，監司守令而下多非其人，是非顛倒，尅虐不恤，故下民怨咨，聚爲群盜。陛下當精擇衆所推服、正直不撓之人，巡行天下，黜陟監司守令。昔先臣范仲淹、富弼亦言委路自擇知州，委州自擇知縣，仍久其官守，異政者就與陞擢。臣深念時務莫先於擇賢久任。所任既賢，則餘不肖乃害民敗國之人，不足深恤。」

又次言：「改過，聖賢之大德。近世士大夫多以改過爲恥，故人亦不敢忠告。王安石本有非常之譽，諸賢競議新法，決於去位，安石豈不動心？致疑而決策不回者，重於改過也。故其末流，小人類進，禍及國家。陛下取群臣之改過服義者表章陞擢，使凡建議不遂非飾辭，則集衆智歸於一是，國家何事不辦？而堯、舜、禹、湯之大道，復大明於今日矣。」

先生嚢嘗口奏：「陛下自信此心即大道乎？」上曰：「心即是道。」略無疑貳之色。問：「日用如何？」上曰：「止學定耳。」先生謂：「定無用學，但不起意，自然静定澄明。」上曰：「日用但勿起意而已。」先生贊：「至善至善，不起意則是非賢否自明。」此日復奏：「陛下意念不起，已覺如太虚乎？」上曰：「是如此。」問：「賢否是非已歷歷明照否？」上言：「朕已照破。」先生曰：「如此，則天下幸甚。」問答往復，漏過八刻，先生出，上目送久之。

兼國史院編修官，兼實録院檢討官。請改史法，從編年之舊，謂：「孔子作春秋，書某年某月某日某事，人讀之以爲是者道也，以爲非者非道也。如此而書，大道自明。自司馬遷改編年爲紀，爲世家、列傳，使後世見事見人而不見道。遷不知道，故敢頓廢先聖法度。後人又靡然從之，故道不明於天下。某等不敢苟從，以壞聖朝大典。」後不果上。先生凡兩章引年、一丐祠，皆不允。已而面對，所陳久未施行，遂力求去，得温州。

先生每歎風俗之壞自上啓。周禁群飲，至執至殺。後世雖甚不善，尚賜酺有時，不縱爲群飲。事倡優下賤，人道所不齒，顧貨視之，以媒飲者，冶容列肆，導淫釣利，傷風敗俗，莫此爲甚。到郡之明日，妓群賀，即戒之具狀來，衆亦未諭也，至則皆判從良去。異時督賦之吏星馳火駕，上下相束，皇皇不能以朝暮，至是寂無一迹。歷縣庭，獨首移文罷妓籍；首訪賢者，禮致之，示標表；首崇孝養，明宗族相恤之令；首行鄉紀，效周官書「敬敏任恤」之類，書善不書惡，願與士夫軍民共由斯道。上下呼舞載路，如脱湯鼎濯清波，如從寒谷中生春矣。

詞訴類局於日分，難遽達，先生架大鑼戟門外，令訴者自鳴，鳴即引問，立剖決無待。每受詞，采訪縣官賢否，以至不一問之，言人人同，乃行黜陟。文移僚屬，例書名不押字。據案方書判，有喏於庭者，無問誰何，即釋筆拱答揖入。言苟是，雖賤隸必敬聽；於理未安，雖至親不爲撓。有私鹺者，五百爲群，過境内，分司幹官檄永嘉尉及水寨兵捕之。巡尉儇佻易事，不白郡，先生驚曰：「是可輕動乎？賊徒五百，合家族何翅二千口，拒捕相殺傷，變在頃刻耳。萬一召亂，貽朝廷憂，百爾其死奚贖也？且兵之節制在郡，將違節制，是不嚴天子命，違節制應斬。」建旗立巡尉庭下，召劊手兩行夾立，群官盛服立西序，數其罪，命斬之。群官堵進，爲懇致悔罪意，良久乃得釋，奏罷分司。其紀律如此。

或訟售產寓公，負其直若干，先生曰：「是固名流，有文且長，上位尊顯，何得

爾？」對曰：「今所訴行也，文何以爲語？」對白益苦，受其狀。既而麋至者十八人，同

所訴。即命吏籌計官帑，人給之。袖衆詞即其家，語曰：「某知公必無是也，是在幹者。」寓

精誠所感，寓公爲動，則不得已吐實。先生曰：「某知公必無是也，幸出幹者屬吏。」寓

公靳之，竟追斷償所負。

瀕海膠禁甚嚴，商人庾稅闌出海。時副端方以威福奴視官府。二子新喪母，歸輒衰衣

造庭，挺身自冒。先生從容書狀尾曰：「楊某老繆，不堪爲郡，預乞一章，放歸田里」。

竟坐犯者如法。府第障官河立傧屋，扼舟人喉衿，巷居者苦溉濯，而官失虞火之備，累致

氣咽咽不得吐。有言者，先生命廂官立毀之，廂官懾怯莫敢前，曰：「汝不食天子粟，不

爲吾用耶？」科首械之往，遂即日撤去。滿城歡踊，勒石名楊公河。

楮券之秤提也，所至嚴酷，以柱後惠文從事，告訐成風，破家者相踵。先生寬平不迫，

市價自登。天子下使者郡譏察，使於先生爲先世契，出郊迎，不敢當，從間道走州入客

位。先生聞之不敢入，往傳道數四，乃驅車反。將降車，使者趨出，立戟門外，先生亦趨

出，立使者外，頓首言曰：「天使也，某不敢不肅。」使者曰：「契家子，禮有常尊。」先生曰：「某守臣，使者銜天子命，辱臨敝邑，天使也，某不敢不肅。」遂從西翼偕進，禮北面東上，先生行則常西，步常後。及階莫敢升，已乃同升自西階，足踧踧，莫敢就主席。使者曰：「邦君之庭也，禮有常尊。」先生曰：「春秋：王人雖微，例書大國之上，尊天子也。況今天使也？」持之益堅，使者辭益力，如是數刻，使知先生終守正不渝，乃曰：「某不敏，敢不敬承執事尊天子之義。」即揖而出。既就館，先生乃以賓禮見。儀典曠絶，邦人創見之，莫不瞿然竦觀屏息。使者反告於朝曰：「秤提若永嘉可爲法矣。」後憲臺亦以譏察奉朝旨行郡，先生禮遜之如初，然事體異，天使升阼階，西向坐，不終辭。

故事，歲擷朱欒，蒸馨木而化之，曰柑香，分遍朝路，號土物名品。又斸楮真柑介饋，費，大苛擾，悉削去。食用甚菲，設厨生埃。語家人曰：「吾儒素爲天子任撫字，敢以郡爲樂，羞赤子膏血自肥乎？」雖不督賦，而財未嘗匱；不設法，不立額，而課未嘗虧。蓋由廉儉自將，不費於無藝，中孚感物，而人自化服，不忍欺也。士咸向方，知務己學。有冒同姓登科者，既數年矣，忽大感悟，詣先生繳納出身。聞貴游狃聲樂，事敖放，踖然難畏，相戒曰：「老子無乃聞乎。」悉庋置之。一名卿治第甚華，中有堂，尤偉麗，固常日交賓之所。先生往謁，特委蛇延之別館，猶愧發顔間。豪侈頓消，兼并衰止，閭巷雍睦，無忿争聲。諸色訟者雖遠涉，甘心到郡庭受賭是杖，杖之終無怨。軍民懷戀，有父母慈，家家肖像祀之，願阿翁壽。五年，除駕部員外郎。去之日，老稺纍纍争扶擁緣道曰：「我阿翁去矣，將奈何！」傾城出，盡哭。有機户嘗遭徒，亦手織錦字爲大帷，頌德政。葉侍郎適書別先生云：「執事二年勤治，公私交慶，惠利所及，戴白老人以爲前此未有。載於竹帛，形於圖繪，雲聚山積，懽沸井里。」此實録也。後十餘歲，上庠知名士猶極談邦人去思未艾，且謂當時真有三代之風，更久任，則一乘好矣。

改除工部，上殿言：「臣有當今第一急務告於陛下。世俗常情，喜順惡逆，故其相與，率多奉承。雖於同官明知其過而不敢言，恐拂其意，終將害己。習以成俗，牢不可破。故雖明知吏部注授不問賢不肖而不敢革，恐拂不肖者之情也。雖明知擇賢久任爲上策而不敢行，以員多缺少，恐不賢者不任而拂其情也。以至中外獄吏箠楚取賂，以直爲曲，冤苦無告，當職憚煩，受成吏手，同官拱默，不復審聽囚辭。州縣承帖，吏卒困苦小民萬狀，同官雖知不敢告，長官亦視爲常，恐拂其屬，姑容之。上官剛德，始或案奏，其漏網者多矣。民怨吏，卒怨官，遂怨及朝廷。臣大懼中外積怨之久，一夫吠呼，從之者如歸市。今聖朝雖有善政，猶以一盃水救一車薪之火，節節盜起，皆乘民怨。願陛下明諭大臣，有長官能受逆耳之言，小官喜於聞過，或知過能改，特表章之，布告天下，切勿以爲小善而忽之也。堯、舜舍己從人，成湯改過不吝。改過之善，惟孔子知之，後世罕知。非表章布告，使天下改觀，則衆以改過爲恥，此誠治亂安危所繫。人性本善，朝廷重賞導之於前，御史監司繩之於後，庶幾願聞過、求忠告者多，盡掃喜順惡逆之私情，善政盡舉，弊政盡除，民怨自消，禍亂不作。」上嘉納之。除工部員外郎。

六年，輪將對，先生謂：「五十年深思熟慮，無出擇賢久任之上策。既累告於上矣，他何言！即此說行天下，事自無不治。此而未竟，又將旁舉細務，姑嘗試具奏牘，某不能是也。君子於其言，無所苟而已，况告君乎？」復詳劄申斯旨。除軍器監兼工部郎官，轉朝奉大夫。先生不樂用磨勘，初員郎時，遲數歲不轉，一故舊自爾相料理，此日亦部長貳，白堂轉之，先生猶申省乞寢免。除將作監兼國史院編修官兼實録院檢討官。七年，以兩院進御集、實録，轉朝散大夫。

虜大饑，北民襁屬歸我，蜂聚蟻蝅，日數千萬計。邊吏間不知大體，列弓弩臨淮水，射之退。先生戚然曰：「得土地易，得人心難。三代之得天下也，得其民也，況薄海内外皆吾赤子，不幸中土人落腥羶，一旦饑驅故民出塗炭，投慈父母，顧與之靳斗升粟，而迎殺之。靳脱死，乃速得死，豈相上帝、綏四方之道也哉？」即日上奏，哀痛言之，不報。

後十日，當面對，復謂：「方今上策無過擇賢久任，累白廟堂，亦已寖知擇賢久任之味云，且有驗矣。但朝廷承襲久例，科舉取士，專尚虛文，大壞士子心術。吏部注授，專以資格，不考才德。郡守例二年爲任，知縣三年，餘京官、選人，各有定例。不肖者前後踵接，故妄作害民，致怨招禍，大盜累起。朝廷又憚改作，甚非祖宗所望聖子神孫之意。今兵帥多非其人，軍人懷怨，有語謂：『用命者無恩澤，不戰而走者擢用。』將帥全才固難得，其有智勇、不刻剥、得士卒心者，不可謂無。楮券大失信，民對泣痛怨。後雖稍寬，而有秤提州郡過嚴，民甚冤苦。又鹽法累改失信，舊以年月日次第支鹽，今定舊鈔二分，新鈔八分，故舊鈔幾於無用。客子怨深至骨，軍器物料尚欠客子若干萬緡，不知已未支還。又放散軍人，失所深怨，不知已未根刷收拾。最有一大利害，習俗常談，以大公至正之論爲迂闊，以趨時苟且權譎之術爲通才。權術苟且，暫遺目前，而人心不服，上帝不與，禍其在後。此國家治亂安危所繫。孔子曰：『一物失理，亂亡之端。』苟違此道，民畔如歸。惟陛下明察静思，大臣亦虚己求言，聞過願改，君臣同心，則天下被如天莫大之恩。」

已乃歎曰：「吾益老，當去矣，猶未已耶？」會有疾，遂連乞假。先生自永嘉後，告老丐祠之章又十餘上，每切切乎道義，謂：「有國者由乎道義，則上當天心，下合人心。有家者由乎道義，則上可以事君親，下可以臨民。某踰七十，又幾年，三入脩門，四經陛對，言無可采，澤不被於天下，徒綴班列。不去，義乎？不義乎？」至此又極言當去之義，愈明愈確而請愈力，遂除直寶謨閣，主管成都府玉局觀。十二年除直寶文閣亳州明道宫，再任。十四年，除秘閣修撰、紹興千秋鴻禧觀。十五年，特授朝請大夫、右文殿修撰、南京鴻慶宫，賜紫衣金魚。十六年，除寶謨閣待制，提舉鴻慶宫，賜金帶。十七年，皇上御極，除寶謨閣直學士，提舉仍舊，洊賜帶。寶慶元年，授朝議大夫，慈谿縣開國男，食邑三百户。尋授華文閣直學士，提舉佑神觀，奉朝請，親灑宸翰，屢頒詔旨，謂「先朝耆德，朕心素所簡記」，令所在軍州以禮津發赴行在。先生卧病，控辭至於五六。二年，授敷文閣直學士，累加中大夫，仍提舉鴻慶宫，尋陞寶謨閣學士、太中大夫致仕。三月二十三日薨於正寢，享年八十有六。

先生清明純一，無生死異。屬纊之夕，怡然如平常時。遺奏聞，特贈正奉大夫，官其後如格，賻銀絹二百。訃告詞有云：「作覲來歸，胡不愈疾？士歎明師之失，國奚黄髮之詢。」學者觀之，爲之悲慟，鄉閭孺慕走哭者交道，公卿大夫士無遐邇弔奠者交踵。四朝耆舊，百世宗師，生榮死哀，不愧不怍。娶林氏，封令人。二子：恪，承務郎，沿海制置司準備差遣，克承家學，勉進未艾。憻，早亡。女三：嫁進士孫誼，宣教郎、知湖州德清縣童居善宜倅，舒公諱璘之子銑。孫男五：埜、坣、基、在、堂。孫女二，長嫁將仕郎韓燮。曾孫金。以三年四月乙酉葬邑之五峰。

嗚呼，三代衰，聖教熄，異端邪説争鞭駕於天下。其後傳註以爲經，章句以爲學，洙泗家法，徒存紙上之空言。穿裂剥蝕，舛於稂莠，學者信之愈篤，即所以遺害者愈深。求其真得我心之同然，洞照古聖於千載之上，無是理也。於赫我宋，篤生賢哲，而先生又挺出諸儒後。伏羲肇畫，初無文義可傳；孔氏遺書，不從言語上得。本心本聖，無體無方，虚明變化，無非妙用。斯道也，堯以之安安，舜以之無爲，禹以之行其所無事，湯以之懋昭，文王以之順帝則，武王以之訪洪範，周公以之師保萬民，孔子以之爲删、爲定、爲繫、爲筆削褒貶。是之謂中，是之謂極，是之謂秉彝之則。茫茫千古，智探巧索，如聵商律，如膜指杓，而先生得之，斯道於是大明，開後學之夷塗，掃群迷之浮論，有功聖門大矣。蓋由天資醇實，渾然不雜，是故立志也剛，進學也勇，而行之也有力。既大省發，終身以之勉兢，無須臾微懈，且又克永厥壽，習久益熟，遂造純明之盛。若先生，真所謂天民先覺者歟！

其歸自胄監也，家食者十四載，築室德潤湖上，更名慈湖，館四方學子於熙光詠春之間而啓迪之，於是始傳詩、易、春秋，傳曾子，始取先聖大訓間見諸雜説中者，刊訛剔誣，萃六卷而爲之解。謂人皆以易爲書，不以易爲己；以易爲天地變化，不以易爲己之變化，故面墻者比比。天地，我之天地；變化，我之變化，非他物也。私者裂之，私者自小也，先生是以有己易。人皆徇目爲見，徇耳爲聞，而不明夫哀樂相生、不可見聞之妙，不明夫禮樂無體無聲之妙，先生是以有閒居解。人心自明，人心自靈，夫人皆有至明至靈、廣大聖智之性，微生意焉，故蔽之；有必焉，故蔽之；有固焉，故蔽之；有我焉，故蔽之。聖人不能以道與人，能去人之蔽耳。如太虛未始不清明，去其雲氣則清明。是性人所自有，不求而獲，不取而得，先生是以有絶四記。學者不反其所自有，而或陷溺於諸子百家之意説，紛呶簧鼓，疑似支離，坐祟其中，卒莫見道，先生是以有啓蔽。謂治天下其最急者五：一曰謹擇左右大臣、近臣、小臣；二曰擇賢久任中外之官；三曰罷科舉而鄉舉里選賢者能者；四曰罷設法導淫；五曰教習正兵法，以備不虞。其次急者八：一曰募兵屯田，以省養兵之費；二曰限民田，以漸復井田；三曰罷妓籍，俾從良；四曰漸罷和買折帛，暨諸續增之賦及榷酤而禁群飲；五曰擇賢士教之大學，教成，使分掌諸州之學，又使各擇井里之士聚而教之，教成，使各掌其邑里之學；六曰取周禮及古書會議熟講其可行於今者，三公定議而奏行之；七曰禁淫樂；八曰修書以削邪説。先生是以有治務論。

蓋先生之學以古聖爲的，嘗言非大聖人，終未全明，故於子思、孟子猶若有所未滿。論治則三代之規模，苟爲漢、唐事業，雖隆貴所弗願焉。其領玉局而歸也，門人益親，遐方僻嶠，婦人孺子，亦知有所謂慈湖先生，巋然天地間，爲斯文宗主。泰山喬嶽，秋月獨明也。

始傳古文孝經，傳魯論，而釐正其篇次。平生多所著述，片言隻字，無非發明大道。散落海内，未易遽集，方裒之。其已成編者，甲稿、乙稿。又冠記、昏記、喪禮家記、家祭記、釋菜禮記、石魚家記，皆成書。

時受恩師門，至深至厚，自顧庸淺，何能發揮？然先生德業，建諸天地而不悖，質諸鬼神而無疑，百世以俟聖人而不惑，初不以人言而輕重可否也。既葬有日，乃弗獲已，奉同志之命，姑誦其所聞。謹狀。寶慶三年正月十五日，門人嚴陵錢時狀。（慈湖遺書卷十八，民國四明叢書本）

附録

佚著輯存

周易釋傳　輯本

（困）六三，困于石，據于蒺藜，入于其宫，不見其妻，凶。

蒺藜，茨草。（元董真卿撰周易會通卷第九）

（革）九五，大人虎變，未占有孚。

虎者，毛蟲之長，君之象。真虎之變，其文炳煥。羿、莽、操、懿，陰謀禍賊以盗天下，狐鼠鬼蜮之儔耳，視虎變何如哉。（元董真卿撰周易會通卷第九、明胡廣撰周易大全卷十八、清沈起元

撰周易孔義集説卷十三）

（鼎）九四，鼎折足，覆公餗，其形渥，凶。

四近君，不中不正，下亦以不中不正應之，民心乖離，我所賴以立者撥矣，是「鼎折足，覆公餗」也。「公餗」不可只作飲食看。傾敗天祿，顛危宗社，此正欺君罔上、不實之明驗矣。（元董真卿撰周易會通卷第九、明胡廣撰周易大全卷十八、明葉良佩撰周易義叢卷十、清沈起元撰周易孔義集説卷十三）

（漸）初六，鴻漸于干，小子厲，有言，无咎。

小曰鴈，大曰鴻。（元董真卿撰周易會通卷第九）

六四，鴻漸于木，或得其桷，无咎。

桷謂木枝之小而可爲椽者。先儒謂鴻不木棲，鄉間歲暮則至，棲於高木之上，先儒殆失

考。（元董真卿撰周易會通卷第十、清惠棟撰周易本義辨證卷四、清梁錫璵撰易經揆卷四）

「其羽可用爲儀吉」，不可亂也。

不可亂，謂其行序之有倫也。若棲止於陸，其羽不展，尚何不可亂之有？（元董真卿撰周易會通卷第十、清沈起元撰周易孔義集説卷十四）

豐：亨。王假之，勿憂，宜日中。

歲穰曰豐，歲惡曰歉。豐者，充盈不歉之名。（元董真卿撰周易會通卷第十）

（巽）九五，貞吉，悔亡，无不利。无初有終。先庚三日，後庚三日，吉。

先儒謂戊己爲中，過中則變，故謂之。庚先三日，丁也，无初，故不言十干之首。後三日，癸也，有終，故必盡十干而後止。（元董真卿撰周易會通卷第十）

（兑）九二，孚兑，吉，悔亡。

中實爲孚，二五剛中，故皆曰孚。（元董真卿撰周易會通卷第十一、明胡廣撰周易大全卷二十、清錢澄之撰田間易學卷六）

文言

九三曰：君子終日乾乾，夕惕若厲，无咎。何謂也？子曰：君子進德修業。忠信，所以進德也。修辭立其誠，所以居業也。知至至之，可與幾也。知終終之，可與存義也。是故居上位而不驕，在下位而不憂。故乾乾因其時而惕，雖危无咎矣。

知至謂知其當至於三也。知終謂知其當終於三也。（清錢澄之撰田間易學卷一）

繫辭上傳

天尊地卑，乾坤定矣。卑高以陳，貴賤位矣。動静有常，剛柔斷矣。方以類聚，物以群分，吉凶生矣。在天成象，在地成形，變化見矣。

无畫之易在太極先，有畫之易自兩儀始。蓋下文所謂貴賤剛柔、吉凶變化，自乾坤而始著，非自乾坤而始有也。故曰：「乾坤成列，而易立乎其中矣。」上言尊卑，而下言卑高。（元董真卿撰周易會通卷第十二、明胡廣撰周易大全卷二十二、明葉良佩輯周易義叢卷十二、明張振淵撰周易説統卷九、清錢澄之撰田間易學卷七）

是故列貴賤者存乎位，齊小大者存乎卦，辯吉凶者存乎辭。

「存」字与上文「言」字正相應。言易中皆已具而可求也。（元董真卿撰周易會通卷第十二）

天地設位，而易行乎其中矣。成性存存，道義之門。

設，先未有而始陳也。天地設位，易已行矣，非謂行於設位之後也。（元董真卿撰周易會通卷第十二）

聖人有以見天下之動，而觀其會通，以行其典禮，繫辭焉以斷其吉凶，是故謂之爻。

人事百千萬變，而莫不各有一定不易之則，其所謂宜、所謂典礼者欤。（元董真卿撰周易會通卷第十二）

繫辭下傳

包犧氏没，神農氏作。斲木爲耜，揉木爲耒，耒耨之利以教天下，蓋取諸益。

耨，芸，除草也。（元董真卿撰周易會通卷第十三）

其德行何也？陽一君而二民，君子之道也。陰二君而一民，小人之道也。

陽卦君子之道，陰卦小人之道，亦舉大概。巽、離、兑非一於小人也。（元董真卿撰周易會通卷第十三）

善不積不足以成名，惡不積不足以滅身。小人以小善爲无益而弗爲也，以小惡爲无傷而弗去也，故惡積而不可掩，罪大而不可解。易曰：何校滅耳，凶。

積字宜玩。凡善惡未有不由積而成也。（元董真卿撰周易會通卷第十三、明胡廣撰周易大全卷二十三、清陸奎勳撰陸堂易學卷八）

子曰：德薄而位尊，知小而謀大，力小而任重，鮮不及矣。易曰：鼎折足，覆公餗，其形渥，凶。言不勝其任也。

古之人君必量力度德而後授之官，古之人臣亦必度力度德而後居其任。雖百工胥史且猶不苟，况三公乎？爲君不明於所擇，爲臣不審於自擇，以至亡身危主，誤國亂天下，皆由不勝任之故，可不戒哉。（元董真卿撰周易會通卷第十三、明胡廣撰周易大全卷二十三、明丘濬撰大學衍義補卷十二、明葉良佩輯周易義叢卷十四、明徐師曾撰今文周易演義卷十一、清錢澄之撰田間易學卷八、清沈起元撰周易孔義集説卷二十、清李文炤撰周易本義拾遺卷六）

子曰：君子安其身而後動，易其心而後語，定其交而後求，君子修此三者，故全也。危以動，則民不與也；懼以語，則民不應也；无交而求，則民不與也；莫之與，則傷之者至

矣。易曰：莫益之，或擊之，立心勿恆，凶。

安其身，易其心，定其交，非立心有恒者不能然。立心有恒，種種周密，缺一便不謂全。（元董真卿撰周易會通卷第十三、元解蒙撰易精蘊大義卷十、明胡廣撰周易大全卷二十三）

説卦傳

乾爲天，爲圜，爲君，爲父，爲玉，爲金，爲寒，爲冰，爲大赤，爲良馬，爲老馬，爲瘠馬，爲駁馬，爲木果。

大赤，純陽色也。（元董真卿撰周易會通卷第十四）

坤爲地，爲母，爲布，爲釜，爲吝嗇，爲均，爲子母牛，爲大輿，爲文，爲衆，爲柄，其於地也爲黑。

吝嗇至陰之性，女子小人未有不吝嗇者。爲文，正蒙曰：「坤爲文，衆色也。」又曰：「物之生於地也，至襍而文。」爲柄，柄者，生物之權也。（元董真卿撰周易會通卷第十四、明蔡清撰易經蒙引卷十二下、明胡廣撰周易大全卷二十四、明唐順之編荆川稗編卷之五、清陸奎勳撰陸堂易學卷九、清錢澄之撰田間易學卷九、清查愼行撰周易玩辭集解卷十）

震爲雷，爲龍，爲玄黄，爲旉，爲大塗，爲長子，爲决躁，爲蒼筤竹，爲萑葦。其於馬也爲善鳴，爲馵足，爲作足，爲的顙。其於稼也爲反生，其究爲健，爲蕃鮮。

旉，説文：「布也。」又花之通名。大塗，陽闢乎陰，无險阻也。在野曰稼。子墜苗抽，陽反而生於下也。（元董真卿撰周易會通卷第十四、清陸奎勳撰陸堂易學卷九）

巽爲木，爲風，爲長女，爲繩直，爲工，爲白，爲長，爲高，爲進退，爲不果，爲臭。其於人也爲寡髮，爲廣顙，爲多白眼，爲近利市三倍，其究爲躁卦。

爲木者，幹陽而根陰也。爲長者，風行也。爲高者，木性也。寡髮者，陰血不升也。廣顙者，陽氣上盛也。（元董真卿撰周易會通卷第十四、明蔡清撰易經蒙引卷十二下、明胡廣撰周易大全卷二十四、明唐順之編荆川稗編卷之五、明葉良佩輯周易義叢卷十五、清陸奎勳撰陸堂易學卷九、清錢澄之撰田間易學卷九）

坎爲水，爲溝瀆，爲隱伏，爲矯輮，爲弓輪。其於人也爲加憂，爲心病，爲耳痛，爲血卦，爲赤。其於馬也爲美脊，爲亟心，爲下首，爲薄蹄，爲曳。其於輿也爲多眚，爲通，爲月，爲盜。其於木也爲堅多心。

中滿下无力，故多眚。（元董真卿撰周易會通卷第十四）

艮爲山，爲徑路，爲小石，爲門闕，爲果蓏，爲閽寺，爲指，爲狗，爲鼠，爲黔喙之屬。其於木也爲堅多節。

一陽在下，二陰在上，則爲大塗。一陽在上，二陰在下，則爲徑路。陽阻而狹，陰不能闢也。堅而止，故爲小石。木生爲果，在上而核堅，陽也。蔓生爲蓏，在下而危柔，陰也。狗鼠利於牙，黔喙之屬利於喙，皆剛在上也。（元董真卿撰周易會通卷第十四、清陸奎勳撰陸堂易學卷九）

兑爲澤，爲少女，爲巫，爲口舌，爲毁折，爲附决。其於地也爲剛鹵，爲妾，爲羊。

爲毁折，上柔象。爲剛鹵，水本柔也，凝而鹵，陽聚於下也。（元董真卿撰周易會通卷第十四、明蔡清撰易經蒙引卷十二下、明胡廣撰周易大全卷二十四、明唐順之編荆川稗編卷之五、清陸奎勳撰陸堂易學卷九、清錢澄之撰田間易學卷九）

傳記

南宋館閣續録　卷九

（嘉熙以後）錢時字子是，嚴州人。二年五月十五日，以布衣特補迪功郎差充，仍下本州。取時所著周易釋傳、尚書演義、學詩管見、論語、古文孝經、大學、中庸四書管見、兩漢筆記、國史宏綱繕寫繳進。十一月，添差浙東提舉常平司幹辦公事。

景定嚴州續志　卷三

錢時，字子是，郡人，號融堂。少力學，自貴重，後著書立言，以鄉先生稱。嘗以易領漕舉，試南宫，輒不利，絶意仕進。嘉熙二年，宰臣喬行簡奏上，補迪功郎、秘閣校勘，兩入史館，終不蘄顯仕。有周易釋傳、尚書演義、學詩管見、春秋大旨、四書管見、兩漢筆記、國史宏綱、蜀阜前後續稾、冠昏記等書行於世。寶祐甲寅，知州季鏞繪肖於學宫之先賢祠。

清光緒二十二年漸西村舍彙刊本

宋史卷四百七　列傳第一百六十六　楊簡附錢時

時字子是，淳安人。幼奇偉不群，讀書不爲世儒之習。以易冠漕司，既而絶意科舉，究明理學。江東提刑袁甫作象山書院，招主講席，學者興起，政事多所裨益。郡守及新安、紹興守皆厚禮延請，開講郡庠。其學大抵發明人心，論議宏偉，指擿痛决，聞者皆有得焉。丞相喬行簡知其賢，特薦之朝，且曰：「時夙負才識，尤通世務，田里之休戚利病，當世之是非得失，莫不詳究而熟知之，不但通詩書、守陳言而已。」授秘閣校勘。詔守臣以時所著書來上。未幾，出佐浙東倉幕，太史李心傳奏召史館檢閲。轉對，敷陳剴切，皆聖賢之精微。旋以國史宏綱未畢求去，授江東帥屬，歸。其書有周易釋傳、尚書演義、學詩管見、春秋大旨、四書管見、兩漢筆記、蜀阜集、冠昏記、百行冠冕集。寶祐間，守季鏞祠於學。

嘉靖淳安縣志　卷十一　錢時傳

錢時，字子是，居蜀阜，號融堂。幼奇偉不群，日誦萬言。甫冠，淹貫經史，心傳目到，不爲世儒之習。後以易經冠漕闈，既而絶意仕進，究明理學。遊慈湖楊文元公之門。

慈湖喜曰：「人心背馳，不知其幾，惟子是超然有覺，又能啓迪其鄉邦士子，吾道其亨乎。」遂爲慈湖高弟。已而袁甫持節江東，創象山書院，屈主講習，學者興起，本郡及新安、紹興三郡皆禮請開講。其學大抵推明往學不傳之妙，警發人心固有之善，論議瑰偉，指摘痛快，聞者皆有得焉。相臣喬行簡知其賢，薦之朝，授迪功郎、秘閣校勘，下有司令取所著尚書演義、學詩管見、周易釋傳、四書管見、兩漢筆記繳進。未幾，出佐浙東倉幕。以太史秀巖李心傳奏，召入史館，除檢閲。輪當面對，敷陳剴切。旋以國史宏綱未畢丐祠，授江東帥屬而歸。創經史閣貯所進書。淳祐五年卒。慈湖嘗爲書「融堂」二大字，門人尊稱曰融堂先生。有國朝編年、春秋大旨、百行冠冕、冠婚記、蜀阜前後藁、嘉定講書藁、英烈廟實録、錦江雜著諸書行于世。郡守季鏞、縣令虞甡各肖先生像，祠於郡縣。窮甡又爲之贊曰：「偉哉丰神，瀟洒絶塵。光風霽月，陶寫性真。道山穹窿，蜀阜嶙峋。窮邪通邪，千古令名。」縣尉新安鄭千齡表其墓，有曰：「予既爲朱子立祠學宫，復表融堂先生之墓，所以息黨同伐異之論，而爲至當精一之歸。夫陸氏之所以異於朱子者，非若異端之别爲一端緒也，特所見出於高明，而或謂智者過之耳。今之學者發言盈庭，宗朱之説慨行，毁陸之議肆起，豈善學前輩者哉。且朱子之言無極，天下之公言也；象山之議無極，亦天下之公言也。偶其所見有不同，故終身有不苟合者。後之黨朱而伐陸者，又豈天下之公言哉。」

天一閣藏明代方志選刊所收明嘉靖刻本

譜系考（節録）　〔清〕錢澄之

流光譜稱，隱之公以寺丞守新安，遂居歙之汝溪，是爲新安始祖。五世而有彉者，遷淳安之蜀阜，即清溪也。與兄嵒同起義兵，破倪從慶、管衆等諸賊。高宗航海，兀朮以舟師溯浙江，越嚴、婺追之。彉兄弟起兩州保壯三千邀擊，至桐廬牛頭山，設伏破之。事聞，皆補承信郎，進保義郎。紹定四年，三省具奏，敕賜英烈，建廟蜀阜，追封嵒惠顯侯、彉惠濟侯。而嵒公後亦遷居淳安之坑田，皆爲嚴州人。今廟碑所謂嚴州派者，指兩侯而言。而宗派所爲淳安清溪派，則專指吾祖彉公後也。其專指清溪者，彉公四子皆以科第顯。有孫曰時，所稱融堂先生是也。其時清溪代有聞人，而台州宗有名可則者，魏國公象祖之後也。來守嚴州，其祭融堂祠曰：昔侍越中，祭兩侯廟，自稱譜。視諸孫，則素與融堂稱。兄弟交審矣，故獨詳於清溪。正統間會譜于淳安名申同者，仍是台州魏國七世孫，而可則從孫宰之後也。台州故與淳安通譜，此宗派考應得之台州耳。流光譜仍合兩侯之子孫，而吾譜則應以𨿅公爲始遷淳安之祖。

田間文集卷二十八
清康熙刻本

宋元學案　卷七十四　慈湖學案

慈湖門人

帥屬錢融堂先生時

錢時，字子是，淳安人。慈湖高弟。讀書不爲世儒之習。以易冠漕司，既而絶意科舉，究竟理學。江東提刑袁蒙齋甫建象山書院，招主講席，學者興起。大抵發明人心，指擿痛決，聞者皆有得焉。丞相喬行簡薦之，授祕閣校勘。詔守臣以其所著書來上。未幾，出佐浙東倉幕。召入史館檢閲。以江東帥屬歸。所著書有周易釋傳、尚書演義、學詩四書管見、春秋大旨、兩漢筆記、蜀阜集、冠昏記、百行冠冕集。人稱爲融堂先生。

新安州學講義

顔淵問仁。子曰：「克己復禮爲仁，一日克己復禮，天下歸仁焉。爲仁由己，而由人乎哉？」顔淵曰：「請問其目。」子曰：「非禮勿視，非禮勿聽，非禮勿言，非禮勿動。」顔淵曰：「回雖不敏，請事斯語矣。」

洙泗問仁，隨問而答，縱横參錯，初無異旨，然其地步各有淺深，而所以教之者，不容于躐等。至此一章，明白洞達，精詳的切，此先聖特以語顔氏子歟。仁，人心也。此心即仁，虚明渾融，本無虧闕。爲意所動，始失其所以爲仁；爲物所遷，始失其所以爲仁；爲習所移，始失其所以爲仁；爲欲所縱，始失其所以爲仁。狂迷顛到，醉生夢死，昏昏憒憒，日用而不知，皆己私爲之窟宅，非本心然也。先聖曰：「改而止。」又曰：「過以改除。」夫所謂用力于仁者，果安所用其力哉？用力于克己而已。如月之明，雲翳之即昏；如水之清，泥滓之即渾。雲散天空，淵澄海净，則其本清本明者固自無恙。禮者，天則之不可踰者也，一踰此，則無非己私。有一毫己私，即不足以爲禮，有一毫非禮，即不足以爲仁。先聖于此，不曰克己爲仁，而曰「克己復禮爲仁」，非于禮之外而他有所謂仁也。曰「復禮爲仁」者，所以明復禮之即仁也。大哉，禮乎！分而爲天地者此也，轉而爲陰陽者此也，變而爲四時者此也，列而爲鬼神者此也，此即本心之妙，即所謂仁也。克己即復禮矣，復禮即爲仁矣。夫以天地之廣大，陰陽之闔闢，四時之運行，鬼神之變化，而此禮實爲之則。一日克己，豁然清明，道心大同，範圍無外，謂之天下歸仁，良不爲過。然而此事斷斷在我，實非他人所能致力。古訓每曰自强，曰自修，曰自成，曰自牧，曰自昭明德，皆「由己」之謂。若不由己，其見必不決，其進必不勇，其發必不果，其行必不力，必摇于外誘，必亂于意見，必動于浮論虚説，支離纏繞必不能斷割，故態惡習必不能掃除，倀倀然中無定守，而欲倚人言爲之主宰，必不能特達。先聖既以克己答颜淵之問，遂斷斷曰「爲仁由己」，又斷斷曰「而由人乎哉」，所以截外馳之路，使之彷徨四顧，略無倚仗，而斬截決裂，一斷諸己也。一斷諸己，直心而用，無所回撓，安得受制于外物也哉！颜子至此，聞言不疑，即求就實工夫，而請問其目，其爲問也密矣。人之日用，應酬萬端，舉不外乎視聽言動。之四者，名四實一，無非天則。非禮則勿，是之謂克。雖然，不特接于目而後爲視也，暗室屋漏，一念之邪，而不正之色已雜然乎在目，知其非禮，隨即泯然，則視無所蔽矣。不特接于耳而後爲聽也，暗室屋漏，一念之妄，而不正之聲已譁然乎在耳，知其非禮，隨即泯然，則聽無所蔽矣。以至于言，以至于動，不特宣之于口，發之于事，而後見也，念慮隱微之地，大明澄照，微過則改，則言動無所蔽矣。克己工夫，全在一「勿」字上。行之而熟，守之而純，變化虚明，略無所累，則雖縱目而視，縱耳而聽，肆口而言，隨感而動，安往而非仁哉。颜子方皇皇然欲從末由，發鑽堅、仰高之歎，一聞斯語，如旅而歸，請事之言，其應如響。是以「有不善未嘗不知，知之未嘗復行」，「不遷怒，不貳過」，以至「三月不違」，無往而非事斯語之時矣。故以颜氏之子，其殆庶幾乎。

附録

趙寶峰示子弟曰：「錢某小人，行己著書，趨時悖道，罔衆干名，乃斯文中所當誅斥。史臣乃贅某于道統之後，未知其似是而非。」補。

梓材謹案：是説與本傳相背，謝山蓋以爲然，故于石坡書院記亦有微辭云。

融堂家學

錢誠甫先生槱

錢槱，字誠甫，融堂之子。慈湖嘗曰：「誠甫近于嘉定十有二年元夕後一日有覺，至晦日又大通。」又贈言曰：「誠甫遠訪，從容近月，問答亦詳矣。將歸，侍，復求言。孔子曰：『天有四時，春秋冬夏，風雨霜露，無非教也。地載神氣，神氣風霆，風霆流形，庶物露生，無非教也。』誠甫領斯教也，毋或昏。」參慈湖遺書。

縣令錢竹間先生允文

錢允文，淳安人也，融堂從子。咸淳九年進士，武岡令。傳其家門之學，學者稱爲竹間先生。修。

融堂門人

正字洪錦溪先生揚祖

洪揚祖，字季揚，嚴州人也。徧從慈湖、絜齋遊，而卒業于融堂。累官至正字，輪對者三。以講學正心誠意爲啟沃，學者稱爲錦溪先生。有集，漫塘雅稱之。修。

梓材謹案：梨洲原本金溪學案附傳，謂：「先生淳安人，袁甫之門人也。」據此則先生嘗從袁氏父子遊也。

隱君夏自然先生希賢

夏希賢，字自然，淳安人也。融堂弟子。雲濠案：一本作慈湖弟子。攷嚴陵志，言先生之學，嘗會其極于象山、慈湖之要，未言受學于慈湖。究明性理，洞見本原，杜門不出者三十餘年。家無隔宿之儲，而泰然自如，學者皆稱爲自然先生。三子皆承其學，而仲子溥最著。補。

庶官呂鳳山先生人龍

呂人龍，字首之，淳安人。景定進士。融堂之高弟也。胸次灑落，日與學者指點浴沂風雩之樂。仕止小官。學者稱爲鳳山先生。有集。修。

宋元學案補遺　卷七十四　慈湖學案補遺

慈湖門人

補帥屬錢融堂先生時

雲濠謹案：館閣續録：先生所著四書管見，蓋論語、古文孝經、大學、中庸也。又有國史宏綱。

梓材謹案：四庫全書本永樂大典編次融堂書解二十卷。提要云：「融堂之意，主表章書序，每篇之首，皆條具大旨。其逸書之序，則參考史記，核其時事，以釋篇題。復采經典釋文、史記集解、史記索隱所引馬、鄭説，引伸其義。雖因仍舊説，不知書序非詩序之比，未免稍失考證。然用意則可謂精勤。所解如『羲和曠厥職』則本諸東坡，康叔封衛在成王時則仍用孔傳，康王之誥則兼采横浦書説，不專主一家之學。至以泰誓[一]爲

[一]「泰誓」原誤作「秦誓」，今正。

告西岐師旅，牧誓爲告遠方諸侯，皆不依傍前人，自抒心得。又謂武成本無脱簡，前爲武王告師之辭，後爲史臣紀事之體。康誥首節，以周公初基定爲東都營洛邑，封康叔以撫頑民，不當移置於洛誥。尤爲不惑於曲説，亦宋人經解中之特出者也。」又著録融堂四書管見十三卷。提要云：「此編凡論語十卷、孝經一卷、大學一卷、中庸一卷，俱先列經文，略加音訓，而詮釋其大旨于後。孝經用古文。大學但析爲六章，不分經、傳。蓋時之學出于楊簡，簡之學出于陸九淵，門户迥殊，故不用程朱之本。其解論語『崇德辨惑』章，謂『誠不以富，亦祇以異』二句，乃證愛欲其生、惡欲其死者之爲異。『齊景公有馬千駟』節，合上文爲一章。謂『其斯之謂與』句，乃指夷齊便是求志達道而言。又大學『此謂知本，此謂知之至也』二句，仍附第一章末，謂是聖人承上厚本薄末、反覆曉人之意。亦俱根據舊文，不肯信爲錯簡。朱子與陸九淵書所謂『各尊其所聞，各行其所知』也。然金溪之學，惟憑心悟，或至于恍惚窈冥。時則以篤實爲宗，故其詮發義理，類多平正簡樸，不爲離析支蔓之言。又敖繼公儀禮集説後序所謂『以魯男子之不可，學柳下惠之可者』矣。」

融堂講論

論學先論志。天下之事，未有無志而成者。養叔之射，庖丁之牛，郢之于斤，秋之于奕，痀瘻之于蜩，與夫鍾、王之于書，吴道子之于畫，雖一藝之微，皆定于所志，習之終身不厭，而後造其極。况吾聖人之所謂學乎。

爲學當以聖人爲的，學聖人當以聞道爲的。三代而下，或志于縱横，或志于刑名，或志于富强，或志于虛無。異端邪説紛紛，千流萬派，而卒爲名教之罪人。若是者，非無志也，不先立夫其大者，而志非所志也。

有所嗜好，即不足以言志。有所繫累，即不足以言志。有所拘隨，有所貪戀，即不足以言志。有苟焉自恕之念，不足以言志。有自詭自欺之念，不足以言志。有剽輕浮動之念，不足以言志。有藩籬物我之念，不足以言志。無深固不拔、弗得弗措之見，而有營求卜度、揣摩校計之念，不足以言志。或隕穫于貧賤，或充詘于富貴，或回撓于憂患變故，或變亂于生死禍福，皆不足以言志。

孔子，聖人也。自常情言之，曰天縱、曰生知，宜若迥出天外，不可梯接者。反觀其自叙：三十而立矣，不至于不惑不止也；四十不惑矣，不至于知天命不止也；五十知天命矣，不至于耳順不止也；六十耳順矣，不至于從心所欲不踰矩不止也。然沿流而遡其源，所以首途發軔，不過曰「吾十有五志于學」而已。大哉，志乎！雖聖人從心所欲不踰矩之妙由此而始，况學聖人者乎。

此志一立，金石可化，水火可蹈。况天爵良貴，我所自有，全體渾然，匪由外鑠，而有不可得者乎？世之人，富貴利達，一切難必之事，往往决志求之，晝夜憂勞，莫知所止。至于此事，不煩措畫，不費經營，一念之回，八通四闢，出險阻而由大路，脱荆棘而居廣居，所謂「素其位而行，無入而不自得」者，乃或甘心暴棄而不知求，亦惑矣。

附録

慈湖曰：某于子是至契。子是先已覺，惟閒有微礙。某剗其礙，遂清明無閒。無内外，無始終，無作止，日用光照，精神澄静。某深所敬愛。

先生狀慈湖行實曰：伏羲肇畫，初無文義可傳；孔氏遺書，不從言語上得。本心本聖，無體無方。虚明變化，無非妙用。斯道也，堯以之安安，舜以之無爲，禹以之行其所無事，湯以之懋昭，文王以之順帝則，武王以之訪洪範，周公以之師保萬民，孔子以之爲删、爲定、爲繫、爲筆削褒貶。是之謂中，是之謂極，是之謂秉彝之則。茫茫千古，智探巧索，如聵商律，如瞙指杓，而先生得之，斯道於是大明。

袁蒙齋贈先生詩序曰：融堂自淳安來，某延入郡庠，講書首論立志。乃講「颜子問仁」一章，敷繹斯義最爲的切。夫志非他，志于仁而已。大哉，仁乎！充宇宙，滿六合，接于耳目，著于日用，何往非仁？天本仁，渾全通貫。此心即仁，不勞外索。人患志不立耳。

融堂門人

補隱君夏自然先生希賢

梓材謹案：先生號安正。金居敬總序趙東山春秋四書，言其稟學資中黄氏，嘗往淳安質諸教授夏公。夏公爲言其先君子安正先生爲學本末甚悉。又言：後夏公教授洪都，東山再往見焉，夏公特出其夏氏先天易書。又曰：吾先人遺書，當悉付子矣。

附録

朱楓林曰：「淳安夏氏讀易十字樞：『一曰中：二爲下卦之中，五爲上卦之中。二曰偏：初三下卦之偏，四上上卦之偏。三曰正：陽居陽位，陰居陰位，剛畫居初三五，柔畫居二四上。四曰反：陽居陰位，陰居陽位。五曰應：初與四應，二與五應，三與上應。陰陽相得，謂一陰一陽相遇。六曰敵：初與四，二與五，三與上，陰陽相敵，謂皆是陰，皆是陽。七曰比：初與二比，二比三，三比四，四比五，五比上。八曰遠：不相比。九曰乘：本爻在彼爻之上。十曰承：本爻在彼爻之下。』」

梓材謹案：夏氏讀易十字樞，蓋卽安正先生先天易書之説也。

陸子學譜　卷十六　門人上

錢秘閣時子柏，從子允文

宋儒學案本傳

錢時，字子是，淳安人。幼奇偉不凡，讀書不爲世儒之習，以易冠漕司。既而絶意科舉，究明理學。江東提刑袁甫建象山書院，招主講席，學者興起，大抵發明人心，指摘痛快。聞者皆有得焉，政事亦多所裨益。丞相喬行簡薦之，授秘閣校勘，詔守臣以其所著書來上。未幾，出佐浙東倉幕，召入史館檢閲，以江東帥屬歸。所著書有周易釋傳、尚書演義、學詩、四書管見、春秋大旨、兩漢筆記、蜀阜集、冠昏記、百行冠冕集，人稱爲融堂先生。

按：宋史本傳與此傳略同，此傳脱二語，今增入。

慈湖爲錢子是誌其妣徐氏墓云：「某於淳安錢子名時字子是至契。子是已覺，惟尚有微礙。某剗其礙，遂清明無間。無内外，無終始，無作輟，日月光照，精神澄静，某深所敬爱。後遣冢子柏奉書至，并其妣徐氏家傳，紀其孝敬，燭疑如見。族人事有難决就問，一言而定，閭閻不嚴而治。歲大歉，數日杵米，給鄰里。有生子貧不舉者，急諭止之，給以酒米，其救活餓死不可殫紀。棺梧野殀，捐地数畝爲蒿里。其夫號筠坡翁，字晦仲，吴越文穆王九世孫。夫婦德同行合，子是起敬，誌銘其墓。某與子是亦嘗爲至契，銘其親墓。今思孔子書「嗚呼，有吴延陵季子之墓」，異乎後世繁辭。某已戒子孫：我死後，毋爲誌銘。子是欲其孝妣善譽垂於不朽。子是之子柏字誠甫，亦近於嘉。」

慈湖贈錢誠甫帖云：「誠甫遠訪，從容近日，問答亦詳。將歸，侍，復求言。孔子曰：『天有四時，春秋冬夏，風雨霜露，無非教也。地載神氣，風霆流形，庶物露生，無非教也。』誠甫領斯教矣，毋或昏。」

象山學案云：錢允文，號竹間，淳安人，錢時之從子也。登咸淳九年進士，第知武岡縣，受學於時。

续修四库全书所收清雍正無怒軒刻本

遺跡

蜀阜小志（節録）

〔明〕徐楚　編

蜀阜小志序

蜀阜予世居也，不越里許，而一山一水、一石一木，田園之所憩，庭宇之所棲，凡可悦目醒心、爲吾養静藏修之助者則志之。其餘族處之衆，宅舍之廣，棹楔之森列，未暇悉志也。宋儒融堂錢先生昔居是地，今去先生之世若此其遠，而居若此其近也，於是乎有志。嘗觀先生門人吕鳳山氏所作新亭記：淳祐元年，先生歸自史館，盡出蜀阜之奇而揭之。亭曰亦亭、曰可亭、曰敬止、曰歸然、曰詠歸、曰野翁吟、曰光風霽月，皆亭也。至所謂山隱、高齋、廣塾、牧莊、月池，與達觀、此山二堂，皆去舍不遠。而滄浪、歲寒、山翁、溪翁諸亭，亦在溪山前後。名存而蹟毀者數百年。余生也晚，忝厠宦途，比歸自蜀，愧無先生之高志，然未嘗不想其儀型而希望其遐軌也。夫景以天會，地以人稱，撫景而不諧於心，懷人而莫追其蹟，亦徒然矣。用是即其所居，隨地廣狹，增修先業，間爲創置，因地命名，因物寓意，并采先生存稿詩文有關蜀阜者，附以今昔名賢之作及予鄙搆一得。而志以小稱，蓋其大者已屬之先生，而其小者惟予小子得之，爲獨樂之地云爾。志成，或有以是問予者，予將以是答之。

旹隆慶庚午之春三月蜀阜吾溪徐楚識

蜀阜小志　蜀阜山長吾溪主人編次

季男應簧增補

蜀阜十景

康懿公蜀阜十景記

蜀阜距淳安縣治西六十里許，予家世居焉。家之前西北有池，泉深數尺，涵泓凈潔，四時不竭。忽一夕偶淺，則翌日必雨，曰天澤靈池。池西有嶺，高不過數丈，夾道多丹楓翠柏，茂林修竹相掩映，佳氣如雲，葱鬱可掬，曰雲程秀嶺。嶺之東稍北有阜，其狀如釜，上有竹數百竿，乃宋儒融堂先生講道之所，其弟子鳳山吕首之爲作高齋竹賦，至今傳詠焉，曰高齋翠竹。……

長洲沈周蜀阜十景歌

淳安古名邦，所據淛上游。佳山與佳水，千里百里相繆綢。有山東鎮，盤鬱而崒嶭。有池爲澤，霈爲靈湫。有峰巍巔若烏止，有嶺拔秀可陟雲程修。有巒肖桃鋭其首，何年金母仙實留。有阜爲齋夾竹幽，融堂倡道鳳山斯訓。……

滇南高峣蜀阜十景圖序

蜀阜十景者，淳安吾溪徐公里居山川之勝會而成景者也。……夫自有宇宙便有山川，聞之地能重人，人亦能重地。「嵩嶽降神，生甫及申」，此以地重者也。莘而阿衡，渭而尚父，此以人重者也。蜀阜自宋淳祐間，融堂倡道東南，名儒輻湊，至以「招賢」名其里。迨國朝成、弘之季，康懿公司空宅揆，作天子耳目股肱，而人與地交重矣。公生兩先生鄉，襲其衣鉢則人重，出而爲德於天下則山川重，此豈與輞川、盤谷放情山水者類乎？……

山巖類　東山

東山在宅東十餘里，圓整雄秀，爲一方之鎮。舟行百里外，遥見山峰，如在雲表。融堂有東山巨鎮題詠，爲蜀阜八景之一。上有佛庵，甚著靈驗。予嘗同社姓祈雨於茲，陟坐翠微，雲生足下，俯視群山，等培塿耳。

山巖類　茶山

在祖宅右，昔爲融堂先生講學之所，今吾徐氏祠堂及玄壇廟在焉。土阜平衍，林木青葱，前拱桃屏，研田、照山環列左右，秀爽特異。族中群從，芳春游樂，輒攜觴藉草，就此豪飲云。

山巖類　烏石奇峰　其下爲石山

梅塢繞過曹家坪，是爲石山。峭壁臨溪，鑿有石溝二處，云是融堂引水灌田、直至富財坂者，工力亦大且遠矣。厓上滴泉不止，冬間冰掛丈尋，如玉柱然。其巓名烏石峰，宛如烏立層霄，有軒然欲舉之意。予嘗與叔祖槐亭公及七峰叔照澗、一元二兄登臨其上，俯瞰樓閣參差，山水環抱，近則虹橋蜀嶺，黃石上莊，遠則赤石白沙，陽城塔山，一覽而盡，真奇絶也。

山巖類　此山　筠坡　山隱

以上皆舊名，即登雲嶺外山坡。坡下有田，坐北面南，研田諸峰，蜀溪一帶，環抱詰曲。融堂於此立屋其上，曰此山堂，言對此山而爲堂也。呂鳳山謂蜀阜佳境至此而盡。先生尤愛此吟咏，特搆一亭曰野翁吟。其筍坡舊名爲山隱者，皆對此山。予尋其故處，建書院一區，遥望研田，真如圖畫，則前人道眼安得不愛此山而寄野翁之吟興乎。

溪泉類　石山潭

潭在烏石山下，水清魚可數。每遇漲時，可乘小舟直至虹橋下。其山上石壁，舊名借亭。融堂借亭觀魚詩曰：「春日春風衣杲杲，海棠未老春正好。與客行歌借亭西，平沙步步生芳草。空潭受日透底明，遊魚如散空中霙。徘徊欲坐去未忍，却恨借亭猶假名。有名無亭真是假，是假是真俱土苴。去年今日蘇公堤，玉勒雕鞍相家馬。」予觀此詩，先生尤未能忘情於世故也。

村落類　後塢莊

重九日與客由後塢登掛榜山薄暮盡酣而返記

松皋，後塢之别名也，距水西僅百餘武，仁二太伯祖丘墓在焉，相傳爲宋融堂錢先生廣塾、牧莊舊址。田家十餘户，雞犬相聞，有長松茂柏，清泉白石，平疇沃野。望隔水亭臺樓閣，參差如畫，視水西之勝不啻過之。……丙辰仲秋日希聲甫記。

橋梁類　虹橋

徐楚虹橋記

蜀阜之西，三峽攸滙。橋横數版，昔名虹橋。橋以虹名，象其形也。阜以蜀稱，因其峽也。……余曰：志稱古睦爲山水之鄉，淳爲上游，而蜀阜爲最勝者。斯峽斯橋，特十景之一焉。標之錢融堂，圖之沈石田，記咏於我康懿公及諸名公者備矣。……

書院類　吾溪書院

在鎮西樓外數十步，即融堂新亭舊址，與此山、山隱寔相咫尺。歲代既久，人事屢更，山川之勝尤存也。……

徐楚吾溪書院樓閣池亭記

予歸林之七年，是爲隆慶庚午，始於雲松山房隙地架樓數間，讀書其中，且課諸子講習，堂曰怡恩，志次歸田之樂也。樓曰明月，倣庾公南樓意也。樓之外有門，則以別號吾溪爲書院名。上有玄覽閣，本南華經「滌除玄覽」，非予杜撰者也。仰川吴生書，遒勁可愛。對樓而峙，有雲峰亭，在雲程秀嶺之麓，四山并插於清虚之表，亭樓其中，得以是名。過此爲水竹居匾，晦翁真跡。又臨米元章「墨池」二大字於壁間，檐外雲山，如屏如畫，琅玕蒼翠掩映池塘春草間。宋儒錢融堂氏曾愛茲地之勝，搆此山堂、野翁唫亭，遺址尚在。……隆慶壬申夏五吾溪居士楚書。

徐楚池上與吴紫山共酌詩

林下開三徑，花前醉一卮。題詩過竹院，洗墨向華池。此地堪尋樂，融堂是我師。山人逢錦里，明月共心期。

別墅類　高齋

在前山中阜之西，爲融堂故址，與歸然亭相近。對面爲歲寒亭，融堂先生嘗講道於此，四方向慕，受業者數百人。紫陽朱文公屢挈諸徒，枉車訪論，深合道契。山居之旁，山岡高峻，難於步躡，文公親爲甃砌石階一段，名爲朱文公街。舊稱高齋翠竹十景之一。康懿公記云「有竹數百竿」，則是國初固無恙也。今址入民家，竹亦無有。登丘而望，爲之黯然。

樊皐詩

羽幬毿娑攢碧玉，雪粉縭纚亂紛馥。清標壓倒湘濱娥，石壇冷沁苔痕綠。融堂老子魂不醒，窻户空餘涼月明。秋風夜半振寥廓，仿佛如聞鸞鳳聲。

祠廟類　英烈廟

縣志云：在縣西六十里蜀阜雲嶺外，爲錢氏宗祠。宋紹興間，以軍功封錢嵒爲惠顯侯，錢毊爲惠濟侯，建祠崇祀，賜額「敕賜英烈侯廟」之六字，喬丞相行簡親筆也。字畫遒勁可愛，至今尚存。其後錢氏子孫以融堂先生配享，亦春秋崇祀不缺云。

徐楚過英烈廟讀吴昭陽作融堂先生碑有感

暇日行過英烈祠，頹垣風雨久參差。當門老樹團傾蓋，隔岸青山列隊旗。金篆猶能藏賜額，色絲誰復讀殘碑。融堂千古斯文在，佇立斜陽有所思。

墟墓類　宋大儒融堂錢先生墓

在祖宅門東阜山之上，與高齋舊址相連，朝對桃屏，以研田諸山爲水口。今四面岑樓廣廈，棹楔虧蔽，一無所見，巋然一丘，僅存環堵中耳。

劉世甯頌錢融堂先生詩

吾道在天壤，溯源孔孟長。沿流逮有宋，的派周程張。朱陸最後起，聞風而景行。鵝湖講太極，擇精語以詳。豈爲立門户，同異各分疆。後人互譏評，邈焉若參商。慈湖行陸緒，青溪授融堂。經籍恣繙結，性理無盡藏。迪德務精進，研理窮豪芒。奥旨一契合，意象兩俱忘。洵云入窔奥，不僅窺宫墻。千秋思古哲，清風灑琳琅。斯人今已往，巖壑餘輝光。

新增蜀阜十景賦

東海生世居蜀阜，伐竹爲橋，結茅爲宇。筠坡爲榻，峨嵋爲户。以虹峽爲坳堂，研田爲環堵。西涉則仰而觀濠，東登則俯而小魯。固將侈河伯而渺兩涯，役山靈而傲千古。於是南州氏聞而過之曰：子之長蜀阜而狎齊盟有年矣，十景之勝，可得聞與？曰：吾於融堂先生則師之，於司空方岳則友之，歷數百年，更數主人，而茲十景莫吾易者，謂選勝博而取數宏也。吾登斯樓而眺吾嶺，梯雲石磴，碧樹丹楓。吾憑欄而睇吾沼，天光雲影，秋水芙蓉。三峽壯瞿塘之扼塞，東山埒泰岱之雄封。……旹萬曆辛亥六月既望，棲霞洞天外史應簧戲筆。

序跋評論

宋進書原劄狀

特進左丞相兼樞密使肅國公喬行簡劄子：臣輒有奏陳，仰干天聽。臣昨任國子司業日，於延見諸生之次，聞嚴州布衣錢時，山居讀書，理學淹貫，嘗從故寶謨閣學士楊簡遊，蓋其〔一〕深所推許。今寶章閣待制袁甫昨任徽州，與故太府丞鄭之悌守嚴州日，皆嘗一再禮聘，莅講郡庠，遠近士子翕然雲集。已而得其講篇，其於辨析義理，參錯事物，發明疑難，有以起人。臣是時心已屬之。其後知紹興府汪綱亦嘗延講至郡，臣始屬綱求其所著

〔一〕「其」字明葉盛水東日記卷十二宋薦錢時省劄繳狀一條無之。

之書，有論語、孝經、中庸、大學四書管見，及尚書啓蒙、詩學管見、周易釋傳、兩漢筆記、國朝編年等作，益信其學之有所本〔二〕。其作兩漢筆記，類皆痛漢氏襲秦之弊，而尤反覆致意於後世所以不敢望三代之治〔三〕，又見其學之爲有用。臣遂因綱以延其來，與之相見而款扣之，見其氣〔三〕負才識，尤通世務，自田里之休戚利病，當世之是非得失，莫不詳究而熟知之。靖康間，其大父觷值睦寇陸梁，金人〔四〕入浙，糾率捍禦，幾著奇功，朝廷嘗爲之立廟封爵。而時亦人物魁岸，慷慨激昂，有乃祖風，不但通詩書、守陳言而已。每念此亦奇士，而不使得爲世用，私竊惜之。比者伏讀國史，至真宗皇帝於禁中壁間見穆脩所作詩句，深切歎賞，即問侍臣曰：「有文如此，公卿何以不薦？」則士之遺逸者，固大臣之所當言，亦聖主之所樂聞也。時嘗詣〔五〕漕司文解，比歲已該永免，而場屋竟不足以得之，

〔二〕「本」字融堂四書管見明抄本卷首、水東日記皆作「詣」。
〔三〕「治」字管見明抄本作「繇」。
〔三〕「氣」字管見明抄本、水東日記皆作「夙」。
〔四〕「金人」管見明抄本、水東日記作「兀術」。
〔五〕「詣」字管見明抄本、水東日記作「請」。

其志方將玩聖經以自隱。儻今不加收用，使之終老山林，則國家有遺而不舉之才，大臣有知而不薦之咎矣。臣愚欲望聖慈且與錢時特補迪功郎，畀以秘閣校勘。仍乞下時本貫嚴州，取所著書繕寫繳進，上備乙覽。如其果有可采，則乞次第録用，庶以究其所藴，有補斯世。伏候勑旨。五月十日，三省同奉聖旨，依。

朝散大夫權知嚴州軍州兼管内勸農事臣萬一薦，準尚書省劄備特進左丞相劄子奏陳，嚴州布衣錢時，山居讀書，理學淹貫，特補迪功郎，畀以秘閣校勘，行下嚴州取所著書繕寫繳進，上備御覽，三省同奉聖旨，依劄付嚴州。臣除已恭稟繕寫錢時所著述書，計一百册，開具數目如後，須至上進者：

家塾尚書演義三十册

學詩管見三十册

周易釋傳二十册

四書管見八册

兩漢筆記一十二册

一、右件書一百册，用黄綾背褙〔一〕，黄羅絹裹，夾複五條，象牙牌五面，紅茸條繫彩畫木匣五隻，盛貯鍍金鐵鎖并全。謹具狀上進以聞。謹進。嘉熙二年九月日，朝散大夫權知嚴州軍州兼管内勸農事萬一薦上進。

景定辛酉刊書跋二則 〔南宋〕錢可則

融堂先生游于慈湖之門，理學精到，後學知所指歸。可則生晚，獲摳趨丈席間。今領符先生之鄉邦，得觀四書管見，乃先生手編受用之書，真若穀粟之足療飢，詎容不廣其傳？可則既鋟分門近思録于郡齋，併以管見壽諸梓，益知朴實工夫，洙泗闔奥，伊洛户庭，盡在方寸中，夫何遠之有？景定辛酉冬至日，天台後學錢可則謹識。

融堂先生發明四書，久在服膺。兹鋟于梓，以傳其遠。景定辛酉冬至日，嚴陵假守錢可則謹識。

融堂四書管見明抄本卷後

〔一〕「背褙」，水東日記作「裝楷」。

贈錢融堂詩序 〔南宋〕袁甫

融堂自淳安來歙，某延入郡庠，講書首論立志。乃講顔子問仁一章，敷繹斯義，最爲的切。夫志非他，志于仁而已。大哉仁乎，充宇宙，滿六合，接于耳目，著于日用，何往非仁？〔一〕之本心，渾全通貫，此心即仁，不勞外索。人患志不立耳。某不敏，請融堂入學講書，志于仁也。融堂爲學者闡明大旨，志于仁也。某帥官僚詣學以聽，教授帥諸友咸聽，志于仁也。諸邑宰各勉邑之士子，融堂之賢弟子，自遠方來聽，濟濟洋洋，有風雩氣象，志于仁也。某又欲帥邑士之繼至者，與同僚之子若弟，屈融堂入學再講，志于仁也。融堂訓誘不倦，復留以從兹請，志于仁也。融堂不但以言啓發之，又將與諸友磨礱，以求輝光日新之實，言行相副，無歉昔賢，志于仁也。他郡之聞風者，將曰校官作成士類，又能求廣其學問，郡僚不以此事爲迂闊，又能助成其教化，遂使淳安之師友，相從以至于

〔一〕此處疑有脱誤。

歙，歙之官若士，相與慕而問辨講貫焉。二邦人士，藹然以道義爲樂，異時人才由此而盛，志于仁也。某違離膝下，假守于兹。自是以往，孳孳勤求，一念在民，益勉其所未至，庶以不辱朝廷之命，而少慰老親之懷，志于仁也。同僚自是修乃事，敬乃職，内不欺心，外不虐民，上不負君，志于仁也。士習既善，推以化民，凡爾父兄子弟、鄉黨鄰里，轉相講授，更相勸勉，俾歙之民自是知學道之爲急，孝悌之當先，頓革舊習，還其本心，禮義可興，風俗可美，志于仁也。故曰：大哉仁乎，充宇宙，滿六合，接于耳目，著于日用，何往非仁？學者勉之。本心虚明，常如講書諦聽之時，則庶幾有志矣。不動于意，不累于欲，兢兢以守之，時時以習之，無終食之間有違，則仁常在我矣。某嘉融堂善于發明聖人之旨，于是詩以歌之。

蒙齋集卷十一
清文淵閣四庫全書本

不貳室説贈伍清之　〔南宋〕袁甫

中庸曰：天地之道，爲物不貳。大明之詩曰：上帝臨女，無貳爾心。人心之無貳，即天道之不貳。一以貫之，所以爲先聖。不貳過，所以爲顔子。顔子曷爲有過？曰：觀過斯知仁。吾于顔子之過，知顔子不遠復焉，知顔子服膺勿失焉，知顔子簞瓢陋巷不改其樂焉，知顔子之屢空焉。太空不貳，顔子何貳？融堂告清之之義切矣。清之自知有過乎？否乎？未知，其反觀；知之，其盡以告我。融堂之言，藥石也，清之其毋忽。

蒙齋集卷十五

清文淵閣四庫全書本

上融堂　〔南宋〕呂人龍

直道人間未可孤，朝廷有意用真儒。故將通鑑煩司馬，不使春秋欠董狐。握節米猪高節不，盜名齊豹得名無。若商敗狄鏖秦事，先軫何嘗是匹夫。

新亭記 〔南宋〕呂人龍

淳祐元年，融堂先生歸自史館，盡出蜀阜之奇而揭之亭，明年正月竣事，某侍先生歷登焉。入門，竹蕭蕭，夾道迎人。坡陀而上不數步，便覺清風有掖我塵外意，亦可少駐以自慰，曰亦亭。從亦亭而上，折而東去，又西南躋，以至山椒，脩篁萬個，環幽齋數十重，曰敬止。敬止之西，勢隆然中起，爲一山最高處。亭八柱冠冕其上，曰巋然。先是，敬止誅茅立木，慈湖先生名之，遺墨在壁間。禹曰「安汝止」，文王曰「於緝熙敬止」，誦慈湖壁間所書，覺禹之爲禹，文王之爲文王，洋洋乎如在其上也。巋然高曠軒敞，洞乎八達，某問所以名，先生曰：「先聖答子張之問，明備如此，不可重下注脚。」一笑而起。又西去數步，有大櫟可數十圍，高不知幾千尺，勢薄霄漢，方壯而未老也。古梅數株，澹然離立，花時而往，猶竦然敬愛，想綠陰覆地、鳴禽上下之時，使人戀戀不能去，亦可亭矣，曰可亭。出可亭，轉西路，達山隱。隱，鈞坡翁之舊隱也，有詩五章，先生後名達觀堂，對今名此山堂。此山堂後，墻門兩柱，見者知其爲出境岐道也。蜀阜佳境至此盡矣，登山之履自此回矣。闢雙扉，則見大舟軒然，勢欲飛動。噫，此非傅巖之舟乎？不然，涼秋八月，將乘此問銀河路，取支機石乎？胡爲無人呼渡，盡日自横也？自亦亭至山隱，大抵皆竹木森映，左右蔽虧，惟此亭浮空外寄，招引别山。西南當空，一望數十里，對面有山凝然，默與主相拱揖。先生自謂尤愛此，吟咏方殷，特號野翁吟亭。而下轉山脊，歷牧莊，抵月池，徘徊詠歸亭上，晚乃憩廣塾，窮日之力，樂而忘歸。

是時，憲使、郡侯方交書招先生出。嗚呼，有山如此，宜先生之未暇也。今夫世之役一民，試一吏，翩然入仕者，得如亦亭之徒出塵外者乎？青衫白髮，老死州縣下僚者，不可勝數，其有艱難屈折，致身邃密，顯志高明，百千萬億而無一二。官高則身危，望重則勢逼，得如敬止、巋然之樂處其上乎？青冥垂翅，便爲蹭蹬，方之可亭，吾未見其可也。而况去天益遠，如弗克堪，奚有於達觀、野翁吟？懸隔萬里，愁鎖天涯，視詠歸之詠、廣塾之廣，又何如哉？語未竟，先生欣然而笑。雖然，孔子三月無君則皇皇然，孟子慕孔子周流憂世。方今明天子側席求助者垂二十載，而屯難蹇塞，外則强鄰虎噬，蕩摇我邊疆，内則贓吏蠶食，魚肉吾赤子。回百川，起九死，將非其人不可。敢招諸亭而歷告之曰：未可以固我先生也。又再拜，告於先生曰：未可以遁我生靈也。先生默然不答。後五日，次第其辭爲記。吕人龍撰。

蜀阜小志、明嘉靖淳安縣志卷十四

錢肯堂詩序　〔南宋〕何夢桂

平易者，詩之正聲也。心形於聲，心正而後聲正，故知聲可以觀心。肯堂錢君，修謹士也，以其讀書餘暇，發之吟詠，不肯鐫心鏤肝以爲艱深刻苦之語，其辭氣平易似其人。先正融堂先生學派慈湖，其爲文若詩皆根本義理。肯堂爲融堂群從子弟，意必得其遺餘也。康節先生曰：「唫自在詩。」自在者，平易之謂也。夫布帛不麗於紈綺，菽粟不美於膏粱，不知布帛之有餘用，菽粟之有餘味，而紈綺膏粱，知道者厭之。肯堂詩，吾於是乎觀之矣。嘗挾册徵余序，爲之書。

潛齋集卷七
清順治十六年何令範重修本

吹劍録外集一則 〔南宋〕俞文豹

嚴州錢融堂時，紹定己丑再以免解到省，門人勸其不必爲此行，而乃潛身就試，復見黜。端平間，以喬平章薦授迪功郎，甫到選而論罷。

清文淵閣四庫全書本

純正蒙求 卷中 〔元〕胡炳文

萊公六悔融堂八忍

宋寇萊公準有六悔箴曰：官行私曲，失時悔；富不儉用，貧時悔；藝不少學，過時悔；見事不學，用時悔；醉發狂言，醒時悔；安不調攝，病時悔。

宋錢時融堂曰：天下事未有不成於忍而敗於不忍。甚矣，忍之一字其切於學者之日用也！是故言語不謹，以至於招羞取辱者，在乎不能忍口。飲食不節，以至於稔疾傷生者，在乎不能忍飢。飢寒之所驅迫，寡廉鮮恥，以至於爲乞爲盜者，在乎不能忍貧。橫逆之來，怫然有動于中，以至於速禍，在乎不能忍辱。爲物所忤，爲氣所膺，一朝之忿，忘其身以及其親，雖欲噬臍，而悔莫贖，在乎不能忍怒。謹獨之不嚴，以至於縱情而不知檢，傷風亂倫，爲禽獸行而不知恥者，在乎不能忍慾。身履危難，不顧分義，幸安苟免，隳喪名節，在乎不能忍死。嗜進而無厭，貪多而無已，巍然處高位而干名犯分，卒以稔成亂賊之禍者，在乎不能忍富貴。

純正蒙求卷中
清文淵閣四庫全書本

百行冠冕詩序 〔元〕李存

自采詩之政廢，而詩之美刺以微。晉漢以來，非無作者，往往有以分其情性之正，而終不能粹然一出於古。融堂錢子生於宋之叔世，取昔之孝者、忠者而贊之以詩，而心以爲是。二者百行之首也，遂題其詩曰百行冠冕詩。錢子有道之士，行於家者固不待論，而不及用於時。使其苟陳力而就列，則其所贊即其所行者也。是故郭巨之埋兒，有以惜其所蔽；叔治之泣杖，則有以明其同然。秀實之揮笏，威豪之嘔血，雖出於憤烈，而謂義乃有所未安。知本之雍順，子華之叩頭，雖陷於盜賊，而見理亦有所不可泯。孔褒之争死，則貶其未知倫理之輕重；王導之勸謝，則斥其位居元老而柔邪。是皆所以引人反求諸己者。嗚呼，此豈徒模寫物態、流連光景爾哉？上饒陳先生獨愛而編之，日與諸生誦詠之。先生雖布衣，而慨然以天下人心風俗爲己任。嗚呼，先生之心即錢子之心也。臨川危素又板行之，聞者見者，皆從而佽助之。之人也，之心也，又豈異於先生者耶？僕有以知是詩之必将家傳而人誦之也。使家傳而人誦之，夫豈不可以少增天地之和？而近之言詩者，或襍興而亂，恐其於此未必不如嚼蠟，然則如天常民彝何？

俟菴先生文集卷十九
明永樂三年李光刻本

貞白鄭氏表融堂錢先生墓略　〔元〕鄭千齡

題注：先生名時，家淳安，慈湖門人。貞白名千齡，歙人。

予既爲朱子立祠學宮，復表融堂先生之墓，所以息黨同伐異之論，而爲至當精一之歸。夫陸氏之所以異於朱子者，非若異端之别爲一端緒也，特所見出於高明，而或謂智者過之耳。今之學者發言盈庭，宗朱之説慨行，毁陸之議肆起，豈善學前輩者哉？且朱子之言無極，天下之公言也；象山之議無極，亦天下之公言也。偶其所見有不同，故終身有不苟合者。後之黨朱而伐陸者，又豈天下之公言哉？

按：此表實用朱子「學匪私説，惟道是求」之言。

明程敏政輯道一編卷六

明弘治三年李汎刻本

融堂先生墓表記　〔元〕吴暾

天地有道，聖賢有學，道以率人物之常，學以盡古今之變。是故天地必因諸聖賢以明其道，聖賢必本諸天地以行其學。非觀諸天地，不足以知道之原。非求諸聖賢，不足以得學之要。然聖賢之生，實與天地之氣化相爲盛衰而流通焉。人文既開，風氣自北而南，始生神聖於幽冀之區，所以倡明道統於千載之上，若堯、舜、禹、湯是也。閲數百年，氣運自北而西，而文、武、周公之治興焉。又數百年，萃而於東，洙泗之上，鄒嶧之間，聖賢接迹而起，可謂盛矣。又千五百年，南方春陵之下，乃生大賢，得絶學於遺經，而二程夫子之學亦且出於南服。又百年，而晦庵朱文公、象山陸文安公二先生相望而起於江東西之間，有以集群賢之大成焉。

象山一傳而得慈湖楊先生，再傳而得融堂錢先生，爲能推明往聖不傳之妙，警發人心固有之善，一時信從之盛，則有部使者、郡太守交致書幣，聘莅講席。其後廟堂列薦，史閣奏辟，想望風采，懷慕道德，隱然名動於天下。士趨其學，民化其訓，方之古人，不爲過也。夫聖賢之生，殆非偶然，盖以天地之心欲以扶植斯道，綿延絶學，而非人之所能爲也。

先生既没七十有八年，而託體之藏蕪穢浸没，行道嗟傷，有感泣者。至治元年，少府鄭公來治茲邑，行己治民，學有師法，屬沿府檄，過墓下，歎息追慕，亟命汛掃兆域，祭以特牲，伐石甃級，樹以雙表，然後里俗色然知吾道之可尊、斯文之不墜也。

嗚呼，天地之道，聖賢之學所以終古不可磨滅者，以其有人心在也。天地有古今，而此心無古今。聖賢有存亡，而此心無存亡。堯、舜、禹、湯、文、武、周公所以繼天地、立人極者，此心也。孔、孟所以爲天地立心、爲生民立命、爲萬世開太平者，此心也。周、程諸子所以繼往聖、開來學者，亦此心也。是心之大，參贊化育，經綸綱常，維持世教於千萬年，謂非聖賢心學之功用，可乎？石麟埋没，斷礎淒涼，牛山之悲，雍門之泣，何可選數？而後之賢者每惓惓於前修之流風遺韻，寧非得是心之同然者邪？

邑之學士大夫咸謂少府表章先賢爲盛事，請書於石，而屬暾記之。暾竊惟邇年以來，道學湮廢，人心淪靡，廉恥之節交喪，功利之習日滋，無復識先生長者之風。則公之所以發明幽光，警畏薄俗，其正人心、扶世教之意深矣。暾雖末學庸陋，亦嘗讀先生之書以自淑者，故不敢讓而爲之記。先生名時，字子是，家邑之蜀阜，墓在故居之側。少府名千齡，字耆卿，新安人，家世爲仕族。記之成，至治二年壬戌十月望也。後學吴暾記。

蜀阜小志、明嘉靖淳安縣志卷十四

融堂先生墓記 〔元〕夏溥

融堂先生錢姓名時，著書樂道，隱居不仕。余未得見其所論學書，僅於故内得寫册兩漢筆記，議論不詭於正，蓋卓然得先賢之傳者。今見其修墓記，始知先生之生平遂所，景行可嘉也。

清倪濤撰六藝之一録卷一百二十五
清文淵閣四庫全書本

融堂像贊　〔元〕虞㽦

偉哉丰神，瀟洒絶塵。光風霽月，陶寫性真。道山穹窿，蜀阜嶙峋。窮邪通邪，千古令名。

洪本一先生墓志銘　〔元〕鄭玉

昔先君子作尉淳安，余在侍傍，得游淳安諸先生間。吴暾先生則所師也，洪震老先生、夏溥先生則所事而資之也，洪賾先生則所友也。賾初字君實，名賾，後更今名，字本一。

本一日所爲詩文，古雅雋永，余甚愛而慕之。本一入邑必過余，留宿止。余或思本一，輒上馬夜半扣門，相與論議，連日夜忘歸。時本一家尚裕，延師開義學，以教鄉人子弟。先世占籍水站，中疲於差役，有所需，本一輒售田園以供應，自是日就貧困。人不堪其憂，本一處之泊如也。

余既侍親歸新安，益讀朱子之書，求朱子之道，若有所得者。本一亦盡棄其舊所爲，而從事古人爲己之學。淳安自融堂錢氏從慈湖楊氏游，而本一之族祖衢州府君夢炎亦登其門，淳安之士皆明陸氏之學。及再會于錢塘，則議論多不合，然交情益篤。後數年，余以便舟過其家，本一幅巾野服，相送錦沙之上，至今猶往來于懷也。亂後，忽得其門人俞溥書，則以本一訃矣，且狀其言行，俾爲之誄，以識其葬。

按本一之先，自尊睦府君任，始居養材里，至本一十有一世矣。曾祖諱延宗，祖諱堅，考諱希説。本一幼穎異精敏，讀書日數千言，聲名隱然出行輩上。弱冠杜門，肆力於群書。延祐中，慕太史公之爲，將北遊幽冀，以求中原文獻之盛，涉江抵維揚，有感而尼。越人陳以道聞之，聘爲義塾師，自是稍往來杭越之間。與之游者，周公仁榮、杜公本、柯公九思、張公翥，皆一時知名士。天曆中，柯公遇知文宗皇帝，駸駸向用，以書來招本一曰：「行成而名不彰，朋友之罪也。先生苟能此來從兩院，舉國子助教可得也。」本一不爲往，且曰：「嚴陵山水以子陵而顯，今數百年，未有繼其踵者。吾將置扁舟，戴青披綠，釣于煙波之上，使人呼我蓑笠翁，不亦可乎？」蓋其材長於劇繁治劇，而不屑小用。

至正十有二年秋，平章政事月魯帖木兒總兵討紅巾賊于新安，道由淳安。將校多欲自淳安以西即屠戮，以樹威聲。本一迎拜道左，面陳脅從罔治之典、行師制勝之法，言辭慷慨，平章爲之感動，命坐，與之語，且欲留以自助。會本一有疾，不果從。行數十里，猶遣人促之，不得已，往營中留一日，竟歸。是年冬，元帥沙不丁退軍淳安，本一以書干之，謂：「自徽城抵淳安一北二百里，非古人退無疾走之謂。今日之駐此，幸寇不我追爾。彼若乘勝而追，則我之退何時而已乎？」又說以單車克復徽城之策，奇而中理。聞者恇怯不能用，識者恨之。

其爲學也，必要於本領端厚，不使支離曲碎破壞其心術。嘗語學者曰：「爲學當以求仁爲先。聖門言仁雖多，然皆因門弟子之問，隨其淺深高下而答之。獨里仁篇自首章至第七章，皆夫子之所自言，門人以其序而記之。今知記言之有序，則知求仁之有方矣。」一章分句析，其説甚詳，辭多不録。又嘗裒集先世遺文，自尊睦而下謂之内集，尊睦而上及旁出者謂之外集，復叙其出處，人爲小傳冠卷端，號洪氏一家言。其所自著曰庸言稿，凡若干卷。四書、易、書、詩則有考釋稿，皆燬於盜。十有三年五月二日，以疾卒，享年六十有四。取同邑徐氏，子男一人：翬曾。女二人：長適何坦，次適邵英。翬曾將以某年某月日葬本一某山之原。

玉惟鵝湖之會卒不能合朱陸之異同，而陸子猶曰：「江東也無朱元晦，江西也無陸子静。」蓋不以其學之不同，而廢天下之公言也。玉於本一托交三十餘年，其所學雖若有不苟同者，銘墓之責又安得以此而廢彼哉。姑叙其所以爲學之概，以俟後世之知者，而爲之銘曰：

道喪千載，乃生周程。又百餘年，朱陸并興。長江之西，大闡陸學。行不由知，理以心覺。淳安先哲，多游慈湖。先生承之，是訓是模。源高流深，若與衆異。天慳其逢，百不一試。潛德幽光，永閟茲土。我作銘詩，用詔終古。

謁融堂墓　〔元〕方一夔

安車束帛此招賢，夢冷冬窩又百（蜀阜小志作一）年。已自無人守墳墓，空令過客問山川。時方大用文公學，士亦深排陸子禪。回首蜀天清不盡，臨風三（蜀阜小志作一）酹一蕭（蜀阜小志作淒）然。

謁融堂墓　〔元〕鄭子羨

九重一扎聘前賢，猶記嘉熙戊戌年。人比昌黎高北斗，地名蜀阜豈西川。慈湖當日曾傳道，陸學誰云似説禪。雅有吾翁存古誼，墳前再拜共淒然。

謁融堂墓　〔元〕吴朝陽

百年墓道已荒榛，世上空遺此令名。千古高風嗟已往，九原陰氣凛如生。他時後學共瞻仰，當代何人爲發明。華表歸來真幻説，新書特志墓門成。

謁融堂墓　〔元〕張秋崖

聲價連城滿世間，玉函金骨久冥關。土埋斷石青莎合，雲掩孤墳白晝閑。時節易添愁緒惡，楸梧空有淚痕斑。瓣香瑞爲南豐獻，燁燁寒光照此山。

謁融堂墓　〔元〕夏希賢

我觀聖賢心，萬古無終窮。不必親聽融翁之言，不必親覩融翁之容。光風霽月，古澗長松。人人具足，物物貫通。於此可以見融翁之真融。融翁相去數十載，在我一片心腔中。深衣瓣香拜翁墓，落葉滿地寒山空。昭昭靈靈不死，翁固知我我知翁。安知後此千百載，所見更無與翁同。

以上五首録自明嘉靖淳安縣志卷十七

春日陪宴南郭使君賦窩字韻十絶其九　〔元〕吴會

畫船春水柳風多，石櫃浮波釣者歌。不用春圖開北苑，好容日記寫東窩。

自注：北苑董元長畫，東窩錢融堂先生有日記。

吴書山先生遺集卷十二
清乾隆三十四年刻本

弔錢融堂先生　〔明〕烏斯道

先生嚴州人，受學於慈湖楊文元公之門。及歸，弟子千人。

哭罷麒麟幾度秋，何人重賦我心憂。詞章謾似機中錦，身世空如水上鷗。今日修文應帝召，淳風接武獨嚴州。昔人曾挹慈湖水，傾瀉桐江浩蕩流。

春草齋集卷四
民國四明叢書本

水東日記一則　〔明〕葉盛

胡參政拱辰藏其鄉先生宋融堂錢時子是周易釋傳一册十二卷、兩漢筆記一册六卷，蓋皆不完之書，録其省劄書狀之詳，見宋雖衰季，而其君臣之間崇儒重道如此，人心所以不能負宋而遽亡也。且以融堂著述之多，去今僅三百年，參政又世儒家，所見止此，良可嘆已。雖然，班孟堅藝文志所列，今存者幾何，豈獨融堂也哉？

中華書局元明史料筆記叢刊本

書融堂錢先生方唐孝友詩後　〔明〕徐貫

予戚友唐君得志一日以宋儒融堂錢先生時爲其先世所作方唐孝友詩示予，并屬予書之，且請識其後子。按誌書云：永平鄉所管里十，里人方彝事父母孝，唐時澤處兄弟友。知州鄭之悌聞而嘉之，因表方之里曰孝養，唐之里曰友恭，時嘉定戊寅之春也。融堂是詩小叙中稱「今年春」，其亦作於是歲乎。詩中所謂「新安守亦賢，聞風興起之」者，時新安守孔元忠以其事風勵諸邑，亦得二人而旌異之。嗟夫，孝友者，天性也，人人所同也，豈特新安哉。抑觀天下之人，未有孝而不友、友而不孝者。方之孝者，必友于兄弟；唐之友者，必孝於其親，二者各舉其所重而言爾。世之人徇私而背理，縱欲而敗度者，其於孝友何如也。然而人心秉彝之天則，終有不可泯者。是心也，不以古人而有，不以今人而無，不以聖賢而豐，不以愚不孝而嗇。孟子曰：「孩提之童，無不知愛其親。及其長也，無不知敬其兄。」克是心也，大之則可以動天地，感鬼神，光于天下，而垂於後世。小之則可以厚倫理，革强暴，光于一郡一邑，而表正乎鄉俗。古人所以異於今人，聖賢所以異於愚不肖者，則在乎存與不存、充與不充而已耳。唐君得志以時澤之聞孫，遵時澤之遺矩，少孤，事母孝謹，待其弟友甚，其子昇與昺，又皆克承厥志，孝而能敬，兄弟之間，怡怡如也。則方之孝養、唐之友恭，今皆萃於得志之一門矣，豈有方唐之間乎。在上者焉知無鄭之悌之表異者乎，又焉知無孔元忠之感動而風勵鄰邦者乎。獨惜予非融堂之大手筆，不足以輸揚之耳，姑書此以俟之。

徐康懿公餘力稿卷五
國家圖書館藏明徐健刻本

與徐方伯書　〔明〕蔡清

文章在宇宙間，支流日益衍矣。三代無文士、六經無文法者，不以文爲事也。韓柳之徒，天才本自挺出，可以大有所立，終不免於以文立家者，枝葉勝也。諸葛公學不事章句，當出師倥偬之際，援筆上言，乃得與伊訓、説命相表裏，而其梁甫一吟，亦春秋筆也。此其根本所在爲何如哉？嗟夫，大易之序，賁極而剥來；中庸之至德，則尚絅爲之階。吾夫子是以乘除世道，而有從先進之思也。融堂先生生于蘇、黄、秦、晁文事盛行、百巧競出之後，而其著述乃皆主於發其胸中之所自得者而止，初不拘拘於一字一句之工，而其道理所在，神志所適，亦自天然成趣，力量百倍，非專事文家者可望。信乎其自大本大根中流出，而可以喚醒學者崇本之念矣！此其所關繫，豈細故也哉，所謂可與知者道也云云。

虛齋集卷二

清文淵閣四庫全書本

蜀阜存稿序 〔明〕蔡清

融堂錢先生，生丁宋日之暮，蓋不能改廢繩墨以投時好者。間嘗小試仕途，不旋踵輒卷而去之，往往棲託於寬閒寂寞之境，日與聖賢相賓主，與其徒相倡和，與風月溪山禽魚花木相朝暮。而其神之所適，蓋自東極之東，西極之西，南極之南，北極之北，千萬載之上，千萬載之下，皆在其所鞭駕覽歷之内也。嗚呼，亦振世之人豪哉！其言曰：「人間之樂動中見之，天地自然之樂静中見之。」又曰：「坐閲群經，觀其規模制作，如四時錯行，如日月代明，無一不與我心相應者。」又曰：「大包宇宙元無際，微起藩籬即未純。」嗚呼，先生之所自得者如此！以此而見於詩，見於文，又豈區區愚生俗子所庸置其品題也哉！惜其遺稿今不盡傳。是編名蜀阜存稿，則今吾閩右布政使梅軒徐公所收集於散落之餘而校定者也。公將行之梓，命門生蔡清覆校而序之，且曰：「其詩文皆自大本大根中流出，與尋常枝葉者不同。」清因以此意求之，而得其大致若此。嗚呼，先生没於淳祐間，去今二百餘年，而其遺稿乃始得吾徐公表章之，是大類昌黎集之見認於二百年後之歐陽公者矣。斯文之顯晦，豈自有其時哉。先生名時，字子是，其學得之慈湖楊先生簡敬仲，行業詳載宋史，浙之淳安人也。徐公名貫，字原一，亦淳安人。

虚齋集卷三

清文淵閣四庫全書本

讀蜀阜存稿私記 〔明〕蔡清

竊惟先天地而始，後天地而終，一道耳。道一則其説不容有二。宋理學大明，至朱子與陸子，俱祖孔孟，而其門户乃不盡同。

先生之學，則出自慈湖楊先生敬仲，而宗陸氏者也。其議論有曰：「毫分縷析較便宜，若个便宜總不知。總是自家家裏事，十分明白十分疑。」此先生之學也，正所謂尊德性工夫居多者也。故其論詩曰：「詩成正自不因題，看取風人發興時。語到口頭無可奈，未須搜攪苦吟詩。」則先生之詩可知其高矣。其論文則曰：「不爲世態酣濡，不受古人繩束，卷舒出没，如朝霏暮雲，始筆下有自然風味。」則先生之文可知其高矣。嗚呼，亦一世之人豪哉。

蓋其在萬山中玩心，高明有日。是以其言論概以六經爲吾心注脚，每有引而不發之意。而其興之所適，軒然霄漢之上，俯視萬有，若無一足嬰其懷者。此可以見陸學之未盡符於大中至正之矩。使當日得究其用，恐於開物成務之實，終必有疏處。苟其疏也，則其所自受用，亦恐其不覺而近於佛老。此朱子之於陸氏，所以每欲周旋以補其欠，而不得苟同焉者也。

噫！千聖相傳家法，類皆自博之約，而一敬以成其始終。陸學固不可謂不主敬者，而稍墜於徑約。即失於徑約，則其心宜不周於細微，而其弊容可遏乎？自古高明之士往往有此。在孔門，則曾點之徒是已，夫子所以欲歸而裁之也。載觀集中，亦屢屢以夫子欲無言之類爲説，先生固亦知夫子斯言，爲子貢多言設矣。然愚以爲又安知其非發於子貢多學而識之後學將有得之日乎？故嘗謂：自「其次致曲」以下，無仰鑽瞻忽之勞，則卓爾之見或非真；無隨事精察力行之功，則一貫之命必不泛及。考之先生所自序，亦未始不自博中得之也。

夫道也者，萬世無弊，考諸三王而不謬，建諸天地而不悖，質諸鬼神而無疑，百世以俟聖人而不惑。平平正正，使高明者不得以獨騖，而其下者可以企及，然後爲中庸，而可以主張乎皇極，詎容一毫有我於其間哉？故曰：聖人之言，遠如天，近如地。遠如天，遠之至也；近如地，近之至也。能遠者不能近，能近者不能遠。能遠而又能近，能近而又能遠，此所以爲中也，此所以爲極也，此吾道正統所以卒獨歸之朱子，而陸氏所就猶未免爲偏安之業也。細推其故，陸氏毋亦有激於朱氏門下一二之支離文義，而不知反躬以踐其實者邪？第激於此，墜於彼，而或者爲之，危其流之亂真耳。

嗚呼！天地有常經，萬世有定論。一蜀阜存稿而其關涉得失有如此者，竊懼高明之士，或又激於文義之弊，耽其味而殉之，并其所長而失之也，故不得不一私記之。

虚齋蔡先生文集卷四

明正德十六年葛志貞刻本

淳安縣儒學重修記　〔明〕程敏政

予南歸抵淳安，值江漲不能去，乃取道入謁夫子廟於學宫。學宫皆經新飾，焕然於江渚之上，心甚異之，教諭許君仁、訓導黄君奎、王君普揖而進曰：「初，廟學久弗治，而櫺星門、泮池與戟門偏於西，非制之宜。今劉侯篪來知縣事之始，即懼然曰：『是豈可泛然不加之意哉？』乃卜吉鳩工，遷正櫺星門，俾泮池與戟門相值南向，而池之方廣視昔倍之。作泮池石表於西，改廪餼倉於東，建觀德亭於射圃。至於殿廡齋舍，或易其棟梁，或加之丹堊，或益以磚甓，次第興修，無弗完者，皆劉侯之力也。」明日，燕尊經閣。又明日，燕魁星樓。坐客咸指其臨觀之美，與其庋奉之嚴，嘖嘖歎曰：「非劉侯則日加敝漏，而後來者益不可爲矣。」三君子因請記其成，諾之而未暇也。

予歸兩月，王君來休寧，申其説，爲之檢舊誌及諸先正之記而言曰：淳安本歙東鄉，自隋唐以來隸新安。其後割以畀睦，而東西往來者，猶憮然有眷眷桑梓之意。况得賢侯以新兹學宮，與有遠耀，而可以無言哉？淳安素稱佳山水，生其間者秀而文，自宋抵今，士嘗一再魁天下。其餘并芳趾美以出，而建勳名於一時，可登史册、光仕籍、爲斯學之重者彬彬焉。予獨念夫學以至聖人之道，而道豈頓悟之可得、鑽研之足盡耶？蓋聞此邦有融堂錢氏，實得慈湖之傳，上宗陸子，其言淵以慤，其行碩以顯，真可謂百世士矣。然朱陸之辨，學者持之至今。予嘗誦兩家之書，而竊懼夫人之不深考也，自艾於粗浮之習，而追病夫支離之過。其言具在，炳若日星。今弗究其晚年之同，而取決於早歲之異，其流至於尊德性、道問學爲兩途，或淪於空虛，或溺於訓詁，卒無以得真是之歸。此道所以不明不行，而師之教、弟子之學，淵源所承，宜有據焉可也。矧今天子更化之初，學宮鼎新，適逢其會，則凡遊於斯者，豈可不敬以心學爲勉？勉之何如？以錢氏爲先容，上求聖門道一之説，而致夫體用之極功，以不負賢侯祇承德意、作興學者之盛舉，豈非偉然烈丈夫之所爲哉？其所以重斯學者，不亦大哉？予不佞生朱子之鄉，敢竊書其所聞爲記。

劉侯，永新人，文獻舊家，知所先務，而餘政及民尤多，屬郡吏治可當首選。廟學之修，肇工於成化丁未十一月，竣事於弘治己酉十一月。相其事者，縣丞黄福、主簿朱智、典史李景。董其役者，耆宿周甲、應乙、邵丙，皆能體侯之意，有功斯學，事得附書。

篁墩程先生文粹卷七　明弘治十八年刻本

教諭許君置酒藏書閣有懷融堂錢先生　〔明〕程敏政

登高元不爲傷離，雨後溪山一倍奇。野寺晴嵐隨畫出，石林殘照與詩宜。醉呼豆莢供新茗，閒掃苔花讀舊碑。前輩風流誰復在，百年融老是吾師。

篁墩文集卷八十三　清文淵閣四庫全書本

宜亭記　〔明〕唐桂芳

天地之大，廓乎有容，無所往不利其宜也。人生其間，時有否泰，才有通塞，然後謂之宜與不宜形焉。攷之昔賢，司空圖曰：量才、揣分、耄而聵，當三宜休。孔戣曰：年至、爲丞不能進退郎官，負二宜去。是宜也，燭幾決疑，固出於人心之本然，亦有迫於事勢之不得已也。宜乎宜乎，豈易云乎哉？建德錢德宜，吴越王錢鏐之苗裔。幾世孫諱某，舉義兵，殲方臘，反宋朝，立廟謚惠濟、惠顯兩侯，廟在淳安之蜀口。又幾世孫融堂先生諱時，折節改行，以儒術著。德宜重罹濁亂，寓歙小溝，遷乳灘，自蜀口分，今居柘原，萬山峭拔，最泉石幽處。規鑿爲池，而構亭其中，植蒲與蓮，日偕客裴回而笑歌焉。且曰：地偏宜隱，景物宜意，老去宜閑。署厥颜曰宜亭。間干方思誠以記爲托。思誠嘗授學於予，其言可徵，遂記之。夫宜，順適之美名。吴越王勳德，與五代相爲終始，其詳已載史氏。惠濟、惠顯不以時之否泰而盡忠，融堂先生不以才之通塞而力學，無所往不利其宜也。而德宜獨斷斷然泥其時，拘其才，以爲不可爲而不爲，自甘以肥遯，其志必有所宜矣。德宜名深，酷好寫梅。弟名清，字德樞，能詠亭勝。記曰：「宜兄宜弟，而後可以教國人。」德宜勉旃。

明程敏政編唐氏三先生集　白雲文稿卷十九
明正德十三年張芹刻本

五十七自嘆用宋錢融堂韻　〔明〕毛憲

吾年五十七，自省亦衰老。老境更耽書，沉潛滋味好。番思未老時，苦被功名繞。馳逐舉業場，深悔用心倒。理欲日交戰，嘉禾雜蔓草。年來漸反觀，明德本分曉。謝病歸山中，窮搜入微眇。活水喜有源，遷喬看鳴鳥。物象與心融，一真還自寶。力耗志未衰，那知暮與早。存吾順此心，没也免煩惱。

古菴毛先生文集卷九
明嘉靖四十一年毛訢刻本

藤陰札記一則　〔清〕孫承澤

古今史斷多可充棟，惟宋范淳夫祖禹之唐鑑、錢融堂時之兩漢筆記、明何椒丘喬新之宋元臆見、張天如溥之列國論，有學有識，最足益人意智。四子皆深于經學者也。

清雍正十一年刻本

五嶽遊人穿中柱文（節録）　〔清〕全祖望

南雷黄氏之講學也，其高弟皆在吾甬上。再傳以來，緒言消歇，證人書院中子弟，不復能振其舊德。求其如北山之有光於朱，蒙齋、融堂、和仲之有光于陸者，吾未之見也。慈水鄭先生南谿其庶幾乎？先生於黄氏之學，表章不遺餘力。南雷一水一火之後，卷籍散亂佚失，乃理而出之；故城賈氏顛倒明儒學案之次第，正其誤而重刊之。先是，尊府君高州欲立祠于家以祀南雷而不果，先生成其志，築二老閣於所居東，以祀南雷及王父秦川觀察，春秋仲丁，祭以少牢，黄氏諸孫及同社子弟皆邀之與祭，使知香火之未墜也。又言於提學休寧汪公，謀其墓田。……

上海古籍出版社全祖望集匯校集注本鮚埼亭集内編卷二十一

四先生祠堂碑陰文（節録）〔清〕全祖望

嘗讀宋史，於陸子傳中，祗推四先生能傳其學，而凡槐堂之子弟不豫，以四先生能得陸子之學統也。顧四先生皆導源於家學，其積力已非一日。及一見陸子，卽達其高明廣大之境，相與神契而無閒。

閒嘗考之，慈湖之父通奉公，以處士爲後進師。廣平嘗自序其學曰：「南軒開端，象山洗滌，老楊先生琢磨。」老楊先生卽通奉也。廣平嘗切磋於晦翁，講貫文獻於東萊，而自序不及焉，直以通奉鼎足張、陸，則其學可知矣。陸子銘通奉墓亦云：「年在耄耋而學日進，當今所識，楊公一人而已。」融堂謂通奉與物最恕，一言之善，樵牧吾師，省過最嚴，毫髮不宥，至於泣下。是慈湖過庭之教所自出也。……

鮚埼亭集外編卷十四

上海古籍出版社全祖望集匯校集注本

石坡書院記（節録）　〔清〕全祖望

慈湖弟子遍於大江以南，宋史舉其都講爲融堂錢氏。予嘗攷之，特以其著述耳。若其最能昌明師門之緒者，莫如鄞之正肅袁公蒙齋、侍郎陳公習庵，及慈之寶章桂公石坡。顧袁、陳以名位著，而桂稍晦。今慈湖東山之麓有石坡書院，即當年所講學也。桂氏自石坡以後，世守慈湖家法，明初尚有如容齋之敦樸，長史之深醇，古香之精博，文修之伉直，聲聞不墜，至今六百餘年，猶有奉慈湖之祀者，香火可爲遠矣。……

鮚埼亭集外編卷十六
上海古籍出版社全祖望集匯校集注本

奉臨川先生帖子四（節録）　〔清〕全祖望

宋史於陸子之學，推尊未嘗不至。四先生後，如融堂、蒙齋輩，皆追溯其淵源而稱美之，豈獨於與簒、韶而周内焉？

鮚埼亭集外編卷四十四
上海古籍出版社全祖望集匯校集注本

融堂書解跋辛丑　〔清〕盧文弨

此宋淳安布衣錢時子是撰。嘉熙中，以喬行簡薦得官，下嚴州，取其所著書以進，此其一也。向來疑書序者，以書本不待序而明，而此書獨推闡入微，信非夫子不能作。至於經文，一切無所更改，而節次不差，脈絡通貫。其説武成、康誥，足以洗憑臆紛更之謬。謂武成自「王若曰」而下，辭無間隔，皆武王之言，序所謂「識其政事」是也。康誥之首，正是區處商民，其頑民已定議遷矣，乃始以其餘民封康叔，故在康誥之首。至其説洪範也，謂建極功夫全在敬用五事，若次五之建用皇極，專爲斂福錫民而設。庶徵凡六，自「五者來備」以下，明雨暘燠寒風之證；自「曰王省惟歲」以下，明時之證。語皆一正一反，昭然甚明。此等議論，皆能自抒己見，批郤導窾，後學得此，蓄疑可頓釋矣。唯顧命「伯相命士須材」，疑其不爲喪用；又疑側階將近内寢，豈執兵之大夫所可立，或當立於堂。此則猶未審耳。喪事所須，不可經營於無事之日，故舊君之終，即當預爲新君之地。記曰：「國君即位而爲椑。」天子寧獨不然？古者宫府一體，不爲私嫌，况奉宣顧命之日，内人無事，往來北堂，立於側階，胡爲不可。是書二十卷，從永樂大典鈔出，缺者僅三篇，梓材在其中，惜乎不知其解又云何也。乾隆四十六年閏月二十三日東里盧某書。

抱經堂文集卷第八

四部叢刊本

武成不須改定説　〔清〕趙佑

謂武成之有錯簡，始于唐孔氏，而宋儒因之，爭相考定。前乎蔡傳者，有劉原父、王荆公、程子、朱子，至蔡氏遂直刊改本并列本經之中。厥後，震川歸氏、今安溪李氏病其移掇太甚，就加更置，稍還舊章，而仍不免一二移掇之迹。唯西河毛氏謂武成原無脱誤，以訾蔡氏之妄。毛氏學博辨勤，而其好詆宋學也過甚，人罕信之，予始亦疑其未的。及反覆經文、參詳注疏以求其意，惜毛氏僅能援左傳之文以斷「底商之罪」下一段之不當移在前，而于「既戊午」至末未能貫徹言其然也。蓋經文本分紀事、紀言爲兩大截，而以「既生魄」一節横擔之。自首至此節，紀事也；自此節以下至末，紀言也。不但「告于皇天后土」以下爲王述告神之事，并「既戊午」以下至「而萬姓悦服」，皆王述在商之事也。若以事論其先後，則此自當在「于征伐商」之次，不待孔氏知之也。而經統于「王若曰」以下，既有王述其事以告諸侯之詞，即以紀言當紀事，彼此可以互見，故前從略也。王所以備述之者，庶邦百工多矣，有從征在役者，有不必在役者，有至周受命者，有不必即至者，故必詳舉始末，以爲宣布中外之實，而終之以「列爵惟五」云云，是則新天子之命，而庶邦冢君暨百工所爲受者也。孔氏唯不達其皆王言，而以紀事當之，于是謂唯「作神羞」文氣未結，轉疑經之大聚百官唯誦禱詞，而古史首尾血脈往來變化之妙隱矣。然其所以不達者，蓋或疑「萬姓悦服」、「垂拱而天下治」二語似非王之自言，不知「悦服」自是當時實事，何嫌直陳。「垂拱」則康王命畢公亦自言之，且經固相期勉之詞云爾，又何疑乎。或曰：然則「既生魄」在丁未、庚戌後，豈得無誤？曰：此則孔疏已明之。曰丁未，已是月十九日矣。史官探其時日，先言「告武成」，既訖，然後卻説「受命」，故文在下耳。雖然，文何以必在下？蓋史文原有倒叙、抽叙之法，如所謂「初」、所謂「先是」是也。「王若曰」至末，文多累幅，不可横斷于丁未之前，故别出在後，亦以重王命而另提作綱也。然言「既生魄」而不别繫月，明當爲四月中事。先言「邦、甸、侯、衛駿奔走」，而後言「受命于周」，必不得未受命遽從祀，史固明著其爲丁未、庚戌前事，不用言「初」、言「先」是也。此古史之所以高出千古也，豈料讀者之紛紛乎。夫如是，則武成原自完善，條理秩如，西河謂無脱誤，其信至。諸家改本就其中論之，亦唯歸氏、李氏差近于理，不至如蔡之破碎。然誠知經原無脱誤，則是紛紛者舉可以不必矣。

倒叙、插叙之法，左傳多有之。成十六年鄢陵之戰，先書「甲午」，後書「癸巳」。昭十三年平邱之盟，先書「甲戌」，後書「癸酉」，與武成先書「丁未」、「庚戌」，後書「既生魄」正同。顧寧人曰：「史文常患爲日月所拘而事不得以相連屬，故古人立此變例。」知言哉！癸未自記

丙申五月，得讀四庫全書新刻融堂書解宋儒淳安錢氏時撰二十卷，其解武成「受命于周」以前乃史官所記事節，自「王若曰」而下，辭無間隔，皆述武王所告群后之言，喜其先我有合。惟「既生魄」節未深論耳。錢氏之書向無傳本，朱氏經義考云未見，則西河蓋亦未見者。併附識焉。鹿泉又記

尚書質疑卷上

華東師範大學圖書館藏清乾隆五十二年刻清獻堂全編本

再書金氏梓材疏後　〔清〕趙佑

以梓材上半篇爲周公述王命告康叔，後半爲周公自申誥之，初非予創説，蓋孔氏正義于「王啟監」下特加「周公曰」三字，已明白揭之矣。是實疏所以體經補傳，啟悟學者，并不若武成之猶有然疑，而後之吴氏、蔡氏不察也。周公作洛邑與封康叔，乃黜三監後區置殷遺兩大事。當武庚既滅，東土人心未即綏靖，急須更理，故一面封康叔，屬以撫輯殷之本土，一面定計營洛，籌撥殷民當遷者以分其勢，本屬同時并舉。殷民之遷，蓋康叔與有力焉。康誥、酒誥言「殷民」，是殷本土之民，梓材言「監」，則并作洛之事與遷洛之民，四方百工之衆，皆使董督制馭之。以故「周公初基，作新大邑于東國洛」得繫諸康誥之首，而其實具于梓材之中。夫建國君民，四竟皆其臣庶，奚獨異乎大家？固知爲「庶殷丕作」時若六族、七族、九宗、五正之徒言也。盛世豈有暴厲殺人之事？厥惟徒役之興，與軍行相出入，法寬則弛，而猛則生變，故必戒以「予罔」，示以「敬勞」也。姦宄、殺人、戕敗人，豈有概出于宥之理？厥惟動大衆，興大役，罪隸之人皆得與服勞，以邀末減，與康誥言「刑兹無赦」、酒誥言「予其殺」者異也。因復述王命叔爲監之意，在乎教民以無相戕虐，而尤在邦君御事之養恬。是時庶殷已當大創之後，又重以大勞，拊循之爲亟也。至「懷爲夾，庶邦享作，兄弟方來」，尤作洛之明文，所謂爲四方朝貢之便，道里之均者。和懌先後迷民，迷民即頑民也。按時度義，莫顯于此矣，有何斷錯之處，不可貫通之惑？舊説惟不能明指此篇之爲作洛事，與「監」字之爲監庶殷，未免顢頇，故予獨以金氏此疏爲詳明焉。予兹得讀宋錢氏融堂書解，喜其解武成先得我心，又以康誥首四十八字是三篇之總序，「乃洪大誥治」統三誥之詞，可云截斷衆流者，而惜其梓材之解闕佚，無從繼録。然錢氏能讀武成與此四十八字，則于梓材必當有進。錢淳安人，與金地不遠，不審金氏曾見其書否耶？若金氏武斷伏生之有誤，至欲去篇首「王曰封」三字，而移前序就之，斯誠大惑。夫「伯禽與康叔三見周公而三笞」云云，文連康叔，是正以其書爲誥康叔書，而旁采遺事以入其中。大傳此類甚多，何嘗有明文？以爲命伯禽書，是誣傳也。遂若經文非斷簡即衍字，并誣經也，與吴氏、蔡氏之見何以異哉？篇中三「惟曰」，呼應成章法。前一「惟曰」當與「自古王若茲監，罔攸辟」緊連讀解之，蓋言王與監上下始終相成之道，所以重責監。而以「今王惟曰」配古王，以「監惟曰」應今王，又以後兩「惟曰」與前一「惟曰」作關鎖，學古文者不可不知。金氏解「稽田」三者，夾入武王事，猶不免爲蔡傳所縛，不若孔傳止言爲監撫民，至下「先王」始謂文武者條理較正也。二孔良未可輕棄，故復繹而論之。辛丑七月

尚書質疑卷下

華東師範大學圖書館藏清乾隆五十二年刻清獻堂全編本

書傳補商　卷二　〔清〕戴鈞衡

「茲予有亂政同位，具乃貝玉。乃祖乃父丕乃告我高后曰：『作丕刑于朕孫。』迪高后丕乃崇降弗祥。」

始言我不遷則高后將降罪于我，次言汝不遷則高后亦降罪于汝，且申言汝祖父皆罪汝

不能相救。兹復言在位不欲遷者，皆具貝玉之臣，其祖父亦告高后乃與其古同義，故蔡傳訓其，求降罪于其身，不能保命，汝等勿信其浮言也。立言之序蓋如此。吾友方宗誠曰：「乃祖乃父亦謂民之祖父。刑，害也，言今予有亂政之臣具乃貝玉，不欲遷徙，汝祖汝父方乃告我高后曰：『此人作大害于我子孫。』啟迪高后，高后乃將大降不祥以罰之。若曰『汝等奈何反信其言邪』。」案：此義尤切。宋錢氏融堂書解亦有此義，而言之未暢。

清刻本

泰誓「十有三年」辨

〔清〕方濬師

閩方子向邁曰：「尚書泰誓曰：『唯十有三年春。』十三者，連文王九年言之。武王在位止四年，蔡傳以爲武王之十三年，夫武王安得有十三年乎？武王自諸侯爲天子，前後不過十年而殂。大戴禮云『文王十五而生武王』，則文王殂時，武王已八十三歲，又明年八十四歲而即位。若又十有三年而後伐紂，合武王九十三年計之，已死四年。然而文王受命、改元、稱王之説，宋儒力闢其謬。夫受命之説本出後人推原，或未必然，惟改元則於事理皆未嘗謬。蓋文王自幽囚羑里以來，死生存亡皆未可必。失國再復，後改元年，三代以下，天子諸侯多有之，何獨疑于文王？若武王宜改元反不改元者，正唯文王已改故，武王不必復改。孝子之道，不忍忘親，亦以歷年未久，無容屢更也。觀後有天下尚不改元，則改元非古人所重明矣。多方曰：『天唯五年，須假之子孫，誕作民主。』則武立五年而即伐紂，其所謂十三年者，果武合文年無疑。」云云此拾毛西河之唾餘也。文王生于祖甲二十八祀甲寅，帝乙七祀丙子嗣位，年四十七歲，自丙子嗣位至紂二十祀丙寅，五十一年而薨。武王生于帝乙二十三祀壬辰以時計之，文王二十三歲，與大戴禮「文王十五而生武王」不合，紂二十祀丙寅嗣位，年七十四歲，次年改元，至紂三十三祀，恰十三年。蔡傳曰：「十三年者，武王即位之十三年也。」最爲確當。自汲冢書以「文王受命九年春在鄗」而改元之説興，自馬遷有「受命之年稱王」而稱王之説興，皆由不推詳時歷，而後人議論紛起，并將「文王九十七而崩」、「武王九十三而崩」二語一概抹却。宋陳經尚書詳解、錢時融堂書解與蔡沈間有異同，而于稱王改元亦無一言議及。歐陽公泰誓論尤爲千古名論。蓋宋學可議者多，此則不當置喙也。善乎，黄東發之言曰：「經解惟書最多，至蔡九峯參合諸儒要説，嘗經朱文公訂正，其釋文義視漢唐爲精，其發指趣又視諸家爲的。書經至是而大明，如揭日月矣。」今之嘵嘵于尚書古文、今文者，其亦可以廢然思返哉！

蕉軒隨録卷九
清同治十一年刻本

書目解題

周易本義啟蒙翼傳中篇　傳注

錢時周易釋傳二十卷。其説謂：「伏羲、文王、周公之經既孔子爲之傳，後學何可容喙。敬於傳下略釋本旨，而曰周易釋傳焉。」按其書，文辭雖明而意義亦淺略，不及象數，釋物理間有可采者。嘉熙二年喬丞相薦進其書，稱其「山居讀書，理學淹貫，嘗從故寶謨閣學士楊簡游，蓋其所深許與」。以秘閣校勘，嚴州人，姓錢名時，融堂扁也。

融堂書解二十卷（永樂大典本）

宋錢時撰。時字子是，淳安人。受學於楊簡。嘉熙中，以丞相喬行簡薦，授秘閣校勘，遷史館檢閱。案時兩漢筆記之前載有尚書省劄，列時所著諸書，有尚書啟蒙。又載嚴州進狀，則稱尚書演義。同時案牘之文，已自相違異。永樂大典所載則皆題錢時融堂書解，其名又殊。然永樂大典皆據内府宋本采入，當必無訛。朱彝尊經義考以尚書演義著録，蓋未睹中秘書也。舊本久佚，今采掇裒輯，重爲編次。惟伊訓、梓材、秦誓三篇全佚，説命、吕刑亦間有闕文，餘尚皆篇帙完善，不失舊觀。時之意，主表章書序，每篇之首，皆條具大旨。其逸書之序，則參考史記，核其時事以釋篇題。復采經典釋文、史記集解、史記索隱所引馬融、鄭康成説，引伸其義。雖因仍舊説，不知書序非詩序之比，未免稍失考證。然用意則可謂精勤。所解如「羲和曠厥職」則本諸蘇軾，康叔封衛在成王時則仍用孔安國傳，康王之誥則兼采張九成書説，不專主一家之學。至以泰誓爲告西岐師旅，牧誓爲告遠方諸侯，皆不傍前人，自抒心得。又謂武成本無脱簡，前爲武王告師之辭，後爲史臣紀事之體。康誥首節，以周公初基定爲東都營洛邑，封康叔以撫頑民，不當移置於洛誥，尤爲不惑於曲説，亦宋人經解中之特出者也。其書省劄、進狀皆不著卷數，經義考作八卷，未知何據。今以篇帙頗繁，謹約略離析，勒爲二十卷。

四庫全書總目　經部五經總義類

融堂四書管見十三卷（浙江吴玉墀家藏本）

宋錢時撰。時有融堂書解，已著録。此編凡論語十卷、孝經一卷、大學一卷、中庸一卷，即嘉熙二年喬行簡奏下嚴州，取時所著書之一也。俱先列經文，略加音訓，而詮釋其大旨于後。孝經用古文。大學但析爲六章，不分經、傳。蓋時之學出于楊簡，簡之學出于陸九淵，門户迥殊，故不用程朱之本。其解論語「崇德辨惑」章，謂「誠不以富，亦祇以異」二句乃證愛欲其生、惡欲其死者之爲異。「齊景公有馬千駟」節，合上文爲一章。謂「其斯之謂與」句，乃指夷齊便是求志達道而言。又大學「此謂知本，此謂知之至也」二句，仍附第一章末，謂是聖人承上厚本薄末、反覆曉人之意。亦俱根據舊文，不肯信爲錯簡。朱子與陸九淵書所謂「各尊其所聞，各行其所知」也。然金溪之學，惟憑心悟，或至于恍惚窈冥。時則以篤實爲宗，故其詮發義理，類多平正簡樸，不爲離析支蔓之言。又敖繼公儀禮集說後序所謂「以魯男子之不可，學柳下惠之可者」矣。卷首有紹興己丑時自序，末有景定辛酉天臺錢可則刊書跋。宋史藝文志、馬端臨經籍考皆不著録，獨張萱内閣書目有之。雖以「四書」爲名，所解不及孟子，與朱子所稱「四書」者異，故附列于五經總義類焉。

鄭堂讀書記　卷九經部五之下

融堂書解二十卷　武英殿聚珍版本

宋錢時撰。時字子是，淳安人，受業於楊簡。嘉熙中，丞相喬行簡薦授祕閣校勘，遷史館檢閱。四庫全書著録。書録解題、通考、宋志及宋志補俱不載。焦氏經籍志所載作書傳八卷，朱氏經義考所載作尚書演義八卷，注曰「未見」。又稱葉氏菉竹堂書目載有其書，然世無傳本。惟永樂大典載之，題曰融堂書解。今館臣據以録出，僅佚伊訓、梓材、秦誓三篇，説命、吕刑亦間有闕文，餘皆完善無闕，而篇帙頗繁，故勒爲二十卷。朱、焦兩家皆作八卷，蓋誤以册數爲卷數也。其書首釋篇題，次解書序，然後分解經文，知其編次之法本於注疏，故解逸書序者亦以次附載。其大旨在尊崇書序，此則頗合龍門撰史、馬鄭注經遺意，惜其於吴才老、朱文公疑僞古文之説未及奉爲科律，故仍就世所傳本，一一爲之詮釋，尚爲明確。即其力排錯簡之説，尤爲特識，是足以正蔡傳之謬矣。前有喬行簡劄子，稱其所著之書有尚書啓蒙，又有萬一薦進狀，則稱尚書演義，其文即子是兩漢筆記之前所載，此本據以録入者，何互異若是？經義考所載，蓋即據一薦所稱也。

中外哲學典籍大全·中國哲學典籍卷

已出版書目

《讀禮疑圖》，〔明〕季本著，胡雨章點校。

《王制通論》《王制義按》，程大璋著，吕明烜點校。

《關氏易傳》《易數鈎隱圖》《删定易圖》，劉严點校。

《易説》，〔清〕惠士奇著，陳峴點校。

《易漢學新校注（附易例）》，〔清〕惠棟著，谷繼明校注。

《春秋尊王發微》，〔宋〕孫復著，趙金剛整理。

《春秋師説》，〔元〕黄澤著，〔元〕趙汸編，張立恩點校。

《宋元孝經學五種》，曾海軍點校。

《孝經集傳》，〔明〕黄道周撰，許卉、蔡傑、翟奎鳳點校。

《孝經鄭注疏》《孝經講義》，常達點校。

《孝經鄭氏注箋釋》，曹元弼著，宫志翀點校。

《孝經學》，曹元弼著，宫志翀點校。

《四書辨疑》，〔元〕陳天祥著，光潔點校。

《小心齋劄記》，〔明〕顧憲成著，李可心點校。

《太史公書義法》，孫德謙著，吴天宇點校。

《肇論新疏》，〔元〕文才著，夏德美點校。

《張九成集》，〔宋〕張九成著，李春穎點校。

《周易口義》，〔宋〕胡瑗著，白輝洪、于文博、［韓］徐尚賢點校。

《周易外傳校注》,〔清〕王夫之著，谷繼明校注。

《周易内傳校注》,〔清〕王夫之著，谷繼明校注。

《春秋集注》,〔宋〕張洽著，蔣軍志點校。

《春秋集傳》,〔宋〕張洽著，陳峴點校。

《錢時著作三種》,〔宋〕錢時著，張高博點校。

《涇皋藏稿》,〔明〕顧憲成著，李可心點校。

《周易玩辭》,〔宋〕項安世著，杜兵點校。

更多典籍敬請期待……